林 勤 主编

# 高中生
# 高阶思维能力
# 培养的实践研究

华东师范大学出版社

# 目 录

## 一 导言
1 高中生高阶思维能力培养的实践研究 / 3

## 二 探寻高阶思维能力培养的课例研究
2 "高中数学学科教学中的高阶思维训练"的案例分析与思考 / 57

3 提高数学反思能力、革新思维评价方式——培养学生高阶思维能力的数学教学思考 / 63

4 "生命科学"教学中培养学生高阶思维能力的初探 / 86

5 历史课堂中高阶思维的培养——从民主意识培养谈起 / 94

6 注重高阶思维能力培养,提高学生数学素质 / 100

7 培养学生高阶思维的思维广场课讨论 / 103

8 基于高阶思维能力培养的教学——函数与方程解法 / 107

9 艺术课堂中高阶思维能力的培养——由音乐剧《悲惨世界》所引发的思考 / 113

10 高阶思维的培养视角下的英语过程写作实践 / 116

11 从高阶思维培养角度思考历史学科考试 / 121

12 基于"F1在学校"项目教学的高阶思维能力培养实践与思考 / 123

13　激发学生思维火花——英语拓展课课例研究报告 / 129

14　为高中生的高阶思维发展创造良好的平台——优质体验下的机器人教学 / 136

15　如何在历史课堂中真正实践高阶思维 / 147

16　思维培养的教学过程 / 150

17　物理教学中高阶思维能力的培养 / 155

18　化学实验教学中高阶思维的训练与培养 / 163

19　在思维广场个别化教育中培养学生的高阶思维能力 / 168

20　语文教学中高阶思维训练的思考 / 172

21　在地理学科思维广场教学中培养学生的高阶思维能力 / 178

22　创设情境体验，引导规则探究，培养学生高阶思维能力 / 182

23　浅谈信息科技学科中学生高阶思维的培养 / 190

24　高阶思维培养的物理课堂教学案例 / 193

25　英语阅读教学中高阶思维培养的尝试 / 199

26　浅谈语文课如何培养学生的高阶思维 / 204

27　文言文课堂教学"教什么"——谈《江水·三峡》教学内容的确定对学生高阶思维的培养 / 208

## 三　培养高阶思维能力的课堂实例

28　高中数学课堂教学中高阶思维的培养——"函数的概念"案例分析 / 213

29　注重高三英语阶段复习中学生思维能力的培养 / 219

30　从温度计的制作看高阶思维的培养 / 223

31　高三英语教学中培养学生的高阶思维案例 / 226

32　思维广场中学生高阶思维能力的发展——以讨论题"出国潮与全球化"为例 / 230

33　帮学生寻找自己的彩虹——《环境化学实验探究》课程教学 / 234

34　从高阶思维能力培养的角度刍议"思维广场"教学 / 237

一 导言

# 1 高中生高阶思维能力培养的实践研究

## 一、研究背景与意义

市西中学高中生高阶思维能力培养的实践研究,起始于学校2010年起参与的"上海市高中生创新素养培育"实验项目。作为上海市基础教育人才培养重大项目的实验学校,对于"什么是高中生的创新素养"这个关键问题,学校进行了深入的分析与研究,最终将创新素养聚焦在"人格"、"视野"、"思维"、"实践"四个维度上。而"思维能力培养"的研究,则使我们开始关注"高阶思维"的概念。

高阶思维是在较高认知水平层次上的心智活动或认知能力所对应的思维,是一种能对思维予以评价的思维,是生成性思维和批判性思维互补运用的思维。高阶思维能力是创新能力、问题解决能力、决策力和批判思维能力的核心,这不仅是国内外基础教育研究中的普遍共识,也已经成为基础教育研究的热点问题之一。

如何才能培养学生的高阶思维,使学生具有较好的创新素养呢?文献资料的研究使我们发现,国内的研究还主要停留在理论层面上,学校层面上的系统化的操作策略与实施方案几乎没有,学校层面上的实践研究的经验与总结也几乎没有。这就促使我们在"高中生创新素养培育"实验的同时,开始了高中生高阶思维能力培养的实践研究。2011年9月,我们申报了"高中生高阶思维能力培养的实践研究"的市级课题,经专家论证后课题正式立项。学校也组建了课题组,开展了广泛的研究与实践,使之成为学校"高中生创新素养培育"实验项目的深化和发展,成为促进学校内涵发展的又一重大科研项目。

## 二、国内外相关研究评述

课题立项后直至结题前的几年间,课题组始终坚持检索高阶思维能力培养的相关文献,了解和查阅高阶思维能力培养的国内外重大活动。

截止到 2017 年 5 月,在网上输入"高阶思维能力"后,相关索引为 145 000 条,扣除部分内容相同的条目外,索引总数超过了 120 000 条。

正式出版或发表的相关文献资料中,大体上可以分为这样几类。

**(一) 高阶思维的起源和定义。**

对高阶思维的起源的探讨较为典型的有王帅《国外高阶思维及其教学方式》(《上海教育科研》,2011:9)与钟启泉《如何发展学习者的高阶思维》(《远程教育杂志》,2005:4)。王帅指出:最早涉及到高阶思维的应该是美国最有影响的教育家杜威(John Dewey)。瑞斯尼克(Robert Resnick)与恩尼斯(Robert Ennis)也对高阶思维的发展做出过研究。美国教育家布卢姆(Benjamin Bloom)则迈出了更具操作性的一步,他按照认知的复杂程度,将教学目标分为了六类,即记忆、理解、应用、分析、综合、评价(1956)。其中分析、综合和评价所对应的思维,通常被称为高阶思维。其后分析、综合和评价三个指标又被修订为分析、评价和创造(2001),这三个类目又分别包含了若干不同的子类目,并包含了各自对应的动词和定义。

钟志贤则给出了他对"高阶思维"的定义:是发生在较高认知水平层次上的心智活动或较高层次的认知能力,主要由问题求解、决策、批判性思维、创造性思维这些能力构成。北京大学、浙江大学、东北财经大学教授汪丁丁也指出:高阶思维是较高认知水平层次上的心智活动或认知能力,是一种跨学科、跨知识领域、能对思维予以评价的思维,是生成性思维和批判性思维的互补运用,是富于创造性的跨学科知识的思维。

**(二) 高阶思维的可培养性**

对高阶思维的可培养性的论述较为典型的有华东师范大学杨九诠《学科核心素养与高阶思维》(《教师教育论坛》,2017:10)和长春市教育局教育教学研究室《高阶思维课堂教学研究实验报告》(《长春教育》,2017:10)。杨九诠指出,复杂情境与高阶思维,是学科核心素养的两个关键词。如果说复杂情境是学科核心素养的"场域",高阶思维则是学科核心素养在这个场域的"机制"和"结晶"。长春市教育局教育教学研究室《高阶思维课堂教学研究实验报告》则指出,思维是可以培养和教授的,是可以通过教育得以改善和提高的。高阶思维作为思维的高级形式,自然也可以在教学中获得提升。该报告并以 1960 年美国教育协会就《美国教育的中心目的》一文中的声明和哈佛大学心理学教授戴维·珀金斯(D. Perkins)的研究结果作为佐证,论证了学习者的高阶思维能力是可以培养和训练的。

### (三) 高阶思维能力培养的意义

东北师范大学解月光教授指出：高阶思维能力是创新能力、问题解决能力、决策力和批判思维能力的核心。斯坦利·普格洛（Stanley Pogrow）则指出：如将批判和创新思维的教学注入中学科学教学，就可以"使教学产生最大化的影响，使所有学生，即使他们不打算成为科学家，也能通过在自己的生活中使用高阶技能，成为仔细、熟练的科学思想家"（王帅）。申昌安、刘政良在《浅谈高阶思维能力》（《才智》，2011：36）一文中也指出：促进学习者高阶思维能力的发展是一种弘扬人的主体性，开发人的潜能，发展人的创造性，培养健全人格的素质教育的具体体现，也是新课程改革的主要精神之一。

更有甚者，入驻搜狐公众平台的作者于 2016 年 5 月撰写了题目为《教育的终极目标是培养高阶思维》的论文。文中指出，高阶思维教学是国内外教育教学改革的发展方向，教育的主要目标就是要发展学习者的高阶思维能力。倡导学生主动参与、乐于探究、勤于动手，培养学生搜集和处理信息的能力、获取新知识的能力、分析和解决问题的能力以及交流与合作的能力，就能够使学习者具有独立思考的能力去面对遇到的问题。学生应学习成为一个能够发现问题解决问题的学习者，成为一个学会了怎样学习的人，成为一个"批判性思维工作者"和"有创新能力的终身学习者"。

### (四) 高阶思维能力培养的途径

华东师范大学钟启泉教授指出："发展高阶思维，要以高阶学习活动予以支持。要以学习者为中心；要开展问题求解的学习活动；要形成知识共享、互动合作的学习模式。同时还应该注重交叉学科知识的学习，注重环境营造，注重教师有意义地引导。"香港陈浩文博士在谈到如何提升高阶思维时也指出：要提升高阶思维，就要培养学生的论证、反驳、筛选和利用信息的能力；要培养学生的公民意识、判断力、决定能力；要理解学科的思维方式。北京大学文秋芳教授则指出：要将创新思维能力与逻辑思维能力相结合。因为"逻辑思维能力包括分析与综合能力、抽象与概括能力；辩证思维能力包括多角度分析问题的能力、换位思维能力、从发展和变化的角度分析问题的能力、一分为二看问题的能力。创新思维能力包括发现问题的能力、批评能力、解决难题的能力"。

而更多的教师在论文阐述中，则结合学科教学特色，提出和总结了教学培养工作的经验。如"要实现从教师控制到学生中心的教学主体重心转换"，"要实现以开放性问题替代封闭式问题的课堂教学内容再构"，"要通过任务型教学培养学生思维能力"，"要运用探究、发现和研究型学习的模式"，"要改变教师提问方式，抛弃僵化的思维定势，允许学生生成真问题，真探讨问题"等。

课题组在文献与资料研究时,也注意到了如下的一些现象。

第一,国内的部分资料出现了概念或提法混乱的现象。最为典型的就是将"高阶思维"与"高级思维"混同。第二,对高阶思维培养的核心要素未能进行有效提炼。高阶思维对应着布卢姆认知目标分类表中"分析"、"评价"、"创造"的认知水平。在这三个不同层级的认知水平中,哪一个环节对于高阶思维的培养更具有核心意义?这三个不同层级的认知水平之间的关系又应该怎样理解?这些问题,在现有的文献资料中基本都没有涉及。第三,国内高阶思维的文献资料多是学者或教师的个人的研究论文。这就导致了学校层面高阶思维培养整体方案中课程设计的明显不足。

课题组还注意到,2012 年在英国格拉斯哥(Glasgow)召开了国际英语外语教师协会(IATEFL)大会,来自世界 100 多个国家的学者云集在格拉斯哥。大会上多个分主题论坛探讨了在外语学习中学生思维能力的培养问题,使高阶思维能力的培养成为现代外语教学关注的重心。

2011 年 9 月至 2013 年 5 月,吉林省长春市开展了全市的基于全日制普通高中高阶思维能力培养的课堂教学研究活动。高阶思维论坛、高阶思维教学展示、高阶思维教师教学行为的观察研究、高阶思维教学策略有效性研究等形式,丰富了研究活动的内容,并且完成了研究报告。类似这样的区域性研究活动,2013 年至 2014 年,福建省莆田市也进行了组织,并取得了一定的成果。

2013 年以后,课改"核心素养"中"理性思维"目标的提出,催生了我国教育工作者对于高阶思维能力培养的关注。

尽管国内的研究工作起步于 21 世纪初,与国际教育相比有一定距离(即使是影响力较大的钟启泉教授的论文,也是 2005 年才首次发表),但 2010 年以后相关研究成果的论文数量大幅度增加,体现了越来越多的教育工作者对高阶思维研究的重视和实践的自觉。

### 三、课题研究方案

#### (一)课题的目标与路径

课题组在初步文献资料研究中,针对上述的一些问题,修订了开题时的研究目标,规划了研究的路径。

1. 进一步梳理高阶思维的有关概念,普及高中生高阶思维能力培养的理念,提升教育教学活动中教师行为实践的主动性。这一目标实现的途径设计主要包括了课题组成员的学习研究、专家报告、教师的培训、相关资料的印发、专题讲座、主题论坛等活动。

2. 开展学校层面的专设课程设计,支撑高阶思维培养的课程基础。这一目标主要通过教研组与学科组对于校本拓展性、研究型课程的开发重构,对于基础型课程的校本化设计,对于各种教育活动设计的明确要求来实现。

3. 开展课堂教学实践活动的研究,提升高阶思维培养的教学水平。这一目标实现的途径主要包括:学科教学设计的分析研究、课堂教学的展示观摩、课堂教学的专题研讨、教学论文的撰写交流等。

(二) 课题研究的阶段设计

我们将该课题的研究过程,大致设计为以下几个阶段。

第一阶段(2010 年 9 月—2011 年 12 月),文献研究和资料检索阶段。该阶段主要任务是了解高阶思维的内容、界定相关概念、了解国内外现有研究水平。

第二阶段(2011 年 12 月—2012 年 8 月),高阶思维的教师学习和内容普及阶段。这一阶段的主要任务是让全体教师了解高阶思维,具有高中生高阶思维培养的意识与主动性。

第三阶段(2012 年 9 月—2015 年 8 月),开展高阶思维培养的实践研究。这一阶段的主要任务包含了学校课程的开发与重构,包含了高阶思维能力培养的课堂教学,也包含了课堂教学的反思、总结与教师的论文撰写。这是课题研究中最为重要的实践阶段。

第四阶段(2015 年 9 月—2016 年 2 月),辐射交流阶段。这一阶段的主要任务是通过与各类校外教育团队互动的方式,在考察、交流、学习活动中介绍高阶思维培养的内容,完善课题研究的细节,提高研究工作的品质。

第五阶段(2016 年 3 月—2018 年 2 月),课题结题的准备阶段。这一阶段的主要任务是研究资料的汇总、研究成果的整理、研究报告的撰写。

四、课题研究的成果

(一) 明晰了高阶思维的相关概念

1. 核心概念的界定

这个主要是课题组通过文献资料的查询与学习完成的。高阶思维的概念源自布卢姆及加涅(Robert Gagne)等人的学习理论。但在具体描述上,不同的教育理论家却又不尽相同。杜威认为高阶思维即是反省思维。思维训练领域的国际权威 Edward de Bono 认为高阶思维能力是超越简单回忆事实性知识的思维。加州大学洛杉矶分校的 Eva L. Baker 认为高阶思维是指所有超越信息检索的智慧活动任务。麻省理工学院教授 Mitchel Resnick 认为所谓高阶思维，是这样类型的思维——其问题解决路径没有确定，问题的解决有多种而不是单一的方案。布卢姆则从教育目标认知的角度进行了描述。

1956 年，布卢姆《教育目标分类认知表》面世。这张表里，布卢姆对于认知的水平进行了划分，把认知的水平分为了六个层次。这就是：记忆、理解、应用、分析、综合和评价。这就是说对于认知的内容，总是有不同的要求和水平的。

2001 年，在布卢姆《教育目标分类认知表》面世近 50 年后，修订过的新版《布卢姆教育目标分类认知表》诞生了。在这张新的教育目标认知分类表中，认知的水平和层次被重新进行了划分。认知的六个层次修订为记忆、理解、应用、分析、评价、创造。其中最大的差异在于 2001 版中，取消了综合，评价排在了第五，同时增加了创造。认知层次的分类变化，说明了教育认知中，对于创造环节的重视，对人的创新能力培养的重视。

高阶思维，指的就是对应 1956 年版布卢姆《教育目标分类认知表》"分析"、"综合"、"评价"或 2001 年版"分析"、"评价"、"创造"这三个认知层次的思维水平。所以，高阶思维是较高认知水平层次上的心智活动或认知能力所对应的思维，这是国内外教育理论研究者们一致公认的。

2. 关于"高阶思维"与"高级思维"

高阶思维，英语的翻译为 higher-order thinking；高阶思维能力，则译为 higher order thinking skills。它对应于布卢姆认知目标分类表中"分析"、"评价"、"创造"的认知水平。

高级思维，它的英语翻译是 high-level thinking，或者 advanced thinking，这是一个具有相对性的概念，是一种思维和另一种思维相比较而言的。例如抽象思维相对于形象思维，可以称之为高级思维，逆向思维相对于直线思维，可以称之为高级思维，立体思维相对于平面思维也可以称之为高级思维。同时，高级思维不仅具有相对性，而且会随着思维者的年龄、阅历、思维水平的提高而变化。如思维者中学时的思维水平相对于他本人小学时的思维水平，可以称为高级思维，思维者大学时的思维水平相对于他本人中学时的思维水平，可以称为高级思维。

高阶思维则不同，它是对应着认知水平和层次、根据教学目标分类而确定的。认知是各个不同学段、在不同知识学习中都需要完成的任务。举例来说，对于初中直流电路的欧姆定律内容,教学认知要求当然包含了记忆、理解、应用、分析、评价、创造不同的层次,如果加强了欧姆定律学习和应用中的分析、评价、创造环节的教学指导,这就注重了初中阶段高阶思维的培养。再比如,初中数学的直角三角函数教学。如果只记忆和知晓了所谓的正弦、余弦的定义及其应用,而未对这个函数的使用进行分析、评价乃至创造,这就弱化了高阶思维的培养。所以高阶思维的培养,一定可以在所有的学段实施,每一个学段也一定都有自己学段所对应的、可以开展高阶思维培养的内容。

3. 高阶思维培养中的核心环节

根据课题组近五年来的研究和实践,我们认为,高阶思维培养中,评价是高阶思维最为核心的环节。因为,在认知内容的学习和应用中,分析是为了对原有思维进行领会与比较,评价则是为了发现原有思维不足或缺陷。不能对原有的思维进行评价,不能在评价中发现原有思维的不足和缺陷,就无法形成批判性的思维。而当批判性思维令原有思维得以修正、弥补甚至重构时,就实现了原有思维基础上的思维升华,达到认知的"创造"。这就是"批判性思维与生成性思维的共生"的含义。

我们还可以从"分析"、"评价"、"创造"这三个认知层次指标所对应的动词,来理解"评价"指标的核心环节地位。

"分析"对应的动词主要有"辨别"、"区分"、"选择"等,就认知的过程而言,这组动词体现出的是思维的发现和确认。指标"评价"对应的动词主要有"检查"、"评论"、"判断"等,它体现的思维特征则是鉴别和批判。指标"创造"对应的动词主要有"产生"、"假设"、"设计"等,这正是鉴别和批判基础上的思维的飞跃。所以在认知层面思维层次中,分析是基础,评价是核心,创造是目的。评价是思维发展承前启后的环节,是创造的必要铺垫过程,是高阶思维的核心环节。

(二) 提高了教师对于高阶思维的认识与理解

我国古代学者早就指出:"学而不思则罔,思而不学则殆"。西方近代教育理论奠基者、《大教学论》作者约翰·阿姆斯·夸美纽斯(Johann Amos Comenius)提出:"智慧比宝石和珍珠还珍贵,教师必须重视'开发心智'。"苏联著名教育实践家和教育理论家瓦·阿·苏霍姆林斯基(Василий Александрович Сухомлинский)也指出:"在学生的脑力劳动中,摆在第一位的并不是背书,不是记住别人的思想,而是让学生本人进行思考。"

思维能力的提升是教学中的一个重要任务,这已经是广大教师的共识了。但是,高阶思维的内容包括什么,学生认知阶段教师应该特别关注什么,怎样在学生的学习阶段发展他们的创新意识和思维,这正是课题组在课题研究中要向教师们传达的理念,也正是高阶思维培养中能够予以回答的问题。

课题组通过《市西科研报》、主题讲座、专项学习研讨、未来名师学校学习,组织教师学习了课题的开题报告、专家论证会上的意见、课题组汇编的资料,开展了全员教师培训,还印发了钟志贤、陈浩文等人的专家论文,长春市高阶思维研究报告,莆田一中教师的教学总结,帮助教师从不同视角认识和理解高阶思维,提升教师的教育理念和教学行为的自觉,为后续教育实践活动的研究开展打下了较好的基础。

### (三)高阶思维培养的专设课程

思维的培养,可以有多种途径和方法。促进学生高阶思维能力的发展,开设专设课程,既是学校课程建设的创新,也是学生高阶思维水平提升的基础支持与有益的尝试,高阶思维专设课程的开发正是推动高阶思维培养工作的举措。

#### 1. 什么是专设课程

课题组在课题的研究过程中,就此与教研组长、课程开发教师、科技艺术总辅导员、教学管理部门负责人等,进行了多次的研讨。仅以2015年为例,从2015年2月至2015年6月,就开展了4次专题研讨会,与会人员就什么是专设课程、专设课程的性质、专设课程开发的主体等问题,进行了多角度、多角色、多方位的研讨,并取得了共识。

所谓专设课程,是以培养高中生高阶思维为目标的课程,有别于一些常规课程,或具有一定的特色。

这种特色可以是内容上的特色(如思维知识学习的课程),可以是形式上的特色(如"做中学"类型的课程),可以是环境上的特色(室外或校外的课程),也可以是教学上的特色(如创新实验室的课程)。但是这种特色,除了有别于"知识的灌输"外,还应该能凸显"分析"、"评价"、"创造"的环节,特别应该能使学生主动开展评价,能够在评价中发现、在发现中肯定与否定。如果认为专设课程仅在内容上"有别于它",这可能失之偏颇。

#### 2. 专设课程的性质与开发主体

从学校现有的课程体系看,专设课程应该是以学校的校本课程(如拓展型、研究型、学生社团课程)为主的开发建设。可以是原有校本课程的补充完善、新课程的开发设计,也可以是基础性课程校本化的变革或调整、实践类课程的丰满与重新构建。不论怎样处理,专设课程仍应该属于学校课程体系的组成部分,专设课程的开发建构应该纳入学校课程建设的总体范畴内。

专设课程开发建设的主体是学校,虽然可以争取社会力量的支持帮助,但仍然要依靠学校教研组、学科组和教师群体的集体智慧,依靠学校教师的主动精神和探索态度。正是这样的理解与实践,课题研究开展以来,才使得学校形成了这样一批具有开拓精神的课程开发团队,形成了一批具有特色的专设课程。

3. 高阶思维专设课程建设

学校在高阶思维专设课程建设开发中,形成了以下系列课程。

**高阶思维专设课程表**

| 高阶思维专设课程 | 课 程 内 容 |
| --- | --- |
| 思维学习课程 | 常识部分和应用部分 |
| 心理学课程 | 学生的心理调适 |
| 思维广场课程 | 以学生为主的主题研究 |
| 辩论专题课程 | 以人文学科内容为主题 |
| 创新实验室课程 | 创设与真实世界接轨的学习情境 |
| 微型讲座课程 | 拓展学生视野的微型讲座 |
| 学生社团课程 | 为学生的"分析"、"评价"、"创造"提供平台 |
| 学生研究型课程 | 以学生为主体的专题探究 |

(四)专设课程的实践成果

课题研究开展以来,学校在高阶思维专设课程建设开发中,取得了阶段性的实践成果,现部分介绍如下。

1. 思维学习课程

思维学习课程分两个部分:常识部分和应用部分。

常识部分包括逻辑思维和非逻辑思维两个部分。逻辑思维分初阶的普通逻辑和高阶的辩证逻辑两块。非逻辑思维主要介绍直觉思维和形象思维。应用部分包括创新技法和案例两个部分。讲课内容有40讲。讲课形式包括大课(3-6个班一起上)、小课(一个班)、长课(讲一学期)、短课(有点类似现在的微型课程)。除了直接面对学生讲课,还有广播课程等,比较灵活。

属于初阶思维的普通逻辑,主要介绍概念的种类、关系和逻辑特性,判断的种类和逻辑特性,演绎推理和归纳推理,论证等内容。

属于高阶思维的辩证逻辑,也就是辩证思维方法(含辩证逻辑的内容以及体现了辩证方法的一些非逻辑思维方法的内容),主要讲事物是过程的集合体(联系的、发展的)、事物的运动是自身的否定、真理是具体的、思维具体同一的规律等基本观点,还有哲学家和他们提出的命题如"黑格尔和他的辩证法"这样的讲题等。辩证方法主要通过学习和了解哲学史上一些哲学家的思想观点来感悟和把握。这一板块在教学内容和教学方法上难度比较大,通俗化讲解的任务也比较重。

应用部分即技法和案例。技法中包括比较、发散、立体思维、联想、模拟、逆向思维、外推、系统、信息交合、演绎、移植等技法。案例和故事则是给中学生介绍思维方法时可操作的方式,运用在教学中往往可以收到较好效果。

**案例:关于木头的用途**

习惯了学科体系的学习和教科书的学习顺序,思维课程的学习对每一个学生都充满了新鲜感,他们正是抱着这种好奇的心情开始了课程的学习。

……老师从桌下拿出了一块木头:"同学们,谁能告诉我木头有多少种用途?"面对这样的开场白,教室里一片寂静。"能说一说木头有多少种使用方法吗?"仍然是没有回应的叙述。"也许是这个问题太简单了吧。"教师自我解释说。"老师,您这个问题是不是不该问我们啊,我们可都是市重点中学的学生啊,随便哪一个人站起来,木头的用法都可以顺口说上几十种啊!"高一(2)班的物理课代表小王同学实在忍不住了,站立起来高声地说着。

"是啊,说一说木头几十种用途你没有问题,那你说得出来几百种用途吗?"

"几百种用途?"小王犹豫了一下,"说得出来。"

"好,那么几千种用途、几万种用途、几十万种用途说得出来吗?"

全场鸦雀无声,大家都在考虑着。"老师,您能说得出木头的几千种、几万种、几十万种用途吗?"小王开始反问了。

"是的,我说得出来。"老师请小王坐下来,平静地面对全体同学。

"只要我有足够的时间,我就能够说得出。"

"同学们,我们可以把木头的形状作为一维坐标列出,如正方形、长方形、圆形、三角形等。再将木头的使用场所作为另一维坐标列出,如工业、农业、军事、生活等。每一维坐标的内容都是可以再细分下去的。如圆形可以分为实心圆、空心圆、长的圆柱、短的圆柱、球形、椭圆等。而使用场所中的内容也可以再细分下去,如生活类,可以分为家庭、学校、图书馆、电影院、商店等。家庭又可再分为卧室、客厅、书房、厨房、院子、阳台等,可以说这样的分解是无穷的。而两维坐标的任一个交点,就是木头的用途。同学们,这就是思维科学中发散思维的一种方法——信息交合法。"

教室里一片寂静,旋即全场立刻爆发出热烈的掌声。这是他们从没有接触过的领域,也是从来没有涉及的内容,既是那样新鲜和神秘,又好像从我们身边信手拈来那样熟悉。

从这里开始,同学们进入了思维科学的学习板块,开始细细地品味起直线思维、迂回思维、收敛思维、组合思维、逆向思维、头脑风暴这些似乎熟悉,又感觉陌生的思维科学内容……

**案例:如何用气压表测量楼房高度**

这也是思维课程中给学生介绍的"剧情"。

很多同学都被问过这样一个物理问题:"如何利用气压计测量一栋大楼的高度?"几乎每个用功的同学的回答都是:"用气压计测量地面与楼顶的大气压,然后用这个气压差即可计算出大楼的高度。"答案非常漂亮,也是参考书里现成的标准答案。

物理学界流传着这样一则故事。

某年,有一个学生对上述问题的回答居然是:"带着气压计到大楼顶,在气压计上绑一条长绳,然后缓缓垂下,等气压计触及地面时再拉上来,绳子的长度即大楼的高度。"老师给了他零分,但这位学生却不服气,说答案完全正确,应该给满分。最后师生同意请一位大师来仲裁。大师提醒这位学生这是物理考试,答案一定要包含某些物理知识,然后给他六分钟时间作答。过了五分钟,答卷上还是一片空白。大师问他是否要放弃,那位学生却说:"答案有很多个,我只是在想哪一个答案最好。"然后奋笔疾书,在最后一分钟总算交了卷。他这次的答案是:"带着气压计到大楼顶,弯腰松手让气压计落下,同时用马表测量气压计掉到地面所花的时间,大楼高度等于二分之一乘以重力加速度乘以时间的平方。"答案完全正确,而且也用到了物理公式,老师只好给了他接近满分的高分。

仲裁圆满结束后,大师好奇地问这位学生还有什么答案。结果,那位学生又一口气说出了五个答案:一、晴天时,先测量气压计长度以及它阴影的长度,再测量大楼阴影的长度,然后利用比例就可算出大楼的高度。二、带着气压计爬上楼梯,沿着墙壁以气压计的高度为单位做记号,一直标记到顶楼,看有多少个标记,再乘以气压计的高度,就是大楼高度。三、把气压计悬吊在弹簧的末端,测量地面的重力值和大楼顶的重力值,根据两个值的差异也可算出大楼高度。四、在气压计上系上长绳,垂到接近地面,像钟摆般摇晃,根据摆差时间也可算出大楼高度。五、去敲大楼管理员的门,对他说只要他告诉自己大楼的高度,就把气压计送给他。

大师听了,问:"难道你不知道利用地面与楼顶气压差来计算大楼高度这种正规的方法吗?"学生回答说:"当然知道!但我喜欢动脑筋思考,自己想出更多的方法来。"

这个故事在物理学界广为流传。这位学生的名字叫玻尔,他后来成为举世公认的物理奇才,1922年诺贝尔物理学奖得主,原子模型的缔造者和量子论的创建者。

思维课程对于学生来讲往往比较陌生。学习什么是学生提出最多的问题。这两个案例中,前者是思维方法的学习,后者则是思维习惯的学习借鉴。没有很深奥的理论叙述,也没有教条式的说教内容,只是以案例和故事的形式,让学生体验和感悟。特别是后一个案例,玻尔为我们展示了其超人的发散性思维和强烈的批判性思维——为什么气压表只能用于气压的测量?这应该对学生有着深刻的启示。

2. 心理学课程

开设心理学课程发展学生的思维能力,可能会有点令人匪夷所思吧。

事实上,在解决问题的过程中,人们能否改变事物固有的功能以适应新的问题情境的需要,常常成为解决问题的关键(功能变通)。原有的一些习惯有时会节省时间、提高效率,有时却会阻碍思维的发展。要创新,就要调整心理压力、打破思维定势。

所谓思维定势是指人们习惯使用的看待和解决问题的思维方式。人类存在着认知结构的限制。认知结构是个人面对问题时,对问题的认识、看法和印象。认知结构代表个人以往生活中对人、对事、对知识所累积的经验。如果问题情境远超过个人的认知结构,处理问题时人就会感到困难。心理学课程正是从这个角度出发,给人以启迪。

**案例:**

如图,给出了一盒蜡烛、一盒火柴、一盒图钉、一段绳子,如何让蜡烛竖直地贴在墙面上?

这个问题似乎太简单了。

将图钉固定在墙上,用细绳将蜡烛悬起,挂在图钉上即可。

也可以利用蜡油粘合的方法。用火柴点燃蜡烛,待蜡油融化,用蜡油将蜡烛粘在墙上。

"大家的方法都不错。"待同学们发表不同观点后,老师微笑着说,"但是我还有更简单的办法。"在学生们期待的目光中,老师将蜡烛直接站立在地面并且紧靠在墙面上(虚接触)。"这就是我的办法。"

寂静,教室里一片寂静。

"看见绳钉就想到了悬挂,看见火柴蜡烛,就想到了点燃,为什么一定要这样?"

"蜡烛竖直地贴在墙面方式的问题,看起来有点像'脑筋急转弯',这里就是要让大家体会能否打破我们长期形成的固有思维模式,改变事物固有的功能以适应新的问题情境的需要。"

教师的话语引发了学生深深的思索。

基础教育的心理学课程,主要功能是学生的心理调适,帮助学生减轻心理负担和心理压力。只有在开放的无束缚的环境下,学生的思维才可能自由驰骋,充满想象力和创造力。这也正是学生高阶思维培养过程中,我们所需要追求的境界。

3. 思维广场课程

这里提供了一个全新的学习空间:可以自由阅读、自主网上浏览、自主选择学习环境、自由组合学习伙伴、自主发布主题开展讨论,也可以在教师任务单的导引下进行小组交流。基础型课程的内容在这里形成了一个个讨论研究的主题;个性化学习在这里成为了学生的选择;差异性理解在这里变成了学习的资源。学习空间的开放、学习资源的开放、学习内容的开放、学习方式的开放,形成了教育教学的新模式,为学生思维的开放、思维的碰撞、思维灵感的闪现,提供了良好的氛围。这,就是思维广场课程。学生在这里,经历的是关于不同主题的讨论、辩论、主题发言或问题交流,发生的则是思维的深度碰撞。

**案例:**

这是思维广场中高一(8)班的一节语文公开课,听课的除了语文教师,还有物理、英语、化学、政治等其他学科的十几位教师。执教老师在这之前的课程中,已经介绍了中国文学史中"新诗"的产生、发展、意义等内容,并布置了新诗鉴赏作业。这节课教师原本的设想,是让学生们进一步加深对新诗的理解,开展创作学习。

简单的教学导入后,学生开始讨论。

"新诗没有格式、没有平仄、没有韵律,读起来缺乏语言的起伏,根本不能称之为诗。"小A同学石破天惊,第一个发言,竟然持着强烈的批判态度。

"这个观点不对,新诗为文学的发展提供了机遇,没有平仄和韵律,给诗人的创作提供了更为活泼、更为自由的空间。"

"没有格式,是打破了'八股文'的束缚,给了文学创作更为天马行空的平台。"

"从文学发展史看,只有冲破约束,破而后立,才能推陈出新。"

小A的批判引起了全场同学的质疑。

"没有平仄韵律,何来朗朗上口?既然是诗,就应该有一定的文体,就应该有一定的语言美感,否则又怎么能称之为诗?什么都不讲究,只能是自由体。"小A同学并不买账,看来是做了充分的准备。

这样的观点,不仅引发了学生的争论,也使听课教师开始交头接耳。执教老师多少开始有点"狼狈"了。她只能再一次重复新诗的起源,以及新诗在文坛上发展意义的叙述。

小A同学似乎并不接受老师的观点,他提出了一个要求:"下面,我为大家读一首作品,请大家判断一下作品的属性好吗?"

"春风已绿江南岸

塞北花开已有期

料峭的寒冬即将过去

明媚的春天正在踮着脚走来

春姑娘羞羞答答地

如青春的少女

如宋词里的女子

掩面含羞一步三回首地把娇容掩在轻纱后

慢慢地、轻轻地、缓缓地、悄悄地向我们走来——"

"老师,请您判断,这是新诗吗?"

"小B、小C同学,你们也来判断,这是新诗吗?"

"我们后面的听课老师,也请你们判断,这是新诗吗?"

毫无疑问,所有小A同学点到的老师和同学,都给予了肯定的回答。

"那么,我告诉大家,这不是新诗,它是我在散文网上下载的散文《春天》,只不过我重新断句并朗读出来而已。"

全场寂然。

"大家都看到了,散文重新断句就可以成为新诗,说明新诗根本就不是独立的文体。从网上资源看,所谓新诗也被收于散文网之中,说明网络编辑对这个问题也有着清晰的判断。"

随着下课铃声响起,讨论室仍然安静着。

一节公开课使执教老师和听课教师收不了场,也使同学们集体"失音"。

"小 A 同学的观点很富有挑战性,我希望大家能够这样地学习,不迷信权威,不满足已有的结论,用证据说话、自我假设、自我解释、自我评价、自圆其说。当然,我也会再拿出更多的证据,继续来和小 A 同学讨论,也希望同学们共同参与。"执教老师最后的点评,可能多少也有些无奈吧。

这是一个思维深度碰撞的典型案例,也是高阶思维培养的典型案例。小 A 同学有备而来展开讨论,在证据分析的基础上,做出了大胆的评价并提出了自己的观点。这里我们暂且不论小 A 同学观点本身的正确与否,学生能在学习中不断地获得信息、适时地运用批判性思维和生成性思维进行分析与评价,从而进行应对或反驳,这本身就是教学的最大收获。

这种类型的教学,在常规课堂教学中很难实现。常规教学即使安排了讨论环节,由于时间的限制,常常不能够对某一点进行相对集中、指向明确、参与范围广泛的深度讨论,甚至学生来不及思考也没有机会表达,更谈不上形成学生思维的深度碰撞,从而使讨论流于形式。思维广场则为学生的"分析"、"评价"、"创造"提供了比较充分的时间和空间,学生之间的思维碰撞不仅能引发不同的观点,更能使思维深度发展。

4. 辩论专题课程

辩论专题课程,是这几年文科一些学科教学中专门组织的特设课程。

辩论中,辩手要及时捕获对方辩友的发言信息,及时对对方辩友的观点、素材、证据等进行快速评价,发现对手的漏洞和破绽,予以指正或批判。在这样的基础上,用自己的论据、论证,阐述或强调自己一方的观点,完成自己的立论,获得评委和观众的认可,取得最终的胜利。

这个过程,以十分精准的指向,对应了高阶思维发展的环节,构建了高阶思维能力发展的一种良好的形式。

**案例：**

"中学生应不应该有人情消费"是《适度消费》中的一个学生辩题。这场讨论，要求学生同时准备正反两个辩题。比赛时抽签决定辩题。同时既要准备正方，又要准备完全相反的反方，这对于学生思维的批判性和创造性就形成了极大的挑战。

正方：我们的辩题是"中学生应不应该有人情消费"。我方认为，中学生应该有人情消费！

所谓人情消费，指的是人与人之间正常交往中的感情投资。它可以有效地促进人与人之间的情感交往。无论从历史传统、社会环境还是中学生健康成长的角度来看，中学生都应该有人情消费！

首先，辩证唯物主义告诉我们：一切要从实际出发。在传统意义上，中国属于礼仪之邦，礼尚往来的人情消费是中国人古老的传统，也是一种沟通人际关系的重要方式。人是社会的人，在这样的社会大环境下，中学生或早或晚都会接触到人情消费，这是避免不了的客观现实。与其到时束手无策，不知所措，甚至走上歪路，不如适度合理地规划人情消费，而适当的人情消费也正是一种融入社会舞台的锻炼。所以，从历史传统和社会环境的实际出发，中学生应该有人情消费。

其次，适度合理的人情消费可以使中学生有效地联络感情、增进友谊，这是另一个不争的客观现实。人际关系需要去经营，遇到同学生日或者逢年过节发个贺卡、打个电话或发条短信，道个祝福，消费不多却联络了感情、表达了关爱。和谐的人际关系、互相关爱的校园班级氛围不仅可以使我们心情愉悦，也有助于我们提高学习效率。同时，对于人情消费的合理规划也锻炼了中学生的理财能力。所以，从人情消费带来的实际效果来看，中学生应该有人情消费。

千里送鸿毛，礼轻情意重。适度合理的人情消费不仅有其存在的社会土壤，它本身也有助于中学生的健康成长。综上所述，中学生应该有人情消费！

反方：我们的辩题是"中学生应不应该有人情消费"。我方认为，中学生不应该有人情消费！

人情消费简单地说是日常生活中人与人之间人情往来的费用支出，但如今很多人为了人情费支出强颜欢笑。对此，我方想请各位从实际出发，考虑一下中学生是否应该有人情消费。

第一，中学生的"三观"尚未完全形成是一个不争的客观现实，对于这样一个敏感、特殊的群体，过早地接触人情消费，将会有极大的风险，甚至可能会导致中学生的价值取向错位。君子之交淡如水，真正的人情绝不应该建立在金钱之上，倘若纯洁的中学生应该人情消费，那么神圣的校园氛围将会多出一股铜臭味，中学生尚未成型的"三观"将会遭到极大的污染。同时，人情消费在某种程度上属于消费异化。个人的消费本应根据自身的需要、经济条件等因素进行，但是有时我们不愿去消费，却因人情等种种原因违背了真实意愿，不得不去消费。人情消费对于中学生的成长有着极大的负面作用，不利于中学生健康成长。

第二，中学生没有固定的经济来源是另一个不争的客观现实，我们付出的金钱几乎都来源于我们父母的辛苦劳动。中学生人情消费违反了适度消费原则。适度消费，对于个人和家庭来说，是指与收入水平及社会风尚相适应的消费。中学生在没有固定经济来源的客观现实下进行人情消费，无疑是加重了家庭的负担，对于生活在贫困线下的家庭而言无疑更是雪上加霜。

真正的人情不是靠金钱能够维系的。最后，我愿用一句话给大家敲响警钟：以酒交友，与酒一样，仅一晚而已！

……

把同样的哲学原理作为立论的依据，可以策划出完全相反的命题。参加这样的活动不仅要求学生能随时转变角色，还要求学生能随时转换思维，既要求从正反两个方面都能捍卫本方立论，还要能及时寻找对方思路与逻辑上的漏洞。这样的辩论（特别是自由辩时），不仅对参与学生的逻辑严密性、思维流畅性进行了良好的训练，也对学生思维的创造性提出了挑战。这样的课程无疑是高阶思维培养的"特殊战场"。

5. 创新实验室课程

高阶思维的培养，需要认知型课程的开发与设计，也同样需要其他类型课程的支持。创新实验室课程，就是学校近年来大力开发和建设的课程。近几年来，学校为了加强学生动手实践能力的培养，建设了一批在上海市"颇有名气"的创新实验室，包括"能源实验室"、"自动控制实验室"、"数学实验室"、"静态模型制作室"、"头脑奥林匹克活动室"、"汽车实验室"、"机器人实验室"、"化工技术实验室"、"音乐制作实验室"、"数字艺术实验室"、"生物技术实验室"、"物联网实验室"、"F1赛车工作室"、"文史专用教室"、"大气环境监测实验室"等二十余个实验室，与此同时，也开发了一系列与之对应的"实验室核心课程"。

在创新实验室课程中，我们提倡学生自己设计创作，使学生"梦想成真"。同时也在实验室教学中,强化学生的"分析"、"评价"、"创造"。通过学生的批判、合作、讨论、完善,提升学生活动进程中的思维发展,渗透和培养学生的高阶思维。伴随着创新实验室课程的建构,创新实验室教学的同时,也诞生了一批受学生欢迎,能够激发学生"分析"、"评价"、"创造",具有一定特色的教学方法,如"半野生教学法"、"师徒带教法"、"滚动研究法"等,使课程实施中学生的争论、辨析、批判、否定、再造成为一种良性的学习常态。

创新实验室课程在培养学生动手实践能力的同时,搭建了学生高阶思维发展更为有效的平台。下面是学校部分创新实验室课程计划,也许透过这些课程的设计,能对创新实验室课程的特点窥见一斑。

**案例一:"能源实验室"课程计划**

"能源实验室"课程计划

第一模块(二课时):能源的知识

  教学方法:教师讲述、学生资料查询交流。

  教学内容:能源的概念、常规能源、新能源;

     一次能源、二次能源;

     能源的使用、能源的危机。

第二模块(一课时):能源模型的参观

  教学方法:实地参观、教师讲解。

  教学内容:火力发电、风力发电、太阳能发电、核能源。

第三模块(一课时):发电机原理

  教学方法:教师授课、教具展示、学生体验。

  教学内容:发电机原理。

第四模块(四课时):学生制作(一)水力发电机模型

    结构式积木搭建场景;

    发电机模型、水力冲击系统;

    各种灯泡发光演示效果。

第五模块(四课时):学生制作(二)机械能守恒模型

轨道设计搭建；

轨道平整度调适；

小球运动的能量守恒说明。

第六模块(四课时)：学生制作(三)太阳能发电的应用

太阳能电池板电动势、内电阻的测定；

太阳能发电储存实验；

太阳能动力的应用(路灯、电扇、水泵等)。

第七模块(四课时)：学生制作(四)风力发电机模型和应用

风力发电机(水平、垂直)功率测定；

风能动力小车安装。

第八模块(四课时)：学生课题研究作品介绍

重力发电模拟装置；

太阳能滴灌模拟装置。

## 案例二："乐高机器人初级课程"课程计划

### "乐高机器人初级课程"课程计划

第一模块(二课时)：乐高机器人零件的初识

教学方法：教师讲述、学生体验。

教学内容：乐高零件按大小、形状、颜色的分类体验；

结构搭建零件的体验、乐高马达的体验；

乐高传感器的体验。

第二模块(二课时)：学生制作(一)乐高机器人基础搭建体验

按照自己的想法搭建一部三轮可行驶小车。

第三模块(四课时)：学生制作(二)乐高机器人规范搭建体验

按照乐高搭建手册所提供的方法改进搭建的小车,并比较自己所搭建的小车和搭建手册所提供的搭建方法有什么区别。

第四模块(四课时)：学生制作(三)搭建能停在终点前的小车

用NXT控制器直接编程的方式为搭建的三轮小车编写程序；

在不用传感器的前提下实现能停在黑线上的规定动作；

15分钟小组竞技交流，比赛成绩计入平时成绩。

第五模块（八课时）：学生制作（四）能上阶梯的机器人小车

上阶梯机器人爬阶梯规则解读；

上阶梯机器人的实现策略分析；

上阶梯机器人的低落差阶梯上行搭建调试体验；

上阶梯机器人的高落差阶梯上行搭建调试体验；

机器人上阶梯部分小组竞技交流，比赛成绩计入平时成绩；

上阶梯机器人难度提升——加负载，加入半包围乒乓球，要求跟车上行；

带负荷机器人上阶梯部分小组竞技交流，比赛成绩记入平时成绩；

上阶梯机器人难度提升——能自动识别最高一级的台阶并能停留在最高级台阶上；

上阶梯机器人能停留在阶梯顶部3秒钟，并从阶梯顶端返回出发点；

能完成全程动作的机器人小组竞技交流，比赛成绩计入平时成绩。

第六模块（四课时）：学生制作（五）机器人走黑线体验

机器人光传感器配合搭建体验；

机器人能看到黑线停止并做出指定的动作；

单光传感器机器人能沿着黑线行进指定距离并能看到十字黑线交叉处自动转向。

## 案例三："自动控制"课程计划

### "自动控制"课程计划

第一模块（二课时）：自动控制概述

教学方法：教师讲述、学生资料查询交流、遥控演示。

教学内容：自动控制、自动控制的发展、程序机器人小车、遥控玩具。

第二模块（八课时）：机械开关的应用

实物观察：单刀单掷、单刀双掷、双刀单掷、双刀双掷、碰撞开关。

学生制作：楼梯灯控制、电动窗帘模型、卷帘门模型、数字灯模型。

第三模块(六课时)：电磁开关的应用

　　教师讲解：结合实物讲解电磁开关原理,了解常闭、常开触点及其转换。

　　学生制作：供电换向器、竞赛抢答器、光控报警器。

第四模块(六课时)：晶体二、三极管,电容器功能

　　教师讲解：二极管单向导电性、三极管开关功能(类比电磁开关)。

　　学生制作：整流器、双稳态电路(A、B两个灯泡轮流发光演示效果)。

第五模块(六课时)：逻辑电路学习应用(结合教材学习包内容)

　　学生制作：温度控制器、光照控制器、车门打开报警器。

第六模块(八课时)：计算机控制

　　教师讲解：单片机原理、计算机控制原理。

　　学生制作：程序控制小车、竞赛抢答器、数字信号灯。

第七模块(六课时)：传感器原理和应用

　　教师讲解：传感器原理。演示部分传感器(运动、声音、光、温度等)。

　　学生制作：发光物体定位仪、自动加热器、定时开关、声控信号灯。

第八模块(八课时)：基于物联网的遥控知识学习

　　教师讲解：基于物联网的遥控知识、多段多频信号发生器使用。

　　实地参观：西门子公司实验展示室、比特实验展示室。

　　学生实验：手机信号控制家电工作;网上信号控制家电工作。

创新实验室课程为学生高阶思维的发展提供了与真实世界接轨的学习环境。

学习环境是支持和促进学习的场所。创新实验室课程设计中,我们充分注意到针对学习环境的设计而非教学环境的设计。因为,教学意味着更多的控制与支配,而学习则意味着更多的主动与自由,学习环境是学习者可以在其中进行自由探索和自主学习、学生之间可以相互协作和支持的场所。要解放学生思维的束缚,发展高阶思维,就应该彻底变革学生学习受到严格控制与支配的状态。处于真实情境中,学习的目的在于能够真正运用所学的知识去解决现实世界中的实际问题。学习者所处情境越真实,需要解决的问题越现实,学习者的学习积极性越高,主动性越强,自由性越大,学习过程也就越生动、有效,高阶思维能力的培养也就越有可操作的载体。

6. 微型讲座课程

这是聘请校内外专家、学者、家长、老师、校友甚至学生开设的讲座课程，讲座的主题不限、内容不限、时间长短不限，每周都有两次以上，学生们可以根据对听讲对象的要求，进行预约，选择性参加，也可以在讲座过程中，与演讲者互动、质疑。例如微型讲座的第一讲，就是华东师范大学教授对现行高中理化教材的分析，尽管学术问题可以讨论，但学者的批判性思维的方法，给学生留下了深刻的印象。这些都极大地激发了学生的兴趣，开阔学生的视野，提升学生的思维品质。2012 年 9 月 19 日，《文汇报》以《微型讲座：提供了个性化教育》为题，专门报道了这一课程。以下是 2012 年 10 月微型讲座课程的安排表。

**2012 年 10 月市西中学"微型讲座"安排**

| 讲座时间 | 主讲人 | 演讲者背景 | 主题 | 听讲对象要求 |
| --- | --- | --- | --- | --- |
| 10月8日 第六周周一中午 | 姜新瑜 | 市西中学老师 | 南海危机之中国对策 | 全体 |
| 10月8日 第六周周一中午 | 徐人浩 | 市西中学老师 | 汉字中的汉民族心理的彰显 | 全体 |
| 10月8日 第六周周一中午 | 刘海燕 | 市西中学老师 | 美剧那些不能不懂的表达 | 全体 |
| 10月8日 第六周周一中午 | 邹玉峰 | 市西中学老师 | 西楚霸王的千古奇冤 | 全体 |
| 10月11日 第六周周四中午 | 秦 捷 | 市西中学老师 | 名画鉴赏初步（二） | 全体 |
| 10月11日 第六周周四中午 | 徐 杰 | 市西中学老师 | 计数原理 | 全体 |
| 10月11日 第六周周四中午 | 高二（7）班同学 | 市西中学学生 | 思想家园 | 全体 |
| 10月11日 第六周周四中午 | 史志康 | 教授、博导。现任上海市通用外语水平等级考试办公室主任，中国英国文学学会副会长，中国英语教育研究会副会长及上海外文学会常务副会长。曾任上海外国语学院英语学院院长和上海外国语大学附属浦东外国语学校常务副校长 | Essential Differences between East & West | 全体 |

续 表

| 讲座时间 | 主讲人 | 演讲者背景 | 主题 | 听讲对象要求 |
|---|---|---|---|---|
| 10月16日<br>第七周周二中午 | Jimmie Jones | 外请人员 | Facing History and Ourselves — Holocaust Survivors in my eyes | 高二年级 |
| 10月18日<br>第七周周四中午 | 汤磊 | 银都奥美广告公司总经理 | 广告营销 | 全体 |
| 10月22日<br>第八周周一中午 | 陈素裕（台） | 外请人员 | 布艺（DIY） | 高一年级<br>（限40人以内） |
| 10月22日<br>第八周周一中午 | 顾文豪 | 文化评论人、书评人、大型文化活动策划人、复旦大学中文系博士。香港《明报》、《文汇报》、《人物》杂志、《名汇 famous》、《星尚画报》等报刊读书专栏作者。同时策划监制文汇网人文阅读节目《读家视点》。2011年香港书展演讲嘉宾，2012年上海书展演讲嘉宾 | 阅读,最值得沉溺的快乐 | 全体 |
| 10月22日<br>第八周周一下午校班会 | 褚君浩 | 华东师范大学教授 | 新能源 | 全体 |
| 10月25日<br>第八周周四中午 | 董燮良 | 校长 | (1) 几何趣谈<br>(2) 数学思维 | 全体 |

7. 学生社团课程

学生社团课程,是学生以自己的喜好、特长组织起来,开展学习研究活动的课程。社团课程中,学生可以最大限度地自我创意、自我设计、自我发挥、自我评价,使思维摆脱约束,体现了青年学生的创造性。特别是从高阶思维能力培养的角度看,它为学生的"分析"、"评价"、"创造"提供了平台。

以下就是学生社团活动的一个案例。

**案例：汽车重力发电原理的模拟实现**

汽车重力发电,是近年来国外研制的一种新型发电技术。在汽车通过的路面上,铺设一组高出地面约20 mm、宽约760 mm的金属板（俗称冲击板）,每块板的下面,都设有一个充满液压流体的容器。汽车驶过冲击板时,车重可使容器产生很大的压力,迫使流体从管道流向发电厂,带动发电机发电,然后再经过管道,重新流回至容器中。据计算,每辆一吨重的汽车,驶过金属板时,可发出约 1.5 kW·h 的电能。因此现代化城市的交通干线路口,是安装这一发电设备的理想场所。美国纽约市已实验安装了这样一套装置,并于1981年开始供电。其每度电的价格比美国现在国家的平均电价的 $\frac{1}{4}$ 还要低。不过这种发电技术,现仍处于研究和试行中。

在学生社团课程中,学生们阅读到了上面的内容,对这一技术发生了浓厚的兴趣,但有关这一技术的细节,尽管进行了多方资料查询,仍然毫无结果。

(研究设想阶段)

能源组的同学分成了三个小组,集思广益。同学们根据自己的生活经验,分别提出了几个模型,较为典型的有弹簧式旋转发电装置和风箱式气压发电装置。

(1) 弹簧式旋转发电装置。

如下图,靠近地面处为一个双层支架,将套有弹簧的传动杆穿过支架上的孔,一端连接金属板,另一端连接类似于缝纫机的转轮,金属板上下起伏,就可使转轮转动,从而带动磁场中的线圈运动。

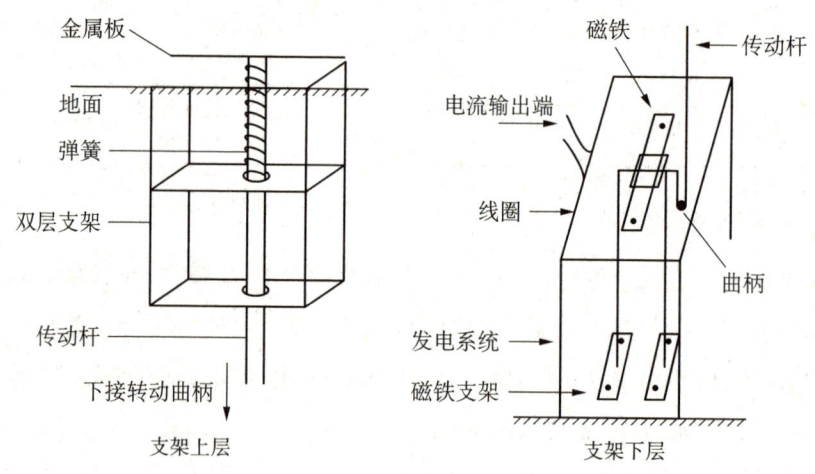

(2) 风箱式气压装置。

相当于将一个风箱竖直起来,$A$、$B$ 位置分别为内外两个活动门风口($A$ 只能向外开,$B$ 只能向内开),金属板压下时,高压气体从 $A$ 冲出,带动叶轮转动。金属板释放时,$A$ 关闭,$B$ 打开,气箱重新充气。

（原有思维的分析评价）

初步方案形成之后，学生们运用"头脑风暴"对方案进行论证分析；提出如下意见：(1)弹簧系统容易产生金属疲劳，不适合长期使用；(2)转轮当转至一定的位置时，会出现"自锁"现象，使装置失灵；(3)风箱装置需要外界提供大量气源，如果埋在地下，难以实现；(4)风箱装置为非封闭系统，必然要受到水气的腐蚀，也不适合长期使用；(5)风箱系统因气体压缩比较大，需要有较大的机械进程，与路面冲击板高度不匹配。

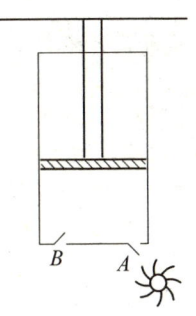

（思维评价后的改进）

那么应该设计怎样的装置呢？弹簧系统的自锁是致命的，只能被放弃。风箱系统呢？第一，必须要变开放系统为封闭系统，第二，要解决气体压缩比较大的问题。于是，液压式的方案被提出来了。学生们绘制了原理图：金属板受压时，活塞下行，使活塞室内液体压力增加，原来关闭的阀门 $K_1$ 打开而阀门 $K_2$ 被关闭，液体流向压力室，使原来压力就高于其他室的压力室液体，从通向尾水室的管道流出，冲动水轮机，进入尾水室。

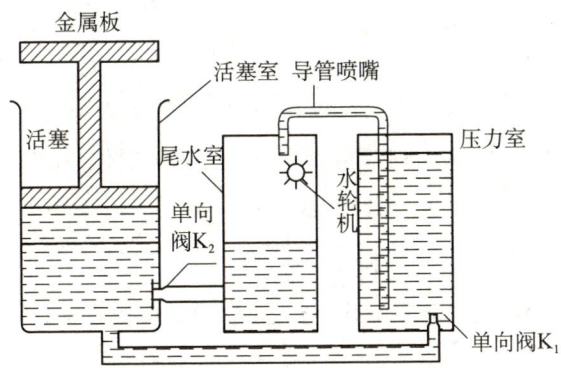

（动手安装操作）

接着，同学们又开始了模拟实验，将插有玻璃管的广口瓶，用橡胶软管与注射器相连，构成活塞室。压力室和尾水室也可依照此法，用插有玻璃管的广口瓶代之。阀门 $K_2$ 因密封要求不高，采用了普通的止回阀。而 $K_1$ 因要求密封性能良好，一般止回阀已不能使用，经过实验比较，最终选用了 DIF-L10H 内簧式阀门，开启压力为 $0.4\times10^5$ Pa。当注射器针筒直径为 5 cm，所施压力（砝码质量）为 10 kg，且活塞室和压力室液面高差不大于 1 m 时,完全可冲开此阀,活塞移动的距离约为 2 cm,现象非常明显。

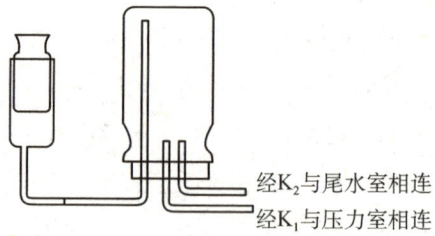

(课题总结阶段)

至此汽车重力发电的模拟实验已成功完成。学生们总结了课题研究中的思维方法和学习方法,撰写了实验报告《汽车重力发电的模拟实验》。目前,这一研究已经申请了国家专利。

这个案例使学生的思维过程在活动中非常充分地表现出来,这正是社团活动中我们提倡和要求的有助于学生高阶思维发展的模式之一。

再以头脑奥林匹克社团课程为例。

头脑奥林匹克社团课程的主要内容是对头脑奥林匹克的制作题、语言题、表演题、即兴题的解析和表演。试题由国际头脑奥林匹克总部(美国)发布,解析和表演的创意、舞台、服装等必须由参加者自己设计和制作,强调学生的想象、创造、幽默和工具利用(特别是即兴题)。这一课程集学生想象、设计、制作、表演为一体。面对即兴题,学生的思维高度集中、快速运转,要拿出方案,解决一个个障碍。面对长期题的命题内容,则要自己设计剧本、设计服装、设计背景、设计音乐。不仅要完成表演,更要完成相应的制作,机械加工、道具制作、灯光布置等。所有的环节都需要"头脑风暴"、团队配合。特别是"头脑风暴"阶段,方案完全是开放的,没有权威,也没有定论,一切都在学生的讨论、争执、相互批判中诞生。课程不仅对学生的想象能力、幽默能力、制作能力、应变能力、表演能力的发展有着积极的促进作用,也为学生的高阶思维培养搭建了平台。

8. 学生研究型课程

学生研究型课程的课题研究活动,是实现用开放性问题和真实性问题替代课本问题与封闭式问题的思维实践。从思维的过程可以知道"思维一定是由'难题和疑问'、'困惑或怀疑'而引发的"(杜威)。问题的本质决定了思考的结果,思考的结果又控制着思维的过程,因此问题的性质会对高阶思维的发展产生直接影响。传统教学环境下的问题往往是孤立的、封闭的、预先准备的典型问题,很大程度上忽略了与真实生活情境的联系,局限了学生问题—知识上的串联与重组,很难引发学生展开反思、批判、创新等思维活动,往往达不到发展高阶思维的目的。

开放性的学生课题,允许学生以自己的眼光和能力去发现问题,允许学生使用广泛的解决方法和策略去分析处理这些问题,允许学生以自己的知识结构理解和解释这些问题,直接把学生放在了推理、思考的最前沿,打开了学生问题解决时的分析、评价、创造之窗,对于学生高阶思维能力的发展,有着促进作用。

**案例:太阳能滴灌装置的设计与模拟实现**

上海许多小区都安装了纯净水供给装置。一个巨大的净水器箱,连接着自来水进水管,接通电源开始工作后,自来水被净化,顺着出水口,流入居民放置在出水口下的净水桶中,为居民的用水提供了便利。但是净水器在工作时,尾部的排水口却要不停地排出少量的自来水,既浪费资源,又影响环境,成为净水提供时的极不和谐的景象。——怎样解决这个问题呢?小徐同学开始了思考。

(方案的设计)

滴灌技术,这是小徐同学环境课上已经了解的知识,借助滴灌技术用排出的水浇灌小区的绿地是个好主意。但滴灌需要水泵,水泵工作需要动力,这又该如何解决?改造净水器吗?改造一个已经投入市场的设备,不太可能。提供一组民用电?当然没问题,但年复一年、日复一日的电能消耗也是一笔开支。怎么办呢?小徐同学想到了利用太阳能供电。

利用太阳能供电说起来很简单,但仔细分析,有很多细节需要推敲。

太阳能电池板总是要使用的。每一块电池板的光照电压是多少,用多少个电池板,采用哪一种连接方式比较好,净水器不工作时太阳能电池板输出的电流怎么储存……一系列问题摆在了小徐同学的面前。

到能源实验室去做实验!小徐同学下定决心解决这些问题。

(实验的探究)

实验室里,小徐同学联合另外三位同学,组成了课题组。

她们仿照"测量电源电动势和内电阻"的方法,对近40块太阳能电池板进行测量,了解了不同型号电池板电动势和内电阻的不同数据。

她们找来了直流电动机和配套的潜水泵,查阅了电机和水泵的工作参数。据此她们计算出了与电机正常工作匹配的太阳能电池板数量——28块电池板。

但太阳能电池板电能储存的问题始终没有办法解决。

储存电能最简单的方法是使用蓄电池,但给蓄电池充电的太阳能电池板电压一旦低于蓄电池电压,就会出现蓄电池反向给太阳能电池板充电的情况,这怎么办呢?对了,可以使用单向导通的二极管!在老师的指导下,小组同学又开始研究起二极管。

单向导通的性质、最大承载电流、反向击穿电压、正向和反向电阻……一次次测量、实验,当她们最终并联了4个二极管构成单通控制器时,太阳能滴灌装置的设计终于实现了。这项设计后来获了奖,小徐和她的同学们,也在这项研究过程中,收获了学以致用、服务社会的喜悦。

类似这样的高阶思维培养专设课程,还有其他内容,如游学课程、社会服务课程、专题考察类课程等。只要学校能够重视高阶思维的培养工作,理解高阶思维培养中专设课程的功能和特点,充分发挥教研组集体与教师个体的积极性,有效组织专设课程的开发和建设,及时提炼与总结专设课程开发建设与实施中的经验,就一定会在学生高阶思维培养中更具有方向性和针对性。

### (五) 高阶思维的课堂教学

"高阶思维的培养,需要高阶学习活动方式组织教学。"(钟启泉)"分析"、"评价"、"创造"需要建构"概述"、"构造"、"检查"、"表述"的课堂环境,搭建学生相互合作及"评论"、"判断"思维碰撞的平台,从而达到"产生"、"假设"、"规划"、"设计"、"创作"、"发明"的目标。为此,课题研究中学校加强了教师培训工作,提高了教师高阶思维培养背景下的课堂教学水平。

#### 1. 高阶思维课堂教学的理论培训

什么是课堂高阶学习活动方式,这是课题研究以来教师培训的重要内容之一。培训中我们明确了高阶学习活动的教学设计的七个要求。

(1) 教学中要有情境有任务。可以是问题情境的建构,也可以是学习氛围的营造。而问题求解的任务应当有一定的难度,能够激发学生的求解欲望,把分析、评价、创造自觉运用到问题求解的过程中,从思维提升的角度发展高阶思维能力。

(2) 学生要有学习控制权。这是以学生的学习为中心、把学习主动权交给学生自己的必然做法。只有当学生具有了学习的主动权,才能根据自己的经验背景,对外部信息进行主动的选择、加工和处理,进行积极的、有意义的、双向的相互作用过程的建构,获得练习和运用高阶思维能力的机会,提升自己的思维品质。

(3) 教师要通过恰当的教学干预为学生学习提供"支架"。包括:提供及时的反馈;提供多元化的观点,使学习者通过争论培育独立思维;为知识建构展开必要的讨论;根据过程的需要,及时发问,提供建议、评论,并对关键的概念进行清晰的阐释;提供学习者共享经验(如争论等)的机会,以促进相互之间的理解和建构新知。

(4) 要营造合作互动的学习环境。在这种合作互动环境中,当学生必须相互解释观点时,不论他们的能力如何,都能产生比较清晰的和有组织结构的理解结果。这种导致认知变化的共同建构活动,是高阶思维过程发展的关键。

(5) 给学生表达和解释的机会。表达和解释是思维结果的外化,需要学习者做出相关的陈述,理解他人的陈述,相互论证或挑战各自的观点。所有这些过程都将直接导致高阶思维的活动和高阶学习的开展。

(6) 要有效运用信息技术的支持。以技术为介质的学习环境,有利于学生同伴之间通过共享来复习概念和展开讨论,促进高阶认知水平的发展。而作为思维活动和团队合作的有力辅助,它又支持了学生以多种方式进行知识的建构和展示。

(7) 充分借鉴认知学徒模式。认知学徒模式是"做中学"的一种最早的形式,"认知学徒制"的借鉴改变了传统的脱离现实生活的教学,也为师生互动、生生互动提供了契机。

2. 高阶思维教学的案例培训

高阶思维能力培养的重要方法,是在课堂教学中构建建构主义学习理论所倡导的教学形式。为此课题组精心组织了典型教学形式的案例培训。

(1) 支架式教学(Scaffolding Instruction)

支架式教学被定义为:"支架式教学应当为学习者建构对知识的理解提供一种概念框架(conceptual framework)。这种框架中的概念是为发展学习者对问题的进一步理解所需要的。为此,事先要把复杂的学习任务加以分解,以便于把学习者的理解逐步引向深入。"

支架,原本指建筑行业中使用的脚手架,在这里用来形象地描述一种教学方式。儿童被看作是一座建筑,儿童的"学"是不断地、积极地建构自身的过程;而教师的"教"则是必要的脚手架,用以支持儿童不断地建构自己,不断建造新的能力。支架式教学是以苏联著名心理学家维果斯基(Lev Vygotsky)的"最近发展区"理论为依据的。维果斯基认为,在测定儿童智力发展时,应至少确定儿童的两种发展水平:一种是儿童现有的发展水平,另一种是潜在的发展水平,这两种水平之间的区域称为"最近发展区"。教学应从儿童潜在的发展水平开始,不断创造新的"最近发展区"。支架式教学中的"支架"应根据学生的"最近发展区"来建立,通过支架作用不停地将学生的智力从一个水平引导到另一个更高的水平,而在这种智力提升的过程中,不断发展学生的高阶思维能力。

**案例:《苏州园林》课文教学过程**

本课属于说明文教学单元的内容,是培养学生说明文写作能力的教学。

教师:苏州园林又称"苏州古典园林",是世界著名的文化遗产、我国的AAAAA级旅游景区、中国十大风景名胜之一。苏州素称"园林之城",享有"江南园林甲天下,苏州园林甲江南"之美誉。苏州园林是中国园林的杰出代表,也是中华文化的骄傲。

很多同学都去过苏州,也领略过苏州园林的美景。如果我们也来写一篇苏州园林的说明文,该怎样写呢?

展示:沧浪亭、狮子林、拙政园、留园、网师园、怡园等园林的照片。

教师:这些不同的园林建筑,有什么共同之处?

观察:留园的录像资料。

教师:从不同角度你们看到了什么?感觉到了什么?

近景:园林的树木、门窗、假山等。

展示:北京颐和园的部分建筑。

教师:南北方建筑的区别。

教师:苏州园林始建于春秋时期吴国建都姑苏时,形成于五代,成熟于宋代,兴旺鼎盛于明清。到清末苏州已有各色园林170多处。

教师:根据我们看到的和老师介绍的资料,如果由你来介绍苏州园林,你会怎么描述?

讨论:分小组讨论,并分别设计"说明提纲",进行交流补充。

教师:现在我们来学习一下著名作家叶圣陶的代表作之一《苏州园林》,品味一下作者是怎样对苏州园林进行说明的。

……

支架式教学有如下特征：

搭脚手架——围绕当前学习主题，按"最近发展区"的要求建立概念框架。

进入情境——将学生引入一定的问题情境。

独立探索——让学生独立探索。探索内容包括：确定与给定概念有关的各种属性，并将各种属性按其重要性大小顺序排列。探索开始时要先由教师启发引导，然后让学生自己去分析；探索过程中教师要适时提示，帮助学生沿概念框架逐步攀升。

协作学习——进行小组协商、讨论。讨论的结果有可能使原来确定的、与当前所学概念有关的属性增加或减少，各种属性的排列次序也可能有所调整，并使原来多种意见相互矛盾且态度纷呈的复杂局面逐渐变得明朗、一致起来。在共享集体思维成果的基础上达到对当前所学概念比较全面、正确的理解，即最终完成对所学知识的意义建构。

效果评价——对学习效果的评价包括学生个人的自我评价和学习小组对个人的学习评价，评价内容包括：自主学习能力；对小组协作学习所作出的贡献；是否完成对所学知识的意义建构。

(2) 抛锚式教学(Anchored Instruction)

这种教学方式要求教学建立在有感染力的真实事件或真实问题的基础上。确定这类真实事件或问题被形象地比喻为"抛锚"，因为一旦这类事件或问题被确定了，整个教学内容和教学进程也就被确定了（就像轮船被锚固定一样）。建构主义认为，学习者要想完成对所学知识的意义建构，即达到对该知识所反映事物的性质、规律以及该事物与其他事物之间联系的深刻理解，最好的办法是让学习者到现实世界的真实环境中去感受、去体验（即通过获取直接经验来学习），而不是仅仅聆听别人（例如教师）关于这种经验的介绍和讲解。由于抛锚式教学要以真实事例或问题为基础（作为"锚"），所以有时也被称为"实例式教学"、"基于问题的教学"或"情境性教学"。

**案例：数码灯设计实现的教学过程**

教师：我们已经学习了直流电路中电路连接和开关的使用，今天我们要完成相关内容的应用设计。

"数码灯"是我们经常看到的显示装置。它用七根灯管组成发光部件，通过控制可以表示出0-9十个数字。数字"1"、数字"7"、数字"4"、数字"3"的显示如下：

# 1743

教师：现在我们布置两项任务。

任务一：

给出五个小灯泡（分别代表不同位置的灯管），三个双刀单掷开关 $A$、$B$、$C$，学生电源一台（提供直流电源），导线若干。

要求：设计并连接后，开关不闭合，所有灯泡不发光；

闭合 $A$ 开关，显示出数字"1"；

断开 $A$、闭合 $B$，显示数字"7"；

断开 $B$、闭合 $C$，显示数字"4"。

说明：灯泡不得串联。

任务二：

增加一个灯泡，增加一个双刀双掷开关 $D$。

要求：设计并连接后，开关不闭合，所有灯泡不发光；

闭合 $A$ 开关，显示出数字"1"；

断开 $A$、闭合 $B$，显示数字"7"；

断开 $B$、闭合 $C$，显示数字"4"；

断开 $B$、$C$，合上 $A$（显示数字"1"），再合上 $D$，显示数字"3"。

说明：灯泡不得串联。

学生：复习已经学过的各种开关的使用。如单刀双掷开关用于楼梯灯控制、双刀单掷开关用于闸刀开关控制、双刀双掷开关用于直流电机正反向转动控制等，如下图。

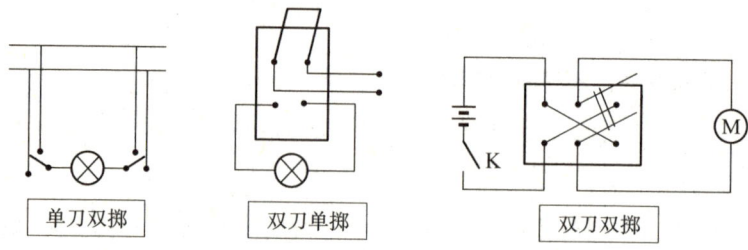

讨论：学生们对于双刀双掷开关进行了重点讨论。

当中央双刀的掷点接入电源时，两端接入不同用电器电路，双刀开关可以同时控制两个电路；当中央双刀的掷点接入用电器电路时，两端接入不同电源，开关可以提供两种电源供选择；当中央双刀的掷点接入电源时，每一侧为一个独立用电器电路，开关可以使这两个电路的工作性质正好相反。

据此学生很快设计出了数码灯的电路图。

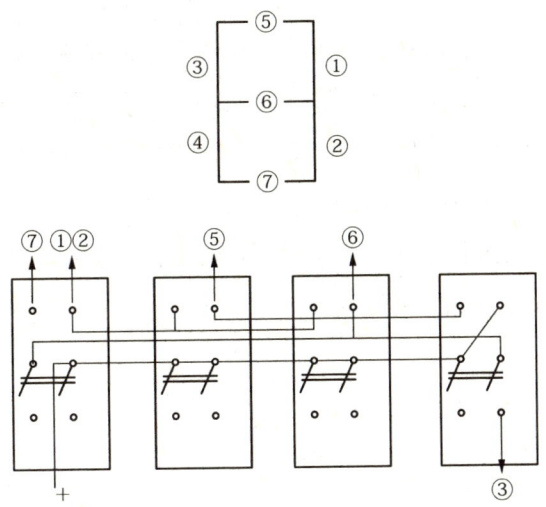

评价：设计制作完成后，学生们根据这个设计进行了实物连接，确实达到了任务要求。接着学生们又对这个设计进行了评价。这个电路图并不是最理想的，开关的选择就是一种浪费，至少可以用三只双刀单掷开关替代双刀双掷开关。


抛锚式教学一般包含以下几个基本环节：

创设情境——使学习能在和现实情况基本一致或相类似的情境中发生。

确定问题——在上述情境下，选出与当前学习主题密切相关的真实性事件或问题作为学习的中心内容。选出的事件或问题就是"锚"，这一环节的作用就是"抛锚"。

自主学习——不是由教师直接告诉学生应当如何去解决面临的问题，而是由教师向学生提供解决该问题的有关线索，并特别注意发展学生的"自主学习"能力。

协作学习——讨论、交流，通过不同观点的交锋，补充、修正、加深每个学生对当前问题的理解。

效果评价——抛锚式教学的学习过程就是解决问题的过程，由于该过程可以直接反映出学生的学习效果,所以对这种教学效果的评价不需要进行独立于教学过程的专门测验,只需在学习过程中随时观察并记录学生的表现即可。

(3) 随机进入教学(Random Access Instruction)

对同一教学内容,在不同的时间、不同的情境下,为了实现不同的教学目的,可以用不同的方式加以呈现,换句话说,学习者可以随意通过不同途径、不同方式进入同样教学内容的学习,从而获得对同一事物或同一问题的多方面的认识与理解,这就是所谓"随机进入教学"。而这其中的一个典型的特征,就是学习者可以通过多次"进入"同一教学内容,达到对该知识内容比较全面而深入的掌握。值得指出的是,这种多次进入,绝不是像传统教学中那样,只是为巩固一般的知识、技能而实施的简单重复。这里的每次进入都有不同的学习目的,都有不同的问题侧重点。因此多次进入的结果,绝不是对同一知识内容的简单重复和巩固,而是使学习者获得对事物全貌的理解与认识上的飞跃;而从高阶思维能力培养的角度看,这种多次的进入,就是多次分析、多次评价、多次构建和创造的实践。

**案例:牛顿第二定律的教学设计**

在学习了牛顿第二定律后,教师设计了一组例题。

例1:物体以平行于斜面的初速度冲上光滑的斜面,在给出相关条件后,试求物体到达斜面中点时的速度。

这道题的设计本意,就是了解牛顿第二定律使用的矢量性。

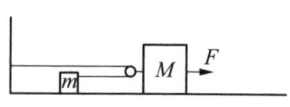

例2:用水平外力作用在置于光滑水平面上质量为 $M$ 的物体上。物体联结着动滑轮(轻滑轮)。穿过动滑轮的轻绳,一端与一个质量为 $m$ 的物体相连,另一端固定在墙上,如左上图所示。试求在外力恒定的情况下,$M$、$m$ 两物体的加速度分别为多大。

这个例题的设计初衷,是想对研究对象的选取进行再说明:两个加速度不同的物体,是不能作为系统来研究的。

例3:质量不同的两物体叠放在水平面上。如果物体的质量、各接触面的摩擦系数均已知,那么,当用水平外力作用于下方物体并将其拉出时,水平外力的大小至少应为多大?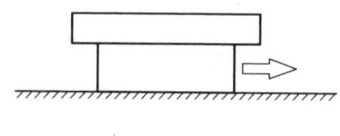

这一例题的设计初衷,则是对物体运动的分析进行再强调。原来静止的两个物体,只有当二者获得的加速度不同时,才可能出现相对运动,而且是下方物体被拉出。

例 4:一列质量为 M 的火车,在平直轨道上匀速运动。某时刻起质量为 m 的尾车脱钩,但机车仍以原动力前进。当脱钩后前车行进了距离 L 时,司机发现异常,撤除了机车牵引力。试问:火车停稳后,前后两部分相距多远?

这个例题的设计初衷,则是要说明"运动的隔离"。在尾车脱钩和前车撤除动力后,运动物体的受力均为摩擦力,加速度相同。而在机车未撤除动力时,受力和加速度情况与其他运动段完全不同。

例 5:如右下图所示,质量为 M 的斜面放置在光滑水平面上,用平行于斜面的细线系着质量为 m 的小球。若用水平力作用在斜面上使其运动,为保持小球相对斜面静止,该水平力最大不能超过多少?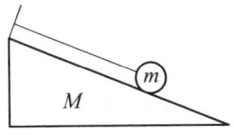

这个例题的设计初衷,是要说明使用牛顿第二定律求解有些问题时需要讨论。在本题中,水平力的方向向左或向右,所得到的结果是不同的。

例 6:四个质量相等的物体静止在水平面上,受到四个不同的外力作用,由静止起,以相同的加速度,行进了相同的位移。其中两个斜向力与水平方向的夹角相同,物体与地面的摩擦情况如下图所示。试为这四个力做功的大小排序。

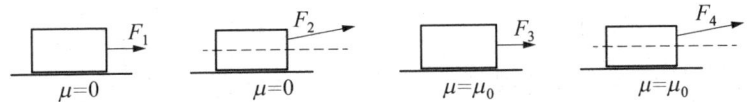

这个例题的设计初衷,是要学生对牛顿第二定律关于外力与加速度关系有进一步认识。尽管这里的教学内容是机械功,但本题计算的核心,还是第二定律的使用。

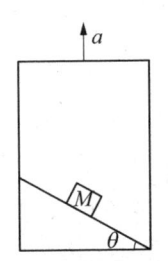

例 7:如左下图所示,以一定加速度上行的电梯中,有一个倾角为 $\theta$ 的斜面,斜面上放置着质量为 M 的木块。如果电梯的加速度大小为 $a$,电梯上行的距离为 $s$,电梯上行过程中木块始终相对斜面静止,试求木块所受斜面的支持力、静摩擦力对木块做的功。

这个例题的设计初衷,是要学生对牛顿第二定律中超失重问题进一步熟悉。因为此时的弹力和摩擦力的计算,若采用牛顿第二定律的规范解法求解会较烦琐,而掌握了超失重后,求解则简便得多。

让这一组例题分别在习题课、章节复习课、单元复习课乃至功和能的教学课中,从不同的角度或按不同的要求适时呈现,就形成了随机进入教学的模式。

随机进入教学包括以下几个主要环节:

呈现基本情境——向学生呈现与当前学习主题的基本内容相关的情境。

随机进入学习——取决于学生"随机进入"学习所选择的内容,呈现与当前学习主题的不同侧面特性相关联的情境。在此过程中教师应注意发展学生的自主学习能力,使学生逐步学会自己学习。

思维发展训练——由于随机进入学习的内容通常比较复杂,所研究的问题往往涉及许多方面,因此在这类学习中,教师还应特别注意发展学生的思维能力。

小组协作学习——围绕呈现不同侧面的情境所获得的认识展开小组讨论。在讨论中,每个学生的观点在和其他学生以及教师一起建立的社会协商环境中受到考察、评论,同时每个学生也对别人的观点、看法进行思考并做出反应。

学习效果评价——包括自我评价与小组评价,评价内容包括自主学习能力;对小组协作学习所作出的贡献;是否完成对所学知识的意义建构。

案例培训是课题研究培训中非常具有实效的手段。

这些案例的教学内容、教学要求是教师们熟悉的,教学手段可能已经被教师们使用或部分使用,教学方式也可能在有意识或无意识状态下被教师们实施。但培训的结果,则是从高阶思维培养的角度,使教师们清晰认识了"高阶活动方式"的具体内容,使教学设计由被动转为主动,由无意识转变成有意识,使教育的理论与科研的叙述更具有"地气",更贴近教师的教学。

3. 组织了课堂教学的研讨活动

2012年9月,学校以"高阶思维能力培养的研究"申报了静安区中小学素质教育实践推进项目。从2012年9月至2014年9月,学校用了两个学年的时间,开展了高阶思维培养的课堂教学研讨活动。

课堂教学研讨活动中,学校共开设了160节高阶思维课堂教学的研究课和展示课,聘请了22人次专家现场参与,观摩高阶思维课堂教学的教师行为;组织了近40次教研组或中青年教师研讨会,对高阶思维课堂教学进行了分析与点评;收集汇编了包括所有学科的150余篇教学设计或教学案例;开展了6次论文宣读与交流活动。

教学研讨活动促进了高阶思维的课堂教学,也作为主要内容于2013年11月通过了静安区教育局中小学素质教育实践推进项目的项目验收。

## (六) 高阶思维课堂教学的关注点

### 1. 关注用高阶学习活动方式组织教学

这是几个用高阶学习活动方式组织教学的案例。

**案例：某教师电场内容教学后的体会**

复习静电场内容时，我布置了一道练习题。如右下图所示，两个带＋Q的电荷相距$2a$，在它们分布的场中，有一带负电的粒子(不计重力)正在做匀速圆周运动，试问该粒子的轨道应在哪里。呵，这下可是热闹了。有的说是在围绕两个点电荷之外的距离较远的圆周上；有的说是在绕着某一单个点电荷的圆周上；有的说是在绕着一个核转动且正对另一个核的位置上；也有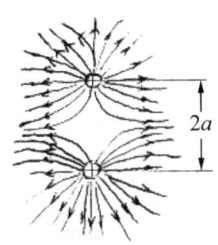的说是在垂直于点电荷连线中点的平面上；还有的则拿出了二价原子(核内有两个质子)核外电子的模型作为佐证……我没有简单地对哪一种说法直接否定，而是组织学生自己辩论、自己判断。辩论中我要求学生讲清自己的理由，找出他人的错误，以理服人。经过一番激烈的争论，学生们从核外电子轨道的佯谬到电子云的形状，从几率的意义到衍射条纹的实质，进行了条理分明的阐述，明确了这两种模型的不可比性，以及粒子绕双电荷匀速圆周运动的不可能性。辩论中，同学们还对粒子重力不能忽略的情况做了进一步的发挥——可以在以点电荷连线为轴的上方平面旋转，并计算了这种情况下的回转半径以及与点电荷的距离。这节课给学生留下了深刻的印象，不仅这一部分的知识要求得到了落实，学生的思维也得到了较好的训练。尽管这样的教学在课时使用上较为"奢侈"，但从培养学生高阶思维的角度看，确实是值得的。

演讲、点评、辩论等教学活动，都是有别于传统课堂教学形式的。这些教学组织形式最大的特点，是提供了开放、宽松、自由的思维环境，让学生去自由思考、自由批判、自由表述，这对于学生高阶思维能力的培养，具有积极意义。

### 2. 关注教学中思维内容的渗透

高阶思维的培养是可以开设一些专设课程的，例如思维课程。在课程中，可以让学生学习思维方法，体会不同思维方式的差异，更好地理解思维的意义。但是学科教学毕竟不能等同于思维专设课程的教学，只能在教学中利用学科问题，有目的地渗透思维发展的内容，提高学生的思维品质。

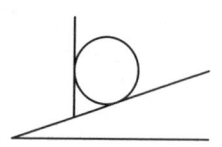

例如，在进行力的分解教学时，经常会看到这样的问题。如图，光滑斜面上小球受挡板约束而静止，要求对小球的重力进行分解。由于学生对静止在斜面上的物体的重力分解已经较为熟悉——重力可以分解为平行于斜面和垂直于斜面的分力，所以在如图问题重力分解时，就会有一些学生仍按照与斜面平行、垂直的方向进行分解，实际这种方法在此并不适用。对于这种情况，除了强调力的分解要按照效果的原则之外，还应该指出，这种情况产生的一个很重要的原因，就是惯性思维或者说是思维定势。要区别"形"与"神"的差异，决不能随意套用已有的结论。这样就把思维的内容，渗透到了学科内容的教学中。

3. 关注学生讨论发言的批判性思维成分

课改以来的课堂教学，绝大多数都具备"问题教学"特征。这一类型的教学方法中，学生的合作学习、讨论交流环节都比较充分。但是，如果学生在交流过程中，只是介绍自己的方法或方案给其他人分享，那还是不够的，这只是把课堂变为各种观点或方案的"展厅"。从高阶思维培养的角度看，我们更希望看到学生能够对他人的发言、他人的方案倾听、分析，发现他人问题解决方法的不足和缺陷，能及时指出（评价），并能作出修改使其更完善，甚至另辟蹊径重新设计（创造），重新予以评价，这样的思维过程既包含了生成性思维过程，又张扬了批判性思维过程，符合高阶思维能力培养的基本要素。

4. 关注"一题多解"的指向性

"一题多解"是教学中经常采用的教学方法。它要求学生不被思维定势左右，通过生成性思维的过程和方式，获得更多的解题方法。但是新的解题方法是技巧上的提高，还是解题思维上的变化，是在他人基础上的改进，还是自己全新设计，这是教师需要关注的。只有搞清楚上述情况，进而才能正确点评和激励学生。

**案例：物体匀变速直线运动时的加速度**

某做匀变速直线运动的物体，在通过两个连续相等的位移 $s$ 时，经历的时间分别为 $t_1$ 和 $t_2$，试求该物体匀变速直线运动时的加速度。

该题的常规做法是设初速度、加速度和时间，按运动学基本公式代入，即可求出。另一种做法则是利用平均速度的概念，分别求出两段位移的时间中点的即时速度，然后根据加速度定义求出结果。

关注到了教学的思维培养,教师请学生介绍他们是如何思考的。

学生A:我也试着用基本方法求解,可是方程中几处都出现了二次函数,求解太麻烦了,我相信应该有更简单的办法,于是就想到了用平均速度来解。

学生B:我仔细地审题,发现题设条件隐含了平均速度的概念,我就选择了用平均速度的方法求解。

可以看出,B同学从接受信息起,"分析"、"评价"的过程就开始同步,而A同学"分析"过程不够仔细,也未能及时评价,碰到钉子后才进入"评价"过程,所以效率较低。当然A同学在对原求解方法的评价中表现出来的较为明显的批判性思维,是应该值得肯定的。如果本题教学中教师的关注点仅仅是两种解题方法本身的比较,那就不可能对思维的发展做出较为有效的评析。

**案例:悬挂的大环**

光滑大环被轻绳悬起,从环的上端释放两个套在大环上的小球(如下图所示)。环与球的质量不能忽略。小球滑至何处,轻绳张力为零?

按照正常解题逻辑分析:环必受小球给其沿径向的弹力,因此球只能在上半环时使大环受到斜向上弹力(与球受向心力方向相反),才有可能使悬线张力为零。利用能量守恒、向心力、平衡、隔离法、力的分解等,可以求出结果。

但如果换个角度思考:有重量的物体被悬挂起,为什么悬绳张力可能为零呢?这只有在失重的状态下才能实现。利用系统分析、失重、分解等方法,也可以求出结果。

这两种求解方法差异较大,而其思维的差异更为明显。前者在问题研究时选取了独立对象,后者则采用了系统分析;前者的解题思维按部就班,可以称为直线思维,后者的思维则是由结果反问,属于逆向思维。本题教学中如果在注重求解方法差异的同时,有意识地从思维角度去分析类似的问题,就可以找到高阶思维能力培养的切入点。

5. 关注探究性实验方案的评价

探究性学习中开展实验方案设计,对于中学生理科核心素养的提升,有着积极的作用。但是,探究性实验中对于学生猜想的验证,形成的是"事实评价"。而在"事实评价"形成之前，加强对实验方案（或设计）的"思维评价"，则是凸显"分析"、"评价"、"创造"的过程，强化了学生的思维活动。所以，探究性学习中应注重组织学生开展实验前的对于实验方案的评价。

**案例：滑动摩擦系数的测定**

为了测量物体间的滑动摩擦系数，两位同学分别设计了两种不同的实验方案。

方案 A：

在水平桌面上，用测力计沿水平方向拉动一个已知质量的滑块，使滑块匀速运动，读出测力计的读数。再根据物体平衡时的受力关系，即可得出此时滑块所受滑动摩擦力的大小。更换相同材料、质量不同的滑块，重复操作，可以得到若干组滑动摩擦力的数据。将摩擦力数据和对应的滑块质量列表，就可以测得滑块与桌面的滑动摩擦系数。

方案 B：

水平桌面上铺有一张白纸，白纸上放着一个已知质量的滑块，滑块一端被水平绳拉住，水平绳则与固定的测力计相连。沿水平绳向滑块另一端拉动白纸，即可读出此时的测力计读数——滑动摩擦力的大小。更换相同材料、质量不同的滑块，重复操作，可以得到若干组滑动摩擦力的数据。将摩擦力数据和对应的滑块质量列表，可以测得滑块与纸面的滑动摩擦系数。

教学中实验方案分析评价的讨论非常热烈，两个实验操作的稳定性、可持续性、可视性、测量结果的不一致性等等，一个个问题都被提了出来，而随着问题的发现，新的设想也诞生了。实验 B 中的测力计可以由力传感器替代，实验 A 中滑块受到的拉力可由过滑轮的砝码下落提供……学生的思维通道被打开了。两个实验最终都进行了操作，也验证了学生对方案的评价。但就整个教学过程而言，最为出彩的就是对实验方案的评价过程。

6. 关注教师自身的行为模式

高阶思维的一个重要特征是能够"对思维进行思维的评价"，这就需要培养学生不拘束缚、敢于思考、敢于批判、敢于评价、敢于挑战的勇气和态度。作为教师就应该更加关注自身的行为模式，不迷信权威，敢于挑战课本，敢于挑战已有结论，敢于对教材进行"批判性"评价，以自己的质疑体现"分析"、"评价"、"创造"的思维方式，感染学生,在培养学生高阶思维能力的过程中,为学生做出表率。

例如:物理中的自由落体运动,是指初速度为零、加速度为重力加速度、轨迹为直线的运动。课堂上就曾经有老师对教材的提法,向学生提出了自己质疑:力学的核心问题是力对物体运动的影响。从这个角度分析,如果自由落体运动是指仅受重力作用的运动,为什么平抛运动、上抛运动、斜抛运动不能归入自由落体运动呢?

再比如:物理教材中曾指出(现已经改正),单摆运动的平衡位置,就是摆球运动受力平衡的位置。课堂上就有老师对这一结论进行了直接的批判:单摆运动到最低点时,仍会继续进行圆周运动,此时的向心力一定不为零,摆球所受的绳子拉力,一定大于摆球的重力,受力不可能平衡。用"摆球运动受力平衡的位置"来确定平衡位置,是极不严格的。只有摆球静止且受力平衡的位置,才是单摆的平衡位置。

这样的问题就学术性而言,有些未必是有定论的。如自由落体案例中的问题,对照国外有些教材的提法,确实与国内的教材有一定的差异,如教师的质疑内容。这些可能是由教材体系不同,依据的教学要求也不同所导致的。但就教师的行为本身而言,敢于质疑教材、敢于评价教材、敢于提出自己的观点,这就以自己的行为,为学生高阶思维的发展做出了示范。当然,对于教材的质疑,还应该特别注意科学性上要准确、注意学生的接受能力、注意不同教材体系交叉是否会给学生带来学习中的概念混淆等问题。但是,高阶思维的培养过程中,需要教师行为的"潜移默化"。

**(七)教学案例:在物理概念、规律教学中培养学生的高阶思维能力**

在物理概念和物理规律的教学中,注重高阶思维能力的培养,就应该有意识地组织学生在学习过程中,开展有针对性的评价活动,让学生在物理概念形成、物理规律掌握的同时,发展自己的高阶思维能力。

1. 概念和规律的形成过程中,加强对现象、事实、猜想的评价

生活经历、学习经历和实验经历等感性认识,是学生概念形成、规律掌握的基础。生活经历的再现和实验过程的构建,不仅能营造问题情境的氛围,激发学生的兴趣和探究欲望,也能为学生的思维抽象进行预设和铺垫。但如果对于现象或过程仅仅停留在观察、描述、结果猜想的水平上,还达不到培养学生高阶思维能力的要求。教师应该在学生体验感悟的过程中,加强学生对现象与规律观察、描述、猜想的评价,在评

价中去伪存真、突出本质、抽象建构。

**案例：左手定则 F、B、I 关系的教学**

如左图所示的学生分组实验,通过磁场方向和电流方向的变化,可以观察导体棒的不同运动方向。以不同颜色的轻杆表示 B、I、F 方向,得到了四个分组实验的四个"方向球"。将这四个"方向球"放在一起,发现这四个"方向球"标识的方向可以完全重合(如下图所示)。

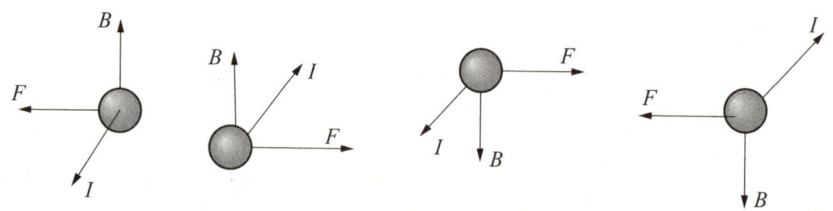

在对这一现象的评价环节中,教学时应特别关注：四个"方向球"标识的方向完全重合,与外界条件有关吗？说明了什么？

四个"方向球"标识的方向,不受实验条件(磁场方向、电流方向)差异的影响,也不涉及某一组别方向标识时的个性化操作(先标明 B 方向或 I 方向或 F 方向),甚至"方向球"与组别的对应也无需考虑——这就是批判性思维,是对条件影响结论的批判。

四个"方向球"标识方向能够完全重合,那就说明通电直导线在磁场中受力时,一定存在着 F、B、I 方向的某种特定关系,而这种特定关系一定满足"方向球"标识的方向——这就是生成性思维。

关注到这一现象的学生评价活动,就可以用形象化的事实推动学生的抽象思维,由实验现象的本质抽象得到左手定则。

**案例：感生电流方向判断的教学**

电磁感应现象中感生电流方向判断的教学,是由如下页图所示的学生实验来进行的。通过磁铁不同极性端在闭合线圈中的插入拔出,观察电流计指针的偏转情况,完成实验的记录表格。

|  | 磁感线的方向 | 磁铁运动方向 | 线圈磁通量变化 | 感生电流方向 |
|---|---|---|---|---|
| 磁铁 N 极 |  |  |  |  |
| 磁铁 S 极 |  |  |  |  |

但是学生根据对表格的分析完全找不出任何规律。此时对于"无规律"这个结论的评价，又是学生高阶思维能力培养的一个契机。

批判性思维：批判了实验操作步骤确定的由因至果的关系。

生成性思维：还有什么条件可以利用——感生电流的磁效应。

至此，上述表格中再增加一列"感生电流的磁场方向"的内容，就可以得到感生电流方向判断的楞次定律。

电磁感应现象中感生电流方向判断的教学，是高中物理教材中的一个难点。按照步骤由因至果也是人们思维的习惯性步骤，如果不经历上面的评价过程，从评价中生成，而由教师从一开始就帮助学生设计探究感生电流磁场方向的实验，让学生去发现，这就是另一类意义上课堂教学的"灌输法"。

通过分析进行评价达到创造的事例，在物理学发展史上屡见不鲜，高中物理教材中"原子的核式结构"、"中子的发现"等内容，都是非常好的案例，值得我们在学生高阶思维能力的培养工作中借鉴。

2. 概念和规律的辨析过程中，加强对个案分析的评价

物理概念和规律的辨析，是教学中一个不可缺少的环节。它不仅有助于加深对概念和规律本身的认识，也有助于理解概念和规律的物理意义，理解物理量或物理公式引进的目的，了解物理概念之间的区别，明晰物理概念的范围和物理规律的使用

条件。

概念和规律的辨析,需要个案分析的支撑。只有通过个案的分析研究,才能使概念的形成和规律的掌握,从具体走向普遍,再从普遍走向具体。

个案分析中的评价,在个案教学中有着特殊的意义。一方面它可以鉴别学生对概念和规律掌握的情况,在真实或模拟情境中发现学生概念和规律掌握的误区;另一方面,评价中学生的思维要经历信息接收、判断、鉴别、批判和生成的过程,这无疑是高阶思维能力培养的良好途径。

例如在区别速度与加速度两个概念时,教学中常会以"竖直上抛运动的物体在最高点的状态"这个个案为例,通过物体不再上升(速度为零)和其后的向下运动(加速度不为零)的特点,来分析这两个物理概念之间的差异。而"速度为零"和"加速度不为零",就是对这一个案现象的评价,从而让学生生成"速度与加速度之间无因果关系"的结论,加深对"物体运动的快慢"与"物体速度改变的快慢"两个不同物理概念意义的理解。

**案例:洛伦兹力不做功,而安培力做功问题的辨析**

这是电磁学中一个经典的佯谬问题。问题的产生主要由于一些教科书或课外读本是用洛伦兹力来推导安培力,把安培力作为洛伦兹力的宏观效果总和,从而导致学生在认知上的误区。

对这个问题的分析评价,是基于运动电荷在磁场中的受力来展开的。根据直导线垂直于磁场方向电荷在导线中运动时的情景分析,可以知道电荷的受力除了安培力、形成电流的电场力(电源电动势的作用)外,还有霍尔效应产生的电场提供的力。电流稳定运行时,霍尔效应产生的电场力与洛伦兹力平衡,而霍尔效应产生的电场力的反作用力的宏观表现,就形成了安培力。

这一个案分析的评价中,批判性思维的指向极为清晰——尽管霍尔效应的电场力在数值上与洛伦兹力大小相等,安培力大小可以由洛伦兹力推导得出,但是安培力并不是洛伦兹力的合力。评价中的生成性思维的结论也很明确——安培力就是作用于电子上的霍尔效应产生的电场力的反作用力的宏观表现,所以洛伦兹力不做功,安培力可以做功,两者并不矛盾。

**案例：动能和动量两个概念的辨析**

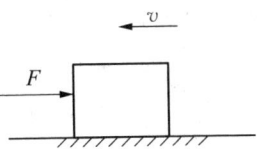

动能和动量两个概念的辨析，往往是学生觉得困难的问题，一方面它们都是运动物体自身的属性，都与物体的速度有关。另一方面，它们又从不同侧面反映了物理现象不同的本质特性。为了能较好地辨析这两个概念，教学中可以通过如右上图所示的个案来进行分析。

质量为 $M$ 的木块放在光滑的水平面上以速度 $v$ 左行，在物体上作用一个向右的水平力 $F$，经过多少时间物体速度为零？经过多少位移物体的动能为零？

对于所求时间和位移结果的评价，是辨析动能和动量两个概念的关键。物体从速度为 $v$ 到速度为零，动量的变化反映的是外力的时间积累效应，表征了物体反抗阻力时能行进多久。而从速度为 $v$ 时所具有的动能，到速度为零时的动能为零，动能的变化反映的是外力的空间积累效应，表征的是物体反抗阻力时能行进多远。个案评价的意义，得到了充分的体现。

概念和规律的辨析中，评价是以分析为基础的，但是分析不能替代评价。分析主要是对个案的条件、环境、过程、特点等进行描述，评价则是对分析所产生的观点、结论等进行判断和考量，可以支持原有观点和结论，也可以否定原有观点和结论。但不论哪一种情况，都是经历思维活动以后得到的生成性成果，这是我们在学生高阶思维能力培养中应该注意区别的。

3. 概念和规律的应用中，加强对条件和方法的评价

物理概念和规律的应用，是对学生是否真正理解物理概念、物理规律的物理意义的"检验"。在这个过程中，加强对于条件和方法的评价，有助于学生从本质上更加深入地理解物理概念和物理规律的物理意义。

**案例：三力平衡破坏后小球的加速度**

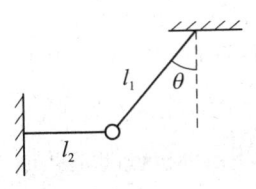

如左图所示，质量为 $m$ 的小球在 $l_1$、$l_2$ 两根细绳的作用下静止。其中 $l_1$ 与竖直方向的夹角为 $\theta$，$l_2$ 方向为水平方向。试求剪断 $l_2$ 绳的瞬间，小球的加速度。

如果根据"三力平衡，撤除其中一个力，合力与所撤除的

力的大小相等、方向相反"思维惯性，这个问题的求解将是错误的。小球在细绳剪断瞬间的加速度，取决于细绳剪断瞬间小球的受力情况。因此"微小形变"与"宏观性变"产生的弹力的差异，就成为了对条件进行评价的关键。注意到这一点，学生对"弹力"与"平衡的破坏"将会有新的理解，能形成新的生成性思维。

概念和规律的应用中，要加强对条件和方法的评价。但有时学生的评价，往往做不到"一针见血"，这时就需要教师的引导和启发，可以通过对照、比较、推理等方法，逐步深入，帮助学生养成评价的习惯，做出正确的判断。

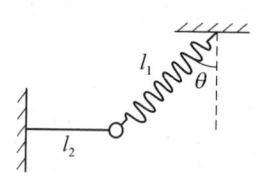

本案例中为了帮助学生开展评价，可以采用对照、比较的方法：将 $l_1$ 细绳改为轻弹簧（如左图），重复上面的问题，这样就会引发学生对细绳和弹簧产生弹力差异的深度思考，感悟"微小形变"与"宏观性变"的不同条件对平衡的影响。

**案例："准复摆"的静止释放**

一根长为 $2L$ 的轻杆，一端在 $O$ 点被悬挂，使杆可绕 $O$ 点在竖直平面内转动。杆的中点和另一端，分别固定了质量均为 $m$ 的小球 $B$ 和 $A$，如右图。将杆拉至水平静止时释放，求 $A$ 球到达最低点时的线速度。

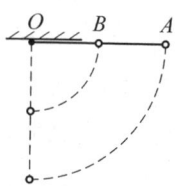

本案例是机械能守恒定律和圆周运动线速度及角速度有关知识的应用。但就核心问题而言，则是 $A$ 球隔离后能否满足机械能守恒条件的问题。

"$A$ 球隔离后的运动符合机械能守恒"，这是基于单摆运动的特点而得出的结论。

"$A$ 球隔离后的运动不符合机械能守恒"，这是发现与单摆模型有差异得出的结论。

对于结论的评价，首先来源于对于条件的评价。

单摆的摆线与"准复摆"摆杆的差异在哪里？摆线与摆杆给小球的弹力有什么不同？小球所受摆杆的力是什么性质？沿什么方向？这样几个问题分析好以后，$A$ 球隔离后能否满足机械能守恒定律条件的问题，就有了评价的依据和结论。在这个基础上，$A$ 球隔离后使用机械能守恒定律的方法被放弃（批判性思维），采用系统机械能守恒的方法（生成性思维）和圆周运动相关知识，就可以求出 $A$ 球到达最低点时的线速度。

概念和规律的应用中对条件和方法的评价,不同于概念形成中对现象、结果、猜测的评价,也不同于对概念和规律辨析时的评价。概念形成过程中的评价主要是抽象、归纳,概念和规律辨析过程中的评价主要是区分、辨别,而概念和规律应用中的评价则更具有综合性、针对性,更具有催生学生生成性思维的情境性。

物理概念和物理规律的教学具有很强的科学性和艺术性,概念和规律的教学中孕育着丰富的高阶思维能力培养的机遇,只要我们能关注学生思维培养的要求,有意识地在教学中渗透高阶思维培养的相关元素,学生高阶思维能力的发展一定会更有成效。

**五、课题研究内容的辐射**

**(一) 课题研究的辐射**

2014年3月起,学校"上海市双名工程物理基地"以"高阶思维能力培养的研究"为主攻方向,开展了为期三年的研究活动。在这期间来自静安、杨浦、徐汇、闵行、宝山、普陀、长宁的学员,都在自己所在区开设了"高阶思维能力培养的研究"相关讲座,开设了研究课和展示课。其中交大二附中的吴艳老师,参加了2014年重庆举行的全国中青年教师优质课大赛,获得了全国二等奖。2016年,学校"上海市双名工程物理基地"以"高阶思维能力培养的研究"为题在全市双名工程总结会上,做了交流发言,印制了《基地介绍手册》。

2014年起,课题组成员向来自北京、广东、湖北、福建、贵州、安徽、江苏、浙江、天津、宁夏等十一个省(直辖市/自治区)的学习访问团,介绍了"高阶思维能力培养"的研究,并先后在广州市、云南元阳县、大连市、浙江余姚市、新疆巴楚地区、四川都江堰等地开展了地市级讲学活动。在中国传媒大学附中、贵阳八中、浦东南汇中学、崇明中学、余姚二中、南通中学等学校开展了校际讲学活动。

**(二) 课题研究中的主要成果**

1. 2016年3月,专著《思维的跃迁:高阶思维能力的培养及教学方式》由华东师范大学出版社正式出版。

2. 2017年4月,专著《物理课堂故事》由华东师范大学出版社正式出版。

3. 2013年,课题组有关科技教育中培养高阶思维的论文《在能源的探索中提升"正能量"》《让梦想成真的地方》被上海市中小学(幼儿园)课程改革委员会收录至《创新实验室里的时代脉动——第二辑》中,由上海教育出版社于2013年5月正式出版。

4. 《高中生创新素养培育报告》、《市西中学培养学生的专设课程》、《市西中学学科教学中的高阶思维培养》分别被上海市教委收录至《创新,开启未来之门》《创新,点亮智慧之光》中,并由上海教育出版社于 2014 年 4 月、2014 年 12 月正式出版。

5. 2012 年 9 月,学校以题为"高阶思维能力培养的研究"申报了静安区中小学素质教育实践推进项目,并于 2013 年 11 月通过了静安区教育局的项目验收,同时收集了包括所有学科在内的 150 余篇教学设计或教学案例汇编成《市西中学高阶思维教学设计汇编》(一、二、三辑)。

6. 2016 年,学校"上海市双名工程物理基地",以"高阶思维能力培养的研究"为题在全市双名工程总结会上,做了交流发言,印制了《基地介绍手册》。

7. 2014 年,论文《物理教学中培养高中生高阶思维能力的思考》在《物理教学探讨》第 11 期发表。2015 年,论文《物理教学中培养高中生高阶思维能力的思考》被中国人民大学书报资料中心收录,并在《中学物理教与学》2015 年第 2 期上全文转载。

市级以上出版物发表的相关论文参见下表。

| 序号 | 作者 | 论文名称 | 出版物 | 发表(撰写)年份 |
|---|---|---|---|---|
| 1 | 方秀红 | 以课程建设为引擎,推进生命教育实施 | 上海教育 | 2012 |
| 2 | 姜新瑜 | 让青春之歌飞扬——高中思想政治课教学实施生命价值观教育的实践思考 | 中学政治教学参考 | 2012 |
| 3 | 金志琳 | 在思维广场中主动学习、合作学习 | 上海教育 | 2012 |
| 4 | 董君武 | 全面推进基于"优势理论"的个别化教育 | 上海教育 | 2012 |
| 5 | 周健荣 | 《动手学做网管员——网络连通大排查》教学案例 | 中国信息技术教育 | 2012 |
| 6 | 金志琳 | GIS 辅助"区域发展"教学的探索 | 地理教学 | 2013 |
| 7 | 董君武 | 试谈思维广场的育人功能 | 上海教育 | 2013 |
| 8 | 董君武 | 微型讲座,打开学生兴趣之门 | 上海教育 | 2013 |
| 9 | 耿莉莉 | "以学定教"是教学有效性的重要保证——"硫酸铜晶体结晶水含量测定实验方案设计"的设计体会 | 化学教学 | 2013 |
| 10 | 林勤 | 在能源的探索中提升"正能量"——上海市市西中学能源实验室 | 创新实验室里的时代脉动 | 2013 |
| 11 | 王纪华 | 让梦想成真的地方——上海市市西中学乐高机器人搭建室 | 创新实验室里的时代脉动 | 2013 |
| 12 | 吴蔼忠 | 自主选择,满足作文指导的个别化需求——"思维广场"作文课案例 | 上海教学研究 | 2014 |

续　表

| 序号 | 作者 | 论文名称 | 出版物 | 发表(撰写)年份 |
| --- | --- | --- | --- | --- |
| 13 | 陈婧怡 | 运用个性化阅读日志培养学生的阅读素养 | 上海教学研究 | 2014 |
| 14 | 林勤 | 物理教学中培养高中生高阶思维能力的思考 | 物理教学探讨 | 2014 |
| 15 | 吴蔼忠 | 提供选择满足个别化需求 | 让写作教学回归到"人" | 2014 |
| 16 | 吴蔼忠 | 基于"思维广场"课型的作文个别化教学 | 让写作教学回归到"人" | 2014 |
| 17 | 方秀红 | 中美基础教育互鉴走向深入 | 上海教育环育 | 2014 |
| 18 | 林勤 | 在物理概念、规律教学中培养学生的高阶思维能力 | 物理教学 | 2015 |
| 19 | 姜新瑜 | 思维广场：在变革中翻转课堂 | 上海教育科研 | 2015 |
| 20 | 方秀红 | 市西中学：国际思维成为育人自觉 | 上海教育 | 2015 |
| 21 | 方秀红 | 美国的德育 | 上海教育 | 2015 |
| 22 | 张屹 | 从信息技术的运用谈对"思维广场"的再认识 | 上海教育 | 2015 |
| 23 | 姜新瑜 | 基于"互联网＋"的思维广场：走向个性化的新型课堂 | 思想政治课研究 | 2016 |
| 24 | 李海燕 | 高中英语阅读与文学经典作品——从解读2015年高考C篇文章看个性化课程的开设 | 上海英语教研 | 2015 |
| 25 | 张海霞 | 高中历史课教学中学生民主意识培养的探讨 | 现代教学 | 2015 |
| 26 | 姜新瑜 | 用教育的烛火点亮青春梦辉映中国梦——读《习近平谈治国理政》有感 | 思想政治课研究 | 2015 |
| 27 | 黄杰、康元艺 | "好学力行扬帆起航"新高考改革背景下高中生生涯规划教育的实施策略 | 心理辅导 | 2016 |

### 六、课题研究的思考

"高中生高阶思维能力培养的实践研究"的课题,经过五年的研究,已经初步告一段落,尽管课题研究取得了一定的成果,但是仍有一些值得思考的问题。

#### (一) 低阶思维概念中的问题

这里主要是指低阶思维的指标。低阶思维对应的是布卢姆认知分类表中的"记忆"、"了解"、"应用"。但是对于低阶思维中"应用"的思维,我们觉得它的属性很难讲清楚。知识的"应用"需要分析,至少需要适用条件的分析、边界范围的分析、问题模型的分析,从这个角度看,"应用"可以理解为分析、评价(判断)的产物,具有高阶思维的属性。这需要我们对这方面的理论继续学习和研究。

#### (二) 关于高阶思维的核心环节

我们的研究提出,高阶思维的核心环节是"评价","评价"的基础是"分析","评价"的完善是"创造","评价"是思维发展过程中承上启下的环节,是高阶思维的核心环节。这样的提法一般的研究中都没有描述,我们觉得这需要理论工作者的研究认同。

#### (三) 专设课程的问题

课题研究中,我们对于专设课程有着自己的解释与理解,与一般学者的研究不尽相同。一般学者的专设课程概念,更多的是指课程内容独特或明显具有思维的针对性,这也是需要我们进一步在学习和实践中思考和研究的。

#### (四) 高阶思维的教学

1. 高阶学习活动的课堂

经历了课程教学改革,现在的课堂教学大多都具备了高阶学习活动的特征,如讨论、探究等,这样的教学是否可以认定就是高阶思维的教学?这个问题实际上也是对高阶思维教学本身的评价问题。

根据课题组的研究,我们认为,"评价"如果作为核心环节,那么认定其为高阶思维教学的依据就应该在这里。这样的观点也缺乏理论工作者的支持。

2. 高阶思维教学的效果检验

教育的一个特点就是效果滞后。同样,高阶思维教学也需要时间的验证才能观察其对学生的效果。这就需要对学生的发展进行跟踪、比较、评价。这在课题的研究中目前较为薄弱,需要进一步开展有步序的实践。

3. 高阶思维与低阶思维教学的整合

根据一般高阶思维研究的描述,低阶思维是高阶思维的基础,高阶思维的发展需要低阶思维的支撑,这也是我们认同的观点。因此在教学中应该根据教学的内容提出不同的思维要求与实施策略,需要对教材进行整体分析,设计整合满足思维发展的内容。而这项工作又需要研究过程中投入更多的时间和精力,这成为我们课题研究中还来不及完成的任务。

应该说,对于高阶思维这样一个较为热点又较为前卫的教育理论,我们的研究只能算是初步的、启蒙的研究,研究的层面也仅是实践中认识与理解的层面。但是我们相信,随着基础教育对高阶思维认识和理解的深入,随着越来越多的教育理论工作者和一线工作者的投入参与,高阶思维的研究与实践一定会取得更大的成效。

(林　勤)

# 二 探寻高阶思维能力培养的课例研究

## 2 "高中数学学科教学中的高阶思维训练"的案例分析与思考

### 一、背景

高中阶段是思维能力逐步走向成熟的阶段,所以在学校教育教学中培养高阶思维能力是充分发挥了学校的教育功能,而学科教学作为学校教育工作的重点,也必然成为高阶思维训练的主阵地。上海二期课改的一个核心问题就是培养学生的创新精神、实践能力和终身学习的能力。数学课程标准指出动手操作、自主探索与合作交流为学习数学的重要学习方式,强调从学生已有知识和经验出发,让学生亲身经历数学知识的产生和应用的过程,使每个人都获得必需的数学知识,使每个人获得多方面的进步和发展。在课堂教学过程中要求教师以"学生发展为本",进行高阶思维训练,要在一定程度上改变教师传授知识的方式和学生的学习方式,发挥学生的主体作用,强调探究、发现的教与学活动,尤其是学生对未知的探索、发现活动。以学生发展为本,进行高阶思维训练改变教学过程的程序,使课堂教学真正成为教师与学生之间、学生与学生之间思想交流、灵魂碰撞、生命深化的过程。

那么学科教学中如何进行高阶思维的训练呢?对此不少教育界专家从理论的层面提出了一些建议,下面将以高中数学学科教学中一节授课内容作为案例加以探讨。

### 二、案例描述

课题:点到直线的距离公式

**(一) 教学设计背景**

1. 教材分析

上海的高中二年级第二学期《数学》教材中的"点到直线的距离"这一节的内容,在处理的方法和过程上,和以前的教材完全不同,这一节的内容也是二期课改新教材

的一个"亮点",平面向量的应用使整个"点到直线的距离公式"的推导过程相当简洁易懂。在教材上的表述为"……过点 $P(x_0,y_0)$ 作直线 $l:ax+by+c=0$ 的垂足 $Q(x_1,y_1)$,因为 $\overrightarrow{QP}=(x_0-x_1,y_0-y_1)$ 与直线 $l$ 的法向量 $\vec{n}=(a,b)$ 平行,因此 $|\overrightarrow{QP}\cdot\vec{n}|=|\overrightarrow{QP}||\vec{n}|$,所以 $|\overrightarrow{QP}|=\dfrac{|\overrightarrow{QP}\cdot\vec{n}|}{|\vec{n}|}=\dfrac{|ax_0+by_0+c|}{\sqrt{a^2+b^2}}$,从而得到点 $P(x_0,y_0)$ 到直线 $l:ax+by+c=0$ 的距离 $d=\dfrac{|ax_0+by_0+c|}{\sqrt{a^2+b^2}}$……"

在备课过程中,总觉得教材中的几个向量及其应用过于巧妙,思维的跳跃性很强,学生并不能很自然地接受。学生在接受知识的过程,根据心理学家皮亚杰的理论,有两种方式:一种方式是同化——把新知识转化为旧知识;一种方式是顺应——当新知识不能被旧知识同化时,要调整原有的知识结构,去适应新知识。基于这些考虑,我决定对本节教材进行"再创造",按照著名教育心理学家布鲁纳的观点,思维情境是借助于学生旧有的知识经验、认知结构,作为同化和顺应的外部条件。由此可见,在课堂中进行中思维情境的创设尤为重要。通过一系列问题的设计,为学生探究式学习营造思维情景,创造"愤""悱"意境。

2. 学情分析

我校作为一所上海市实验性示范性高中,学生有一定的知识基础与能力。他们非常渴求知识,也有着强烈的创新意识。所以,如果仅仅是简单地要求学生按照教材的处理程序简单地进行公式推导,往往很难激发他们的学习兴趣,也不能真正满足他们知识和能力增长的需求。对此,在教材本主题原有内容的基础上进行适当的"再创造"不仅是合理的,也是必要的,是能帮助学生在思维的深度上进行发展的。

(二) 教学目标

1. 知识与技能:推导点到直线的距离公式;应用点到直线的距离公式。

2. 过程与方法:通过小组合作的学习方式,进行自主探索性学习,体验归纳——猜想——论证的思维全过程。

3. 情感、态度与价值观:在互相交流、讨论、争辩中,获得基本的数学知识和技能,形成勇于探索、勇于创新的精神。

(三) 教学重点与难点

教学的重点与难点:推导点到直线的距离公式。

**(四) 教学过程**

1. 引入

问题背景：给定直线 $l: 3x+4y-6=0$ 和直线 $l$ 外一点 $P(2, 5)$。

问题一：取直线 $l$ 的一个法向量 $\vec{n}=(3, 4)$，并让学生在直线 $l$ 上任意取点 $P_1$，$P_2$，$P_3$，…，请分别计算 $\overrightarrow{P_1P} \cdot \vec{n}$，$\overrightarrow{P_2P} \cdot \vec{n}$，$\overrightarrow{P_3P} \cdot \vec{n}$，…的值。

由于点是任意取的，学生并不知其"玄机"何在，再加上好奇心，很多学生已经产生兴趣，他们积极地参与到这个问题中来了，大家纷纷在直线上取了一些或特殊或一般的点，利用向量的坐标和数量积的计算得到一系列的结果。

问题二：观察上述的计算结果，你发现了什么？

所有的学生都惊奇地发现：这些数量积的值是一个定值20，而这个定值又在很大程度上吸引了学生的注意力，激发他们再探究的积极性。

问题三：产生这个定值的缘由何在？

此问题的提出马上给学生创造了一个"愤悱意境"，即所谓"欲知未知，半生不熟"的情境。在这种情境下学生跃跃欲试，学习积极性最高，一启则发。此时，教室里开始出现了阵阵的"骚动"，此时的课堂气氛已经相当活跃了，探究的氛围也已经相当浓厚。学生们或从向量角度，或从直线方程角度去思考。在巡视学生的讨论结果时，发现有学生根据向量的数量积，得到这个定值与 $\overrightarrow{P_1P}$，$\overrightarrow{P_2P}$，$\overrightarrow{P_3P}$，…在 $\vec{n}$ 方向上的投影有关。"时机"已经成熟，我便让该同学与其他同学交流自己的想法，让全班的学生一起来分享这份成功的喜悦。$\overrightarrow{P_nP} \cdot \vec{n} = |\overrightarrow{P_nP}||\vec{n}|\cos\theta_n$，其中 $\theta_n$ 是 $\overrightarrow{P_nP}$ 与 $\vec{n}$ 的夹角。而 $|\overrightarrow{P_nP}|\cos\theta_n$ 是 $\overrightarrow{P_nP}$ 在 $\vec{n}$ 方向上的投影，根据该投影的定义及其几何意义可以判断，该投影是个定值，又因为 $|\vec{n}|$ 是个定值，所以 $\overrightarrow{P_nP} \cdot \vec{n}$ 也为一个定值。

问题四：因为 $\overrightarrow{P_1P}$，$\overrightarrow{P_2P}$，$\overrightarrow{P_3P}$，…在 $\vec{n}$ 方向上的投影是个定值，利用这个定值，我们可以求……？

此问一出，很多学生都回答出：可以求得点 $P(2, 5)$ 到直线 $l: 3x+4y-6=0$ 的距离 $d=4$。

问题五：把上述的一系列结果推广到一般情形，你又能得到怎样的结论？

2. 讲授新课

学生们经过对上述问题的充分讨论，推导出点到直线的距离公式。

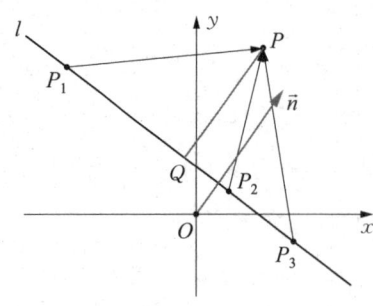

如左图所示：

已知点 $P(x_0, y_0)$ 和直线 $l: ax+by+c=0$ ($a$、$b$ 不全为零)，若 $Q(x_1, y_1)$ 是直线 $l$ 上任意一点，直线 $l$ 的一个法向量 $\vec{n}=(a, b)$，则 $\overrightarrow{QP}=(x_0-x_1, y_0-y_1)$，所以 $\overrightarrow{QP} \cdot \vec{n}=a(x_0-x_1)+b(y_0-y_1)=ax_0+by_0-(ax_1+by_1)=ax_0+by_0+c$。而 $\overrightarrow{QP} \cdot \vec{n}=|\vec{n}||\overrightarrow{QP}|\cos\theta$，其中 $|\overrightarrow{QP}|\cos\theta$ 是 $\overrightarrow{QP}$ 在 $\vec{n}$ 方向上的投影，于是得到点 $P(x_0, y_0)$ 到直线 $l$ 的距离 $d=\dfrac{|\overrightarrow{QP} \cdot \vec{n}|}{|\vec{n}|}=\dfrac{|ax_0+by_0+c|}{\sqrt{a^2+b^2}}$。

### （五）教学效果

整体而言，本节课的教学取得了一定的效果。通过问题一、二的设计，用学生熟悉的知识作铺垫，由近及远，由浅入深创设迁移情境，引导学生对特殊现象进行归纳、总结，进而进行数学猜想；问题三、四抓住新授知识的内在联系，层层设问，促使学生的思维简约、越层、跳跃，从而在教学中做到同化中有顺应，顺应中尽可能先同化，以进一步调整和完善认知结构。

在这节课中，学习的主动权真正还给了学生，课堂教学给学生留有足够的空间，引导学生通过小组合作的学习方式，进行自主探索性学习，使学生在互相交流、讨论、争辩中，获得基本的数学知识和技能，形成勇于探索、勇于创新的精神。利用一系列问题的设计，让学生通过归纳、猜想、证明，再用类比、推广的形式引出课题，并得到点到直线的距离公式，整个过程非常自然，也让学生感悟到学习的"过程"。

## 三、分析和思考

所谓高阶思维，是指发生在较高认知水平层次上的心智活动或认知能力。它在教学目标分类中表现为分析、评价和创造。它是创新能力、问题解决能力、决策力和批判思维能力的核心。

钟启泉教授指出：发展高阶思维，要以高阶学习活动予以支持——要以学习者为中心；要开展问题求解的学习活动；要形成知识共享、互动合作的学习模式。同时还应该注重交叉学科知识的学习，注重环境营造，教师应有意义地引导学生。

香港学者陈浩文博士在谈到如何提升高阶思维时也指出：要提升高阶思维，就要培养学生的论证、反驳、筛选和利用信息的能力；要培养学生的公民意识、判断、决定能力；要理解学科的思维方式。

相关研究也表明，运用探究、发现和研究型学习方法有利于发展学习者的高阶思维能力。

著名教育心理学家布鲁纳认为，在教学过程中，学生是一个积极探究者，教师的作用是要形成一种学生能独立探究的情景，而不是提供现成的知识，要让学生自己去思考，自己去探索，自己去发现，参与知识获得的过程。过去数学教学存在着较多注重结论而忽视过程的现象，导致学生创造能力的培养成了"无源之水"。在课堂上，以"学生发展为本"，把学生作为学习的主人，充分发挥学生的主体作用，调动他们的学习积极性，为学生创造思维情景，让学生在不断的探究与发现中学习，加强了思维过程的教学，使学生能以探究与创新精神对待学习，以探究与创造的方法进行学习，进行高阶思维训练，从而培养学生的创新能力。

下面以布卢姆认知过程领域目标分类来说明这节课对提升学生高阶思维能力的设计。

| | | 高阶思维 | 学生活动 | 教学成果 |
|---|---|---|---|---|
| 分析 | 区分 | 从现有的材料中区分出无关和相关的，重要和不重要的。 | "观察结算结果，你能发现什么规律？这些规律产生的缘由是什么？"学生小组分析、整合老师提出中相关信息。 | 学生学会分析探究问题中的相关信息，并初步能将各相关信息进行归纳、综合。 |
| | 组织 | 确定一个结构中各要素是如何作用的。 | | |
| 评价 | 检查 | 发现一个过程或者成果的矛盾或错误；确定一个过程或者成果是否具有内部一致性；察觉实施程序的有效性。 | 在教师引导下尝试分析结算结果的规律产生的缘由，并由此进行推广。 | 学生学会如何根据特殊现象，检查和判断现象产生的缘由。 |
| | 判断 | 发现一个成果和外部准则的矛盾，确定一个成果是否有内部一致性；发现一个给定问题的程序的恰当性。 | | |
| 创造 | 假设 | 基于标准来产生可选择假设。 | 通过归纳、猜想、证明，完成数学知识的形成。 | 学生学会将所学到的知识运用于解决新的问题情境，完成新的相关任务。 |
| | 设计 | 为完成有些任务设计一种程序。 | | |
| | 制作 | 发明一个产品。 | | |

综上所述,本节课的教学方法和学习任务通过要求学生运用元认知和问题求解的技能,使学生的思维从低层次的接受、模仿提升到了高层次的分析、评价和创造。在数学教学中培养学生的创新能力,既是时代的要求,也是数学本身内部规律性的体现,这应该成为我们每一个数学教师的自觉行为与追求目标。

(舒 兵)

## 3　提高数学反思能力、革新思维评价方式
### ——培养学生高阶思维能力的数学教学思考

#### 一、数学高阶思维概述

高级思维也称高层次思维，源于布卢姆及加涅等人的学习理论。高阶思维是指发生在高认知水平层次上的心智活动或较高层次的认知能力。如它在数学目标分类中独创性、灵活性等表现为较高认知水平层次的能力，如分析、综合、评价。高阶思维是指解决劣构问题的能力、远迁能力、发散思维等。研究这些能力培养的教学设计理论认为，自主学习能力或自我调节能力是高阶思维培养的重心。结合数学学科的特点，数学高阶思维即指发生在数学思维活动中的较高认知水平层次上的心智活动或认知能力，在教学目标分类中表现为分析、综合、评价和创造。它具有严谨性、深刻性、定量性、批判性、独创性、灵活性等特点。

#### 二、数学反思能力与数学高阶思维

能力可分为一般心理能力和特殊心理能力。一般心理能力是顺利完成各种活动任务所必备的基本心理能力，如注意力、记忆力、想象力和思维力等。特殊心理能力指顺利完成特殊活动所必备的基本心理能力，数学能力就是一种特殊的心理能力，它是顺利完成数学活动所必备的能力。一种更被普遍认同的中学生数学能力是"运算能力、逻辑思维空间想象能力"或"运算能力、逻辑思维能力、空间想象能力、运用数学知识来分析和解决实际问题的能力"。数学能力一种复合能力。

数学反思能力属较高层次的能力——元认知能力，它与认知能力是有区别的。20世纪70年代初美国认知心理学家Flavell在他的《认知发展》一书中率先提出了元认知的概念，他认为元认知是指主题对自身认知活动的认知，包括对自身的认知能力和对当前正在发生的认知过程的认知，以及对两者相互作用的认知，即对两者相互作

用即对认知的认知。

实验研究表明,认知与元认知是可以分离的两个概念。实验发现,元认知可以弥补一般能力的不足,它作为与一般能力相对独立的因素在起作用,即元认知通过对学生获得认知活动的进展信息,间接地促进和推动了这种能力的发展,使认知主体完成认知任务,实现认知目标。

目标认知是对认知过程的自我调控,因而元认知过程离不开认知过程。数学认知发展为数学反思能力的发展提供了基础,只有具有了很强的数学观察能力、数学记忆能力,才能提高对问题情景中各种线索的敏感度,抓住反思的时机,及时调节思维的方向,对解决问题的各种策略进行权衡、预见,从而提高控制水平,丰富元认知知识,加深元认知体验。数学思维发展特别是抽象思维能力的发展,极大地丰富了学生反思的技能,为提高学生的反思水平和预见能力打下了基础。数学化能力的发展为反思提供了更大的广阔空间和机会,另一方面数学反思能力的发展,提高了认知效率,缩短了认知时间,因此,数学反思能力和数学认知能力是相互促进、互为基础的。

数学反思学习是在数学学习活动中对自己数学认知过程的自我意识和自我监控能力。它以反思的技能和反思的毅力为基础,并在对数学认知过程的评价、控制和调节中显示出来。它对数学认知活动起指导、支配、决定、监控的作用。

外显化的表达与知识共同体中的反省是数学高阶思维的一个重要内容。高阶思维需要在真实的情境中通过社会性的协商与互动解决问题,促进自我调节和省思。学习情境中的对话或交流在学习者内化观念和知识的过程中起着重要的作用。当学习者必须相互解释观点时,需要对自己的理解结果再组织,这种导致认知变化的共同建构活动,是高阶思维过程发展的关键。

### 三、重视学生的数学反思活动,培养数学高阶思维

#### (一) 在知识形成过程中,重视培养数学反思能力

1. 创设情景,激发反思动机

反思过程是一个情感与认知密切相关并相互作用的过程,它不仅要有智力加工,而且要有情感因素支持,因而有无反思的动机非常重要。在数学教学中,我着力营造一个促进学生反思的学习氛围,以激发学生的反思动机。

在教学中,我根据学生的认知特点,合理选择和设计例题与练习,有意识地穿插自己精心收集的一些题目。课堂上我经常就地取材,在正确解决问题的同时,将学生

在课堂练习中的错解与正解进行对比"示范",让学生探究错误的根源。

例如:在《排列、组合和概率》这一章教学中,我布置了这样一道课堂练习:

某班级有 50 名学生,其中正、副班长各一名,现要选派 5 人参加一次义务劳动,要求至少有 1 名班长参加(正、副班长均可),一共有多少种不同的选派方案?

我巡视了班级,有意选取了两位学生有代表性的解法:

甲生:分两步完成:第一步从 2 名班长中选取 1 名有 $C_2^1$ 种方法;第二步从剩下的 49 人中再选 4 人有 $C_{49}^4$ 种方法,由乘法原理知共有 $C_2^1 C_{49}^4 = A$ 种方案。

乙生:就班长名额分类:第一类选派一名班长,有 $C_2^1 C_{48}^4$ 种方案;第二类选派 2 名班长,有 $C_2^2 C_{48}^3$ 种方案,由分类计数原理知,共有 $C_2^1 C_{48}^4 + C_2^2 C_{48}^3 = B$ 种方案。

显然两种答案是不同的,哪一种解答是正确的呢?错误的解答又错在哪里呢?由此,激起了学生的反思兴趣,深入探究组合与排列的本质区别。

在学生"最近发展区"设置学生自己的错解,更容易激发学生求知欲望,从而培养学生的反思自觉性。

2. 激发质疑,鼓励学生反思概念的内涵与外延

例  在数学角张贴的一道数学题及其解答如下:

在 $\triangle ABC$ 中,$\vec{BC} = \vec{a}$,$\vec{CA} = \vec{b}$,$\vec{AB} = \vec{c}$,已知 $\vec{a} \cdot \vec{b} = \vec{b} \cdot \vec{c} = \vec{c} \cdot \vec{a}$,求证:$\triangle ABC$ 为正三角形。

解:由 $\vec{a} \cdot \vec{b} = \vec{b} \cdot \vec{c} = \vec{c} \cdot \vec{a}$,                    ①

得 $|\vec{a} \cdot \vec{b}| = |\vec{b} \cdot \vec{c}| = |\vec{c} \cdot \vec{a}|$。                        ②

得 $\begin{cases} |\vec{a} \cdot \vec{b}| = |\vec{b} \cdot \vec{c}|, \\ |\vec{b} \cdot \vec{c}| = |\vec{c} \cdot \vec{a}|, \\ |\vec{a} \cdot \vec{b}| = |\vec{c} \cdot \vec{a}|, \end{cases}$ 即 $\begin{cases} (|\vec{a}| - |\vec{c}|)|\vec{b}| = 0, \\ (|\vec{b}| - |\vec{a}|)|\vec{c}| = 0, \\ (|\vec{c}| - |\vec{b}|)|\vec{a}| = 0. \end{cases}$                    ③

因为 $\vec{a}$、$\vec{b}$、$\vec{c}$ 均为非零向量,所以 $|\vec{a}| = |\vec{b}| = |\vec{c}|$,故 $\triangle ABC$ 是正三角形。

学生对于上述解法进行了激烈的讨论,纷纷发表了自己的见解:

向量的数量积是一个实数,若两个实数相等,则它们的绝对值也相等。因此①⇒②是成立的;②⇒③乍看起来也没有问题,因为这是我们很熟悉的实数绝对值的性质,但实数的性质在向量的运算中不一定成立。

有的学生从特殊情形入手。令 $\vec{a} = \vec{i}$,$\vec{b} = \vec{j}$(其中 $\vec{i}$、$\vec{j}$ 分别是 $x$ 轴、$y$ 轴上的单位向量),此时 $|\vec{a} \cdot \vec{b}| = |\vec{i} \cdot \vec{j}| = 0$,而 $|\vec{a}| \cdot |\vec{b}| = |\vec{i}| \cdot |\vec{j}| = 1 \times 1 = 1$,所以有 $|\vec{a} \cdot$

$\vec{b}|\neq|\vec{a}|\cdot|\vec{b}|$。

有的学生发现了问题的症结所在：由向量的数量积定义可知：$\vec{a}\cdot\vec{b}=|\vec{a}|\cdot|\vec{b}|\cos\theta(-1\leqslant\cos\theta\leqslant1)$，因此，我们可以得到$|\vec{a}\cdot\vec{b}|\leqslant|\vec{a}|\cdot|\vec{b}|$，当且仅当$\theta=0$或$\pi$，即$\vec{a}$与$\vec{b}$共线时等号成立。题目中由于$\vec{a}$、$\vec{b}$不一定是共线向量，因此②⇒③是不成立的。

出现上面的错误解法，其原因在于学生误认为$|\vec{a}\cdot\vec{b}|=|\vec{a}|\cdot|\vec{b}|$，与绝对值性质混淆，这引起学生的反思。这样的反思使学生进一步内化概念的本质属性，也使学生的思维品质得到优化。

同时，这样的质疑与反思的过程也大大激发出学生研究的兴趣，形成了一种活跃的讨论空间，有的学生就自发地研究向量的模和复数的模之间的关系，指出：对于任意向量$\vec{a}$，有：$\vec{a}^2=|\vec{a}|^2$，而对于复数$z$，$z^2=|z|^2$则是错误的。于是学生对于模进行了广泛的研究，并写出了研究小结。

**（二）在解题过程中，重视培养学生的反思能力**

1. 引导学生反思课本例题

没有反思的听课是被动的、肤浅的。从教师讲解中反思思考问题的方法，学会捕捉引起反思的问题或提出具有反思性的见解。

实践表明：大多数学生都认为课本上的例题很简单，这从学生的预习中可以看出，大部分学生经过自己的预习都能完成。所以在以往的教学中，大都是一笔带过，久而久之，学生也就都不重视这些例题。

书本第75页的例题5"在△ABC中，已知$a=8$，$b=5$，$S_\triangle=12$，求$c$"曾被作为考试题，按理说，这道题目学生都看过，老师也讲过，应该是很简单。但实际上做对的同学连百分之六十都不到。算错的学生基本上都是将$\cos C=\pm\dfrac{4}{5}$两解中的负解漏掉。究其原因，学生根本就是没考虑题目的背景已经由初中的直角三角形变化为现在的一般三角形了。教师应当在上新课的时候让学生看好例题以后反思以下问题：(1)解题时用到了今天所学的什么知识点？（余弦定理）(2)这道题涉及了以前所学的什么知识？（正弦定理和平方关系）(3)我们要注意什么？(4)这道题蕴涵了什么数学思想？又如书本第58页的例题9"在△ABC中，已知$\cos A=\dfrac{4}{5}$，$\cos B=\dfrac{12}{13}$，求$\sin C$；$\cos C$"。一开始学生做法普遍暴露了以下两个问题：在处理$\sin C=\sin[180°-(A+B)]$时采用如下做法：$\sin[180°-(A+B)]=\sin180°\cos(A+B)-\cos180°\sin(A+B)=$

$\sin(A+B)$；在求出 $\sin C$ 以后求 $\cos C$ 时用到了 $\cos^2 C + \sin^2 C = 1$，从而导致 $\cos C$ 有两解但不知舍去哪一解。对此，我让学生反思以下问题：(1)书上是如何处理 $\sin C = \sin[180° - (A+B)]$ 的？为什么？如何处理 $\cos C$？$\tan C$？(2)书上为什么要写"因为 $A$、$B$ 是 $\triangle ABC$ 的内角，所以 $\sin A > 0$，$\sin B > 0$"？如果将已知条件中的 $\cos A = 0.8$ 改为 $\sin A = 0.6$ 有何区别？(3)书本为何不用平方关系求 $\cos C$？(4)如果用了平方关系应该注意什么？如何解决这个问题？特别要指出的是，最后不要忘了让学生反思："你从这道例题中学会了什么"而不是问"这道例题你会解了吗？"总而言之，教师要让学生知道这些看似简单的题目都是经过很多专家精心挑选的，要反思自己的分析过程、解题思路、运算过程和编者思考过程的异同点，从而学到更多的知识。

还有教材上的一些定理公式的推导方法和简单题目中蕴涵着重要的数学思想，教师应该抓住课堂教学的契机，引导学生对数学知识和数学方法进行总结和归纳，理解其中的数学方法和数学思想，并且提出自己的看法和问题。

2. 引导学生反思自己的语言表述

多元智能理论告诉我们，言语智力是人的基本能力之一。学生知识的获得是经过他自身的建构而得到的，语言的表达能够从另一个侧面反映出学生对知识的掌握程度。例如《余弦定理》中有这样一个例题结论"一个三角形 $ABC$ 是钝角三角形的充要条件是：三角形 $ABC$ 有一条边的平方大于另两边的平方和"，且看部分学生的表述：钝角三角形的充要条件是两边平方之和小于第三边的平方。再看他们解决习题"试说出一个三角形 $ABC$ 是锐角三角形的充要条件并加以证明"的两种思路：(1)有一个角的余弦值大于零但未说明是最大角；(2)证明三个角的余弦值都大于零。我们可以看出，学生在表述例题结论时的不完整实际上表示他还没有理解该结论，从而直接导致其在后面的习题处理过程中的草率性、盲目性。实际上，经过反思和比较，可以把勾股定理和上面两点统一成这样一个结论：一个三角形为直角/锐角/钝角三角形的充要条件是：该三角形的最大边的平方等于/小于/大于另两边平方之和。显然学生对概念理解的不完全往往体现在其对概念表述的不完整上；而对图形理解的不完全则体现在不能用正确的数学语言来描述它。比如有些学生一直认为诸如"正切函数 $y = \tan x$ 是单调递增函数"这句话是对的，是因为学生只对利用单位圆推导函数的单调性这种数形结合的思想有很深的印象，由此学生可以很快画出反映正弦函数单调性的图形。但如何把"形"用正确的数学语言表达出来则表现得非常欠缺，许多同学把上图解释为"正弦函数在第一、四象限递增",而书上的写法是"在区间 $[2k\pi - \frac{\pi}{2}, 2k\pi + \frac{\pi}{2}], k \in \mathbf{Z}$ 上都是增函数",教师要让学生体会这两种不同的说法的区别。同时,教师引导学生联想其他基本函数,是否也存在类似的问题?学生对于出现这一问题的本质有了比较清晰的认知,不但在学习正切函数的时候,不再犯类似的错误,而且在学习函数的值域时,对于函数的定义域有了足够的重视。

在进行等差数列的定义的描述时,学生随口回答"前项与后项之差为常数",教师应该鼓励学生去研究这种"定义"的科学性。甲学生举出了反例:$\{a_n\}$:1,0,1,0,1,0,…于是大家把"定义"修正为"前项减后项为同一常数";乙学生又举出了一例:$\{a_n\}$:1,0,1,2,3,4,…于是大家把"定义"修正为"数列的每一项减前项为同一常数",并进一步把"定义"修正为"从第2项起,数列的每一项减后项为同一常数"。

所以我们要让学生知道定义当中的每一个字都是经过编者字斟句酌的,不能随便更改,更不能任意删减。作为教师要通过学生的表述,看到学生认识上的局限,通过让学生反思自己表达上的不足,逐步让学生养成缜密、有条理的思维习惯。

3. 引导学生对自己的解题过程进行反思

(1) 解题过程的反思

例 椭圆 $\frac{x^2}{9} + \frac{y^2}{5} = 1$,$F_1$、$F_2$ 是焦点,是否存在椭圆上的动点 $P$,使 $\angle F_1PF_2$ 是钝角?若存在,求出点 $P$ 横坐标的范围;若不存在,说明理由。

解:设 $P(x, y)$,则

$\overrightarrow{PF_1} = (-2-x, -y)$,$\overrightarrow{PF_2} = (2-x, -y)$。

则 $\overrightarrow{PF_1} \cdot \overrightarrow{PF_2} = x^2 - 4 + y^2 < 0$。

因为 $y^2 = 5 - \frac{5}{9}x^2$,所以 $\overrightarrow{PF_1} \cdot \overrightarrow{PF_2} < 0 \Rightarrow \frac{4}{9}x^2 + 1 < 0 \Rightarrow$ 无解。

例2 椭圆 $\frac{x^2}{9} + \frac{y^2}{4} = 1$,$F_1$、$F_2$ 是焦点,是否存在椭圆上的动点 $P$,使 $\angle F_1PF_2$ 是钝角?若存在,求出点 $P$ 横坐标的范围;若不存在,说明理由。

解:设 $P(x, y)$,则

$\overrightarrow{PF_1} = (-\sqrt{5}-x, -y)$;$\overrightarrow{PF_2} = (\sqrt{5}-x, -y)$。

则 $\overrightarrow{PF_1} \cdot \overrightarrow{PF_2} = x^2 - 5 + y^2 < 0$。

因为 $y^2 = 4 - \frac{4}{9}x^2$，所以 $\overrightarrow{PF_1} \cdot \overrightarrow{PF_2} < 0 \Rightarrow \frac{5}{9}x^2 < 1 \Rightarrow -\frac{3\sqrt{5}}{5} < x < \frac{3\sqrt{5}}{5}$。

有些同学就很得意于自己用了比较方便的方法解决了上述问题。但是如果教师将上述两个问题同时呈现在学生的面前并用迥然不同的结果激发出了学生的好奇心,并进行了引导,学生看到上述两题能提出什么问题?

甲同学提出:有些椭圆对于 $\angle F_1PF_2$ 可能有钝角,有些椭圆对于 $\angle F_1PF_2$ 可能没有钝角.

乙同学提出:那么什么时候可能存在 $\angle F_1PF_2$ 为钝角呢?

椭圆 $\frac{x^2}{a^2} + \frac{y^2}{b^2} = 1 (a > b > 0)$，$F_1$、$F_2$ 是焦点,假设 $P$ 是椭圆上的动点,使 $\angle F_1PF_2$ 为钝角。

$\overrightarrow{PF_1} = (-\sqrt{c} - x, -y)$; $\overrightarrow{PF_2} = (\sqrt{c} - x, -y)$。

则 $\overrightarrow{PF_1} \cdot \overrightarrow{PF_2} = x^2 - c^2 + y^2 < 0$。

因为 $y^2 = b^2 - \frac{b^2}{a^2}x^2$，所以 $\overrightarrow{PF_1} \cdot \overrightarrow{PF_2} < 0 \Rightarrow x^2 < \frac{(c^2 - b^2)(c^2 + b^2)}{c^2}$。

所以当 $c > b$ 时存在, $c \leqslant b$ 时不存在。

似乎大家都很满意于已经从特殊到一般的推广,但在一位学生的作业中我惊喜地发现了他将上述问题转化为求 $\angle F_1PF_2$ 的最大值。

设 $|PF_1| = s$，$|PF_2| = t$。

$\cos \angle F_1PF_2 = \frac{s^2 + t^2 - 4c^2}{2st} = \frac{(s+t)^2 - 2st - 4c^2}{2st} = \frac{2b^2 - st}{st} = \frac{2b^2}{st} - 1$。

因为 $st \leqslant \left(\frac{s+t}{2}\right)^2 = a^2$ 当且仅当 $s = t$ 时等号成立。

所以 $\cos \angle F_1PF_2 \geqslant \frac{2b^2}{a^2} - 1$. 因为 $\angle F_1PF_2 \in [0, \pi)$，所以 $(\angle F_1PF_2)_{\max} = \arccos\left(\frac{2b^2}{a^2} - 1\right)$。

当 $\frac{2b^2}{a^2} - 1 < 0 \Rightarrow 2b^2 < a^2 \Rightarrow b < c$ 时, $(\angle F_1PF_2)_{\max}$ 为钝角。

当 $\frac{2b^2}{a^2} - 1 = 0 \Rightarrow 2b^2 = a^2 \Rightarrow b = c$ 时, $(\angle F_1PF_2)_{\max}$ 为直角,不存在钝角。

当 $\frac{2b^2}{a^2} - 1 > 0 \Rightarrow 2b^2 > a^2 \Rightarrow b > c$ 时, $(\angle F_1PF_2)_{\max}$ 为锐角,不存在钝角。

虽然结果是一致的,但是他从最大值的角度来研究问题,很好地联系了椭圆的定义和基本不等式的知识。后来在学习双曲线时,有些同学又将该问题推广到了双曲线上,并对这个问题做了补充。

设 $\angle F_1PF_2=\theta$, $S_{\triangle F_1PF_2}=b^2\tan\dfrac{\theta}{2}=\dfrac{1}{2}\cdot 2c\,|\,y_p\,|$。

则当 $S_{\triangle F_1PF_2}$ 最大,即 $|\,y_p\,|$ 最大,即 $P$ 是落在短轴的端点时,$\angle F_1PF_2$ 最大。

双曲线也有类似性质,即当 $P$ 落在双曲线的虚轴端点时 $\angle F_1PF_2$ 最大。

我们一直在讲要开发学生的"最近发展区",作为教师,要善于捕捉信息,要重视学生对各种现象的理解,倾听他们的想法,洞察他们想法的由来,以此作为引导学生反思的途径;同时教师还要在学生认知发生疑惑和冲突的地方加以解释并帮助学生丰富或调整自己的理解以求达到更深层次的理解。事实证明反思性学习习得的知识更有利于正迁移。

(2) 解题方法的反思

现在上海高一教材里,有关函数的运算内容是过去教材中没有的。

研究"和函数"的图象,L 老师特地发了坐标纸,供画图用,L 老师的例子是: $f(x)=\left(x+\dfrac{1}{2}\right)^0$,$g(x)=|\,x\,|+x$,求函数 $F(x)=f(x)+g(x)$,并画出图象。

解得 $F(x)=f(x)+g(x)=\begin{cases}1, & x<-\dfrac{1}{2},\\ 1, & -\dfrac{1}{2}<x<0,\\ 2x+1, & x\geqslant 0.\end{cases}$

学生在坐标纸上直接画出了这个分段函数的图象:

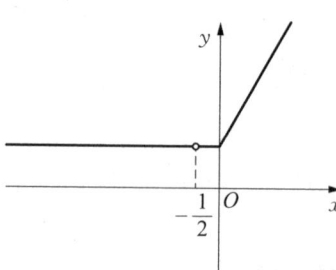

评价:

首先应该让学生画出 $f(x)=\left(x+\dfrac{1}{2}\right)^0$ 的图象,再画出 $g(x)=|x|+x$ 的图象,然后叠加,得到 $F(x)$ 的图象,这才能说明"和函数"图象的意义;直接画出式子相加后的分段函数 $F(x)$ 的图象,对理解"和函数"图象是没有价值的,坐标纸是白发的。

其次,这个函数过于复杂了,有个别学生已经忘了零次幂的意义,其实可以用本节课的引例 $f(x)=x^2$,$g(x)=1-2x$,相加得到二次函数 $F(x)=x^2-2x+1$ 的图象。甚至可以更简单地用 $y=2x+1$ 说明(是 $y=2x$ 与 $y=1$ 相加)。

教材上有简单的例子,L老师没有用,改用了这样一道复杂的例题,把重心完全转移了——不是用这个例子来说明"和函数"的图象的意义,而变成考查零指数幂、绝对值、分段函数图象的技巧题了。

如果教师在课堂上增加对照书上简单例题的解题方法的反思,让学生充分感受到两种不同方法的作用,那么就能更好地体会出这节课在整个学科中的地位和作用,为今后知识技能的衔接起到重要的作用。

这种反思首先是有一定基础的,因为两个函数的和其实早就遇到过,早就在用,太司空见惯了,譬如 $y=2x+1$ 就是 $y=2x$ 与 $y=1$ 的和函数,但是过去没有从这个角度看,就把它看作一个整体,一个函数。现在为什么要从另一个角度——把它看作两个函数的和?这样做,有些老师可能认为是多此一举,没有什么意义,于是就一笔带过,L老师可能就是这么想的。应该说这节课的教学目标完全弄错了,造成这种情况的原因是:不明白函数的和差积商在整个数学里的作用。

虽然教材里这段内容的篇幅不大,教学花时不多,但意义可是很深远的。在微积分里,求导法则就是利用了复杂函数的两种组合方式化繁为简。因此这节内容对我们认识处理事物是大有益处的。更深远的意义在于,实数经过加减乘除(除的时候有限制条件)运算后还是多项式,向量经过运算后还是向量等。类似地,函数经过加减乘除(除的时候有限制条件)运算后还是函数,从中可以认识到某个集合(不仅是数的集合)里某些运算的封闭性,对今后学习近世代数和泛函都是有价值的,因此,这样的反思就很重要!

(3) 错误的反思

学生对自己解题的反思过程,就是其对知识重新整理的过程,就是对原有图式加以改变或创新的过程,就是其认识和发展的过程。

现在我们老师碰到的最头痛的一个问题是明明一道题目讲评以后学生都会做

了，但隔一段时间再去做，又有很多同学不会做或者会出现很多错误。有的学生在订正题目的时候不是错在哪儿就从哪儿订正，也不看为什么错，而是重新再做一遍，如果答案还是错，就索性参阅一下别人的，所以呈现在教师面前的是完美的结果，但是下一次还会旧病重犯。现在有一种新的教育观点要求老师与学生"face to face"，即面对面。教师要想搞清楚问题究竟出在哪儿，必须要让学生当面进行其对自己解题过程的分析和反思，从中掌握信息，以便对学习信息的反馈进行有效的调控。

如在指数方程授课中碰到这样一个问题：解方程 $2^x = 3^x$，大部分的同学由于思维定势，两边取对数。但有一个同学在其他同学没给出答案之前就把答案报了出来。于是我请该同学讲一下思考过程。该同学一开始说他是凭感觉，猜的。我告诉他数学讲究的就是严谨。他想了一下，说：那么这样，把等式一端除过去，变成 $\left(\dfrac{2}{3}\right)^x = 1$，然后结合指数函数的图象恒过点 $(0,1)$ 就出来了。下面马上有同学建议：还不如直接画出 $y = 2^x$ 和 $y = 3^x$ 的图象。该同学嘀咕了一下：一样的嘛，为什么自己没想到呢？接着我请该同学讲为什么想不到后面这种做法，原来他实际上根本没有意识到可以用函数的思想去解方程，不知道方程的解实际上就是函数图象公共点的横坐标。这样的反思，使得全班同学对于解方程的实质有了进一步的了解，事实证明，在后面的对数方程的学习中学生很自然就把这个方法引用过来了。

相当一部分同学能很好地坚持反思，效果相当不错。我可以从中发现许多问题：学生在解决数学问题时，一方面不大注意挖掘所研究问题中的隐含条件，抓不住问题中的确定条件，影响问题的解决。例如：$x$、$y$ 满足 $x + 2y = 1$，求 $x^2 + y^2$ 的最大值、最小值。在解决这个问题时，如对 $x$、$y$ 的范围没有足够的认识 $\left(0 \leqslant x \leqslant 1, 0 \leqslant y \leqslant \dfrac{1}{2}\right)$，那么就容易产生错误。另一方面学生不知道用所学的数学概念、方法为依据进行分析推理，对一些问题中的结论缺乏多角度的分析和判断，缺乏对自我思维进程的调控，从而造成错误。

例如：从 1 到 50 这 50 个自然数中任取 3 个，取出的数能组成多少个不同等差数列？很多学生，很机械地从 $\{1, 2, 3\}$，$\{1, 3, 5\}$，$\{1, 4, 7\}$，…三个数的组合去寻找问题的解答，结果事与愿违，很难得到正解。如果能根据公差或等差中项进行分类，问题就迎刃而解。有了这些发现之后，我定期从学生的"错解集"中选出有代表性的错题，在课堂上进行剖析，同时让学生的错误解题思维充分暴露出来，然后，引导学生反思错误原因,这样可以从中避免学生思维的盲目性,再思考如何切入正解,进而培养学生思维的深刻性。经过一段时间的练习,有部分同学已能较有针对性地进行解题,他们表示已经感到能从中得到思维的锻炼,反思和自我评价的能力有了一定的发展,同时也提高了学习的兴趣,解题时更善于观察和思考,不再盲目以至于无所适从了。甚至在几位同学中发现了一些非常不错的完整记录,如:

① 有的学生找到了知识理解上的盲点

例 如果函数 $y=x^2-2x$ 在 $[0,a]$ 上的值域为 $[0,3]$,求实数 $a$ 的范围。

错解:因为 $y=x^2-2x$ 的值为非负实数,由函数值恒大于等于零得 $\Delta \leqslant 0$ 无法求解。

剖析:错解将函数 $y=x^2-2x+3$ 的值恒为非负数,与函数的"值域"为相混淆,造成误用判别式的解法。

正解:利用二次函数图象,略。

② 有的学生对知识进行了综合与重组

例 如右图所示,已知四边形 $ABCD$ 是正方形,$BE \parallel AC$,$AC=CE$,$EC$ 的延长线交 $BA$ 的延长线于点 $F$,求证:$AF=AE$。

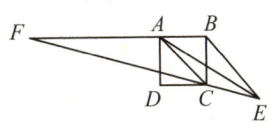

通过对利用平面几何求解时遇到的困难进行反思,寻求更加有效的解题方法,可以使用平面向量或者解析几何这些知识来求解,体会知识的交汇。

【证明】以 $CD$ 所在的直线为 $x$ 轴,以 $C$ 为原点建立直角坐标系,设正方形边长为 1,则 $A$、$B$ 坐标分别为 $(-1,1)$ 和 $(0,1)$,设 $E$ 点的坐标为 $(x,y)$,则 $\overrightarrow{BE}=(x,y-1)$,$\overrightarrow{AC}=(1,-1)$,因为 $\overrightarrow{BE}\parallel\overrightarrow{AC}$,所以 $-x-(y-1)=0$。

又因为 $|\overrightarrow{CE}|=|\overrightarrow{AC}|$,所以 $x^2+y^2=2$。

由①,②解得 $x=\dfrac{1+\sqrt{3}}{2}$,$y=\dfrac{1-\sqrt{3}}{2}$。

所以 $\overrightarrow{AE}=\left(\dfrac{3+\sqrt{3}}{2},\dfrac{-1-\sqrt{3}}{2}\right)$,$|\overrightarrow{AE}|^2=4+2\sqrt{3}$。

设 $F(x',1)$,则 $\overrightarrow{CF}=(x',1)$。由 $\overrightarrow{CF}$ 和 $\overrightarrow{CE}$ 共线得 $\dfrac{1-\sqrt{3}}{2}x'-\dfrac{1+\sqrt{3}}{2}=0$。

所以 $x'=-(2+\sqrt{3})$,即 $F(-2-\sqrt{3},1)$,

所以 $|\overrightarrow{AF}|^2=4+2\sqrt{3}=|\overrightarrow{AE}|^2$,所以 $AF=AE$。

③ 有的学生归纳出某类型题的解题技巧

例　求函数 $y=\sqrt{x^2+3}+\dfrac{1}{\sqrt{x^2+3}}$ 的最小值。

错解：令 $\sqrt{x^2+3}=t$，则函数可化为 $y=t+\dfrac{1}{t}$。

故 $y\geqslant 2$.

剖析：不能取等。形如 $y=f(x)+\dfrac{1}{f(x)}$ 的函数求最值时常常等价转化为函数 $y=t+\dfrac{1}{8}$ 再求最值。若满足一正、二定、三相等，用均值不等式求解；若不满足，则用"打钩函数"的单调性求解。

正解：略。

④ 反思数学方法和数学本质

例　已知函数 $f(x)=\dfrac{x+1-a}{a-x}(a\in \mathbf{R}$ 且 $x\neq a)$，利用函数 $y=f(x)$ 构造一个数列 $\{x_n\}$，方法如下：对于给定的定义域中的 $x_1$，令 $x_2=f(x_1)$，$x_3=f(x_2)$，…，$x_n=f(x_{n-1})$，…。在上述构造数列的过程中，如果 $x_i(i\in \mathbf{N}^*)$ 在定义域中，构造数列的过程将继续下去，如果不在定义域中，则构造数列的过程将停止。

(a) 如果可用上述方法构造一个常数数列 $\{x_n\}$，求实数 $a$ 的取值范围。

(b) (理科)如果取定义域中的任一值作为 $x_1$，都可以用上述方法构造一个无穷数列 $\{x_n\}$，求 $a$ 的值。

误解：

$f(x)=\dfrac{x+1-a}{a-x}\neq a\Rightarrow x+1-a\neq a(a-x)$。

将 $x=a$ 代入上述不等式，得 $a+1-a\neq a(a-a)\Rightarrow 1\neq a$ 恒成立。

反思：没有考虑 $a\neq 1$ 和 $a=1$ 的分类讨论，直接将 $x=a$ 代入后推出了恒成立不等式，因此无法求解下去。

事实上，在对学生的反思精神进行鼓励和肯定的同时，需要对学生的数学反思能力进行正确的引导和培养。学生在反思过程中，对于自己在逻辑上和知识系统以及数学方法的应用时的缺陷，归咎于"总是遗漏一些细小的地方，说明基础不够扎实"、"太粗心，计算能力不够"，从而认为应该多进行练习，使自己能在计算能力和基本技能方面有所提高。

我就这位学生的错误以及她自己的反思进行了个别指导,指出:将 $x=a$ 代入,是对等价性问题的忽视。同时,原题要求对于 $x\in(-\infty,a)\cup(a,+\infty)$ 恒成立,而不仅仅对于 $x$ 的某个取值成立即可,因此将 $x=a$ 代入,是对题目是关于 $x$ 的恒成立问题的本质而不是关于 $a$ 的恒成立问题的混淆不清,这是其犯错本质的原因。

通过指导,她发现自己在审题以及数列递推关系、方程的等价性、恒成立问题等方面的问题使解题产生了根本的偏差,所以对自己错误的分析相对以前比较准确了。

我肯定了她对于自己错误的反思,同时,希望她能进一步进行推广和联想。于是她举出了两个不同的题例:

已知双曲线 $C:\dfrac{x^2}{a^2}-\dfrac{y^2}{b^2}=1(a>0,b>0)$,设双曲线 $C$ 上任意一点 $P$ 的横坐标为 $x$,$O$ 为坐标原点,双曲线的右焦点为 $F$。

(a) 试用 $x$ 表示线段 $OP$ 的长度。

(b) 若双曲线 $C$ 满足:无论点 $P$ 在右支的何处时,总有 $|PO|>|PF|$,求双曲线 $C$ 在第一、三象限的那条渐近线的倾斜角的范围。

(c) 即为:$x>\dfrac{c}{2}$ 对 $x\geqslant a$ 恒成立 $\Rightarrow a>\dfrac{c}{2}\Rightarrow\cdots\cdots$

⑤ 改进过程,寻找解题方法上的创新

在问题解决之后,要不断地反思:解题过程中是否浪费了重要的信息,能否开辟新的解题通道?解题过程多走了哪些思维回路,思维、运算能否变得简捷,是否拘泥于思维定势,照搬了熟悉的解法……通过这样不断质疑、不断改进,让解题过程更具有合理性、科学性、简捷性。

例:求证:正四面体和正八面体相邻两侧面所成的二面角互补.

此题有常规的解题思路:分别求出两个多面体的二面角的值,再求和。这也是一般参考书上的解题过程。但总感觉这样解题很笨拙,缺少灵气!不能反映两个多面体的巧妙结构。事实上,问题隐含了"结构"这个重要信息。那么,能否把"结构"作为切入点去探究问题呢?

探究:如图,取正方体各面中心 $P$、$Q$、$M$、$N$、$K$、$L$,根据对称性,这六个点构成正八面体. 易证:四面体 $A_1\text{-}PKN$ 是正四面体,$A_1$、$K$、$N$、$Q$ 四点共面,则二面角 $A_1\text{-}KN\text{-}P$ 与二面角 $P\text{-}NK\text{-}Q$ 互补,得证。

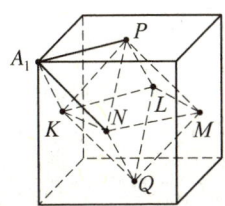

抓住了问题不被注意的隐含信息,巧妙的思维创造了新的解题方法,改进了解题过程,解法简洁新颖,还直观地展示了正四面体、正六面体、正八面体之间的结构特征。

⑥ 知识迁移,探究问题所含知识的系统性

解题之后要不断地探究问题的知识结构和系统性。能否对问题蕴涵的知识进行纵向深入的探究?能否加强指示的横向联系,把问题所蕴涵的知识点扩展到系统的知识面。通过不断联系加强对知识结构的理解,进而形成认知结构中知识的系统性。

例 各项均为实数的等比数列 $\{a_n\}$ 的前 $n$ 项和记为 $S_n$,若 $S_{10}=10$,$S_{30}=70$,求 $S_{40}$ 的值。

答:150(利用 $S_n$,$S_{2n}-S_n$,$S_{3n}-S_{2n}$,$S_{4n}-S_{3n}$ 成等比数列不难求解)。

解题以后,总感觉意犹未尽,$S_n$ 与 $S_{n-1}$ 之间还有哪些递推关系?

探究:因为 $S_n=a_1+a_2+a_3+\cdots+a_n$,而 $a_n=q\cdot a_{n-1}$,所以 $S_n=a_1+q(a_1+a_2+\cdots+a_{n-1})$,即 $S_n=a_1+q\cdot S_{n-1}$。进一步对 $S_{m+n}$、$S_m$、$S_n$ 递推关系进行探究:$S_{m+n}=S_m+a_{m+1}+a_{m+2}+\cdots+a_{m+n}$,而 $a_{m+1}+a_{m+2}+\cdots+a_{m+n}=q^m(a_1+a_2+\cdots+a_n)$,所以 $S_{m+n}=S_m+q^m\cdot S_n$。

利用这个关系再来探究原问题:由 $S_{30}=S_{10}+q^{10}S_{20}$,$S_{20}=S_{10}+q^{10}S_{10}$,得 $q^{20}+q^{10}-6=0$,得 $q^{10}=2$ 或 $-3$(舍去负值),又 $S_{40}=S_{10}+q^{10}S_{30}$,可求得 $S_{40}=150$,这样解题岂不更妙!对于老师来讲这样的发现很平常,但对于学生来说能得到这样的结论已经很有意义了,它是知识联系上的创新,加深了对知识系统性的理解.

⑦ 整体知识整合,创新性提出新问题

要让学生明白,问题与问题之间不是孤立的,许多表面上看似无关的问题却有着内在的联系,解题不能就题论题,要寻找问题与问题之间的本质的联系,要质疑为什么有这样的问题。

它和哪些问题有联系?能否受这个问题启发,将一些重要的数学思想、数学方法进行有效的整合,创造性地提出新问题?让学生在不断的知识联系和知识整合中丰富认知结构中的内容,体验创造带来的乐趣,这对培养学生的创新思维是非常有利的。

## 四、重视知识的远迁,培养数学高阶思维

问题:已知 $y=x+\dfrac{1}{x}$ 有如下性质:如果常数 $a>0$,那么该函数在 $(0,1]$ 上是减

函数,在$[1,+\infty)$上是增函数。

(1) 研究函数 $y=x^2+\dfrac{a}{x^2}$ 在定义域内的单调性。

(2) 对函数 $y=x+\dfrac{a}{x}$ 和 $y=x^2+\dfrac{a}{x^2}$ (常数 $a>0$)作出推广,使它们都是你所推广的函数的特例,研究推广后的函数的单调性(只需出结论,不必证明),并求出 $F(x)=\left(x^2+\dfrac{1}{x}\right)^3+\left(\dfrac{1}{x^2}+x\right)^3$ 在区间 $\left[\dfrac{1}{2},2\right]$ 上的最大值和最小值。

在高一《函数的运算》一节中有一道例题:作出函数 $y=x+\dfrac{2}{x}$ 的图象。在前一节课中幂函数的图象与性质的研究中,也有这样第一象限先研究,然后利用奇偶性研究其他象限图象的方法,所以通过这道题目可以检验出学生是否能够对于新的知识和方法反思后进行内化和应用。这种利用和函数作图和函数性质作图的方法对所有高一学生来说都是新方法,因此基本排除了对照组对知识的应用频次的区别。

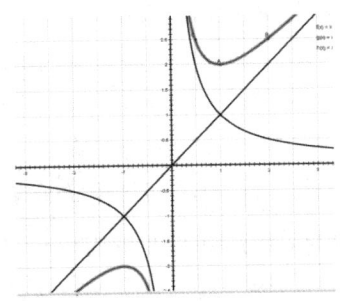 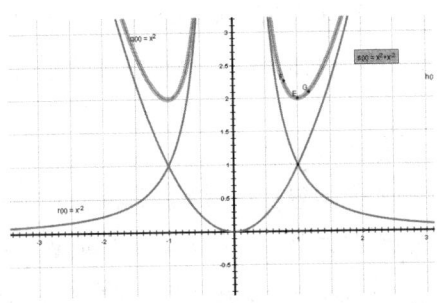

(2) $y=x^n+\dfrac{1}{x^n}(n\in\mathbf{N}^*)$ 在 $(0,\sqrt[2n]{a}]$ 上是减函数,在 $[\sqrt[2n]{a},+\infty)$ 上是增函数。

当 $n$ 为奇数时,$[-\sqrt[2n]{a},0)$ 上是减函数,在 $(-\infty,-\sqrt[2n]{a}]$ 上是增函数;

当 $n$ 为偶数时,$[-\sqrt[2n]{a},0)$ 上是增函数,在 $(-\infty,-\sqrt[2n]{a}]$ 上是减函数。

对三个班级的解题方法进行了分析发现三个对照组中利用图象法解决这个问题的比例是有一定的差别的。能够对前一节课的方法进行反思和应用的,分别占36%、12%和3%,其中能得出正确推广的分别占30%、5%和0%。因此对于知识的远迁能够提高学生的数学认知水平。

例：函数 $f(x)=x^3-3x+1$ 在闭区间 $[-3,0]$ 上的最大值、最小值分别是（   ）。

A. 1, −1　　　B. 1, −17　　　C. 3, −17　　　B. 9, −19

答：选 C。

解题之后，总感觉有更高一级的问题等待发现。所以学生将此题和重要的数学思想、方法进行整合。一部分学生将新问题和方程结合起来：

问题 1：求方程 $x^3-3x+1=0$，$x\in[-3,0]$ 解的个数。这就和最大值、最小值以及"函数与方程"的思想进行了有效的整合，问题更进一步，但还很肤浅。接着，一部分学生引进参数：

问题 2：就 $a$ 的不同值，求方程 $x^3-3x-a=0$，$x\in[-3,0]$ 解的个数。

略解：构造函数 $y=x^3-3x$，$x\in[-3,0]$ 和 $y=a$，所以，当 $0\leqslant a<2$ 时，方程有两解；当 $-18\leqslant a<0$ 或 $a=2$ 时，方程有一解；当 $a>2$ 或 $a<-18$ 时，方程无解（类似方法求解问题1）。这样，就将原题与"函数与方程"思想、"数形结合"思想进行了有效的整合，加深了对问题的联系和理解，这样的整合就很有价值了。

**五、革新数学思维的评价，重视学生自我调控、自我发现、自我创新的作业和评价，培养数学高阶思维**

1. 建立学习档案

学习档案内容可丰富多样。如自己设定的学习目标，好的习题解法或学习方法，容易解错的习题，学习失败的教训等。解题反思：对问题解答后的结论的正确性的检验或提出疑问；是否还有其他解法或更佳解法；能否对问题的题设或结论进行变式；能否把当前的命题推广到一般情况；进一步考虑问题的题设的完备性（充分性）及结论的精确性。数学周记：反思是一种习惯和意识，只有不断地反思，才会不断地进步。学习是一个系统工程，培养反思习惯的措施，是全方位、多角度、多层次的反思。课堂上教师示范解题反思的过程中学生自己想到但未与教师交流的问题，作业中对某些习题不同解法的探讨，学习情感、体验的感受，都可以通过数学周记（或数学日记）的形式表达出来，记录下来，它使师生之间有了一个互相了解、交流的固定桥梁。

这一阶段，由教师设计反思性学案，对学生学案进行指导，对于好的学案进行交流。

(1) 课堂实录及与课堂所讲的知识、例题有关的分析评价。

数学学习档案

日期_____ 课题_____ 评价_____（学生）

| 课堂实录 | 最初的想法与草稿 | （知识、方法、过程、错误、情感） |
|---|---|---|
|  |  |  |

思考：_____

(2) 除了操作性作业以外，还要完成反思性作业，包括完成课堂记录的批注与总结，并从昨天的作业中选择一到三题（尤其是错题）进行反思（相关知识的反思、解题过程的反思、解题方法的反思、情感体验的反思、对错误的反思）。

作业记录档案

日期_____ 时间_____ 评价_____

| 作业 | （知识、方法、过程、情感） |
|---|---|
|  |  |

思考：_____

错题记录档案

| 错误纠正 | 出现次数、原因、相关的知识与方法、相关的例题、情感体验 |
|---|---|
|  |  |

思考：_____

（3）完成数学学习周记，并对一周的数学学习进行分析。

2. 实行一周自主学习日

（1）重质少量增加作业的弹性，通过每周四不布置作业，留给学生自主学习、自主反思、自我创新的时间。

调查表明高中学生每天有效承受的作业量一般为3~4小时，分配到每门课上的时间也就一个小时左右。因此，布置作业一定要控制量，不顾及学生的实际能力水平，大量重复、盲目超标的作业要求，不仅起不到提高学生学业水平的作用，反而会加重学生负担，引起学生的厌学情绪，降低作业的质量，降低学生反思学习的动力和可能。

我布置的作业一般都有一定的弹性和选择性，有必做的，也有选做的题目，学生可以依据自己的情况选做作业题，让不同程度和水平的学生都能选择到适合于自己的作业，都能在练习和解答中得到收获和提高。

比如，随着高三复习进程进入第二阶段，我布置的作业不但没有增加，反而减少了。100分钟的试卷别人一天布置一套，我两天布置一套，而且提前几天布置作业，让学生自主调整自己的作业量、协调各科的学习时间的分配。每周四不布置作业，留给学生更多自主调整、反思学习的时间。

这取得了学生一致的赞同，同时我所带班的学生在当年的高考中获得了好成绩。

（2）引导学生在自主学习日，进行自我反思与创新

"三思再反思"的思维模式是为了改革我国学校教育中的传统解题模式而构建的重在培养反思能力、培育灵感、激发创造性和创新精神的解题思维模式，它对提高各级各类学生从课业到实践的解题反思能力，社会生活实践、工作实践中的广义解题能力，竞赛获奖能力，均具有重大运用价值和重大促进作用。传统解题模式可概括为"接受问题——审题——解题——验证或验算——总结解题方法和规律"。

传统模式中没有专门训练学生反思能力的思维训练和激发灵感产生的思维，只重视结果不重视过程，只重视狭义解题而未考虑到狭义解题至广义解题的联结、延伸与迁移。因而它不利于培养学生的创造性、创新精神和实践能力，导致中国教育培养出的不少小学生、大中专生、硕士生、博士生"高分低能"。"三思再反思"的思维模式既包含广义解题又包含狭义解题。此模式要求学习者在解答或解决有难度的问题时，要"先三思，后解题，解中要临控，解完再反思"。

高阶思维要求将这套思维模式中的思维策略和思考方法养成习惯，在头脑中形

成定型,达到在狭义解题和广义解题中有意识地习惯地随时应用,广泛应用。"三思再反思"中的"再反思"是指个人对自己的思维过程、思维方法和思维结果的思维,是指个人独立地对初步思考或解决了任何一个复杂的思维结果、解题结果进行分析、研究和思考,从而使自己思考的过程、方法和结果在各方面达到更好或最佳水平。再反思是培养反思能力、开发智能与培养创新精神的重要思维策略,是培养创新意识,发挥主体性,自我开发智能潜力和非智能潜力,激发灵感,激励创新思维、创新精神和实践能力的关键思维环节,也是不断提高人的整体素质的关键思维环节,对促进人产生创造性能力与创新精神有极其重大的作用和意义。

3. 重视个别交流

学生小A步入高二以来,数学方面的成绩一直不太理想,教师对其反思内容进行了个别指导和深化。学生认为主要原因,还是在计算能力上存在着些许问题:不够仔细和耐心,计算功底不扎实。有些计算较繁,心里就多了一层压力,一紧张,解不出来就不高兴做了,还不高兴再代入原式检验,这就是一种惰性,这些是我从现在开始必须克服的。另外便是对题目类型还不能够娴熟地掌握,做起题目来没有驾轻就熟的感觉。

通过教师指导,他进一步反思了原因:解题上无法找到最便捷的方法,这就是一种对题型不熟悉的表现,平时做过的题目也有错,这证明我在做过题目之后没有真正地将解题的思路理解透,而是做过了就做过了,一点总结也没有,以后遇到类似的题目,又是一头雾水。总之,计算能力和解题思路都是在平时的训练中练出来的,我应该从现在开始认认真真地把握好每次锻炼机会,并且调整心态,对做过的题目进行归纳总结,仔细地学好数学。

现代信息加工学告诉我们,知识的获得取决于学习的策略。故而教师也要注意到学生反思学习习惯的重要性。常有学习成绩不好的学生这样问:老师,我也做了很多题目,为什么没有效果?老师,为什么上课我也听得懂,但自己做就不会了呢?老师,为什么你一讲我就懂,但我一做就错呢?所有的这些问题可以用一个学生的总结来回答:我们常常只顾做老师给我们勾的一些题目但从不想为什么;教辅书给我们提供了大量的练习题,但我们忽视了它还有一个重要作用那就是给我们指出了重点和难点;我们有些同学解题时总是急于求成,自己想当然而与知识点脱钩,殊不知脱离了知识点去解题犹如迷途的羔羊。这些话引起了很多同学的深思。所以我们要让学生每隔一段时间交流和反思自己的学习习惯和方法。比如反思自己是否在以上几个方面能经常考虑、预复习工作做的怎么样、解题是否经常存在盲目性、自己的学习方法与其他同学的区别在哪里等等。这正是课程标准所要求的"能对知识的学习过程和解决问题的过程进行自我评判和调控"。

通过我们的实践表明,学生的数学反思能力有必要而且有可能进行培养,希望能通过比较法进行研究,对比不同的反思性教学模式对于学生数学反思能力的培养的作用,寻找与高中学生的智力水平与发展要求相符、与高中数学教学实践相适应的方法。

在教学实践中,将课堂外的学习作为课堂学习的延续,留更多的空间给学生进行反思,提出问题,通过自主创新的学习进行问题分析,在反思性学习中,培养创新意识。

4. 重视个性化的作业布置和批改

对作业不予批改或者简单地用"×"匆匆标示,虽然批改量少了,但是学生仅仅能知道哪道题错了,却不知道错在哪里。学生订正时虽然花了大量的时间,仍然百思不得其解,为了应付老师"批改",就会抄上"正确"答案应付了事。久而久之,很多学生要么白白浪费大量时间精力而毫无收获,要么干脆不订正或抄袭、问答案来应付了事,教师则通过加大训练量来达到教学效果,这样学生都将不堪重负却收效甚微。

(1) 全批全改、精批详录

批改作业时,我会把学生的错题原因简单标注一下,还会将需要订正的题目的题号标注好,学生就会在相应位置进行订正。只要是我布置的作业,我都会及时进行批改,而且大多数时候我都当天批改当天讲评。我通过对错解进行详细的记录、对错误原因进行统计和分析,研究自己教学上的薄弱之处,同时,也深入了解学生解题思路、方法、习惯、能力、品质等方面的不足,一旦发现典型错例及时记录,加强个别辅导的针对性,不断收集方法新颖、思路简洁、一题多解等典型范例,及时组织学生进行交流。

例如:部分学生将钝角三角形的充要条件表述为:两边平方之和小于第三边的平方;证明锐角三角形时要么只证明了一个角的余弦值大于零但未说明是最大角。将这个错误表述记录下来后,我与学生共同对这个表述进行了评价和分析,最后可以把勾股定理和上面两个问题统一成这样一个结论:一个三角形为直角/锐角/钝角三角形的充要条件是:该三角形的最大边的平方等于/小于/大于另两边平方之和。

(2) 有错必订正、有订正必精批,重视反复批改

有错误一定要求订正,订正已经成为每天作业中进行反思性学习的最重要的一

部分，甚至有的时候布置的作业就只有订正和反思。教师对学生前一次作业的订正要全批、精批。与其用大量的训练来机械模仿，甚至巩固了错误的认知，还不如引导学生反思自己的数学学习，真正找到问题加以解决，提供反思能力的培养和反思性学习习惯的形成，更能真正减负增效。

如果学生不会订正，我鼓励他们自己到办公室里来询问，等真正明白了自己的错误原因和解决方法后再进行订正。对所有主动来询问的学生，我会在课堂上和家长会上点名表扬，对那些"忘记"订正的学生，我就会在他的作业本上写上"请尊重您自己的劳动成果，希望您能从错误中认识自己的不足，吸取经验获得进步，请认真订正哦，如果不会订正，欢迎来找我共同探讨哦☺"。一个笑脸、一句鼓励，往往比枯燥的教育、严厉的责罚更能获得学生发自内心的认同。

学生对知识的认知也往往受其自身的思维能力、知识掌握水平和思维习惯的影响，因而即使老师已经进行了讲评、学生也认真订正了，还是可能会再次出现错误。对于这些错误，我尤其重视，会比较详细地注明错误原因后给学生进行个别指导。所以，在作业本上，经常会看到我标注的"订正之订正""订正之订正之订正"……不管是重复性错误还是新的错误，都要求学生订正到完全无误为止，而我也会对学生的每次订正认真批改。

我对于学生有错必订正、有订正必精批、订正错了反复批改的措施一直贯穿始终，虽然自己的批改量大幅增加，但是学生的训练量大幅减少，而且每订正对一道题，就能够通过解决疑难问题、纠正错误切实提高了自己的学习效率，就有一种学习成就感。

(3) 耐心倾听、寻根溯源、重视面批点拨，增强个性化教学，有针对性地提高学生的数学反思能力

教师的点拨要有针对性，预设的错误原因往往和学生的实际相悖，甚至许多错误不会在一次交流就能予以纠正。因此，我在个别面批时会加强与学生的对话，比如给一个学生非奇非偶函数的错题订正面批时，我发现了他3个知识上的错误理解，通过定义、图象相结合的方法讲解了多遍，然后通过相同类型问题的检测后才巩固了正确的认知。

## 六、培养数学高阶思维的几点思考

1. 培养学生的数学高阶思维的关键在于"减轻学业负担，提高课堂效率，发展思维能力"、"针对学生的数学认知水平，增强分层教学与个性化教学"

(1) 减轻学业负担,提高课堂效率,发展思维能力

在对"进行反思是否必要"的认识上,学生表示了积极的认同,对"反思"有较高期望值。但是作业量大的时候,即使感受到反思对学习的重要意义,学生仍旧会选择坚持完成作业,而不对所学的知识进行反思。由此看出,过重的作业量不仅导致了学生们的负性情绪也影响了学习效率,对学生进行数学反思也产生了严重的负面影响。因此,实施"反思能力培养"的前提是减轻学生的学习负担,达到减负增效的作用。

值得注意的是,重点班和平行班对此的认同存在一定的差异性。重点班的认同度达到100%,而平行班26%的学生报以无所谓的态度。可见,学生中存在着个体的差异,这种差异应该还不只限于理科班和平行班,在文科班和理科班的比较上,也发生了显著的差异,这是学生的认知风格不同所致。从心理学的角度来看,这两种风格被称为"场独立型"和"场依存型"。鉴于这两种不同的知觉方式,场独立型的学生易于适应结构不严密的教学方法,而场依存型的学生喜欢老师提供外来结构,需要老师的明确指导与讲解。因此,在接下去的"反思能力培养"实施过程中,建议分层对待。

(2) 针对学生的数学认知水平,增强分层教学与个性化教学

通过调查发现,学生普遍表现出对教师较强的依赖性,可见学生的反思能力非常需要教师的有效的引导和培养。需要教师摆脱用数量拼质量的旧习,尊重学生的需求,根据学生的实际状况,将分层和自主学习相结合,提高教学效率,引领学生转变学习方式,加强培养学生的反思学习的能力,更应增强学生对自己学习状态的决策力和判断力,走向更有效的反思性教学。

有反思习惯的学生时刻注意将所学内容纳入已有的认知系统中,自觉对新旧知识进行分析归纳,主动探求新知识和运用新知识,他们在学会知识的同时学会思维,达到"学会学习"。进行本课题研究的教师,所教班级的数学水平都得到了不同程度的提高。特别是坚持使用错题集和作业情况反馈表及单元测验自我评价反思的班级,学习状态的改变较为明显。教师只有减轻学业负担,提高课堂效率,增强分层教学和个性化教学,才能更好进行能力的培养。

虽然课题组做了大量的工作,在理论上进行了一些探索,并积累了丰富的实践材料,同时还在高三学段实行了每周四无作业日,通过加强作业布置和批改中进行分层和个性化指导,但实践表明在教师的引导下有针对性地指导学生进行反思性自主学习,更能取得良好的效果。

2. 教师需要做出的努力

(1) 成为反思型教师,重视不同学段学生的思维特质和不同学生思维习惯和知识基础的分析,有效提高课堂效率,使得对于学生反思能力的培养真正达到减负增效的作用。"榜样的力量是无穷的",教师不仅需要言传更要身教,对学生来说后者的影响更大。因此教师首先要掌握反思策略,养成反思习惯,发挥好模范带头作用。

(2) 合理创设学生反思的情境,培养学生主体意识。虽然学习反思中遇到的学习问题不是"创设"的,但反思在轻松、合作、信任的气氛中更能看到学习中的问题所在。因为反思是对学生个人的能力、自信心的一种"威胁",学生明确意识到学习中的不足往往不是很容易,教师可从学生的实际出发,通过提供适当的问题或实例以促进学生反思。学习反思要求学生是学习的主体,是自己确证主体地位的人。因此教师不光要"放权",坚持与学生平等对话,更要让学生有自觉的反思意识。让学生明确没有反思就难以自我改错纠偏,明确反思能提高自身合理性水平,并进而形成对错误的警觉。

(3) 进行学生反思评价。学生学习反思的成效如何,可以经由多种方法进行评价。比较直接的是观察学生进一步学习的过程与结果,如果能保证学习顺利进行,说明学习反思取得了成效。教师还必须关注学习者自身的自我评价,以及互动的反思关系,如果在群体支持的环境中相互交流、信任、协调与合作,也会有良好的指点与反馈作用,反思的效果会更佳。

(陶亚云)

# 4 "生命科学"教学中培养学生高阶思维能力的初探

知识时代的发展对人才素质的要求偏重于以下九大能力：创新、决策、批判性思维、信息素养、团队协作、兼容、获取隐性知识、自我管理和可持续发展能力。人们把这九大能力称之为高阶能力，而其中也涉及了高阶思维能力。那么教学中如何关注学生高阶思维能力的培养呢？这也成为了我们一线教师思考和探究的问题。

## 一、高阶思维

1956年，布卢姆借鉴生物学中动植物分类学的理论，发表文章《教育目标分类：认知领域》，将教育的认知目标分成六大主类（识记、领会、应用、分析、综合及评价）。自此之后，这六种思维级别被广泛接受和使用。他给出的认知技能列表，是按照从最简单到最复杂的顺序排列的。最简单的认知技能是对知识的回忆，最复杂的认知技能是对观点的价值作出判断。

国内外对布卢姆教育目标的解读，认可了其中较高层次的认知过程、心智发展水平属于高阶思维的范畴。

后人对布卢姆认知领域目标分类表进行了修订（2001版），从修订版中我们可以看出，高阶思维主要表现为分析、综合、评价、创造。它是创新能力、问题解决能力、决策力和批判思维能力的核心。

由此不少专家学者对什么是高阶思维给予了相应的解释。

香港学者陈浩文博士在谈到如何提升高阶思维时指出：高阶思维是一种跨学科、跨知识领域、能对思维予以评价的思维。因此要提升高阶思维，就要培养学生的论证、反驳、筛选利用信息的能力；要培养学生的公民意识、判断、决定能力；要理解学科的思维方式。

国内对于高阶思维能力的研究还处于起步阶段，在国内方面，主要是钟志贤教授对于高阶思维能力及其培养做了系统、完整的论述。

他认为,高阶思维是高阶能力的核心,它主要是指发生在高层次认知水平上的心智活动,它在教学目标分类中指的是诸如分析、综合、评价等高层次认知水平的能力。

他认为高阶思维能力主要由"问题求解、决策、批判性思维、创造性思维"这些能力构成。

**二、培养学生高阶思维能力的路径和关键**

关于这一方面,不少专家学者提出了自己的一些看法。

钟启泉教授指出:发展高阶思维,要以高阶学习活动予以支持。那么什么是高阶学习呢?他认为,高阶学习是建构主义学习,是一种以学习者为中心、开展问题求解的学习活动;是一种形成知识共享、互动合作的学习模式;此外,钟启泉教授还认为,促进高阶思维的发展还应该注重交叉学科知识的学习;注重环境营造;注重教师有意义的引导。

江西师范大学课程与教学研究所的钟志贤教授也指出:高阶思维能力的发展需要高阶学习活动予以支持。同时他也认为高阶学习在教学模式属性上,属于建构主义学习模式。

总结目前各专家学者的观点,可以看出对于如何发展学生高阶思维的路径和关键有以下一些共同的认识。其中最主要的观点是高阶思维发展需要高阶学习支持。

对于什么是高阶学习,许多教育专家认为:

1. 从教学模式的角度看,高阶学习是建构主义学习,即以学习者为中心的学习。

构建主义学习理论属于认知主义学习理论的一个分支。它强调知识的建构性、情境性、复杂性和社会性。它认为学习是学习者主动建构的过程;学习必须发生在特定的复杂情境中;学习是学习者与他人交流、协商,将知识社会化的过程。在这种学习理论的指导下,教师不再是单纯的教会学生记住知识,而是要在传授知识的同时,培养学生综合运用各种知识与技能的能力,这种能力就包括高阶思维能力。因此,建构主义学习理论能够作为高阶思维能力培养的理论基础,建构主义的学习观对高阶思维能力的培养具有十分重要的指导意义。

2. 从学习过程的角度看,高阶学习是一种问题求解的学习活动。

《通过设计来理解》一书的作者威金斯(G. Wiggins)指出,现代课程的基本单位是"问题",课程改革的主要任务是"重新组织"课程,通过问题设计来组织课程内容。他认为,教师要在自己的教学设计中设计问题,把大量的知识进行重新组织,以激发学生全身心地进行探究学习,对所学的知识进行深刻理解,以促进学生高阶思维能力的发展。

(1) 问题类型

威金斯把问题分为两种类型,即"基本问题"和"单元问题"。

所谓"基本问题",是指学科中处于核心位置的基本概念,是指向学科核心思想和深层次理解的、能够揭示学科内涵丰富性和复杂性的问题。它不是像现在许多教科书中那些针对具体知识点的问题。基本问题的特点是指向学科的核心,在某一学科领域中的基本概念、规律和原理,包孕其他重要的问题。例如,"人类的历史是一个进步的历史吗?""有机体是怎样适应周围环境而生存下来的?""光是什么?"等等。基本问题帮助学生在学习中的高阶思维活动,促使学生进行有意义的学习;帮助学生从哲理高度来认识所学的学科知识,使学习与人类历史、社会、自然相联系,使当前的学习联系到其他学科和更广泛的主题。

所谓单元问题,是引导学习者探索基本问题的、比较具体和容易理解与操作的问题。它以单元教学/学习主题展开活动,没有明显的"正确"答案,能激发学生学习兴趣和思考。

单元问题是理解基本问题的具体通道/桥梁,因为基本问题是学科中基础性和抽象性的问题,需要学生经历大量的实践和研究才能够理解和领悟。通过不断地经历和研究单元问题,使学习者发展高阶思维能力,逐步掌握学科的基本问题。例如,与上面的基本问题相对应,单元问题是"同50年前相比,现在的教育公平性,是提高了还是退步了?""两栖类和爬行类动物是怎样适应环境而生存的?""黑暗中猫是怎样看东西的?"等等。

(2) 问题设计

那么教学中如何设计问题?

对具体教学来说,问题设计的思路是从基本问题着眼,从单元问题着手。每个单元问题设计要体现基本问题的思想精髓,也要考虑渐进的、可操作的学习活动方式。对教学设计来说,问题设计更多的是指单元问题教学设计,如学习任务或学习主题。

道奇博士(B. Dodge)认为,要有效地成为促进学习者高阶思维能力发展的学习任务,这些任务必须引发学习者运用如下八个方面的高阶思维能力:

① 比较、鉴别、阐明事物之间的类似之处和不同之处;

② 根据事物的属性和特征,将它们分类;

③ 通过观察和分析,归纳出一般化的原理;

④ 通过给定的原理和法则,推论出未知的结果;

⑤ 分析错误,即找出并阐明自己和他人思维中的错误;

⑥ 找出支持的论据,即对每一个观点和看法都要给出支持的论据;

⑦ 概括,即找出庞杂的信息下面隐藏的规律和模式;

⑧ 提出观点,即能够确定并阐明自己对问题的看法。

也就是说,只有当学习任务设计和学习者的学习活动具有以上若干方面的特征时,才有助于发展学习者的高阶思维能力。

3. 从学习方式的角度看,高阶学习是知识共享和互动合作的学习活动。

Gundwardena,Lowe and Anderson 等人从知识共享到知识建构提出了一个高阶学习的五阶段分析模式,如下表所示。

**基于互动的从知识共享到知识建构的五个阶段**

| 阶段/层次 | 行为特征 |
| --- | --- |
| 1. 信息的共享和比较 | 以陈述和观察的形式进行言语信息的交流 |
| 2. 发现和探究 | 参与者认识到不同观点和解释之间的差异。在此阶段,典型的表达方式是发问、对概念进行充分的理解和分类 |
| 3. 意义的协商和知识的共同建构 | 运用证据进行意义的协商,确定一致性和差异性方面,提出相互交流的议题 |
| 4. 检验和修正观点 | 根据标准陈述证据,运用实例和多种调研的观点作支持 |
| 5. 对新建构知识的意识 | 新知识建构的元认知陈述,反思一致性和差异性的方面 |

### 三、培养学生高阶思维能力的教学设计

综合专家学者的阐述,目前认为培养学生高阶思维能力的教学设计要关注以下七个方面。

1. 教学中要有情景有任务

情景:可以是问题情境,也可以是学习氛围等。

问题求解的任务应当有足够的难度,这样才有"激发"的作用。

2. 学生要有学习控制权

这样才能提供学生练习运用高阶思维能力的机会。

### 3. 教师要提供支架

教师要通过恰当的教学干预提供"支架"。教师的"支架"方式主要有：(1)提供及时的反馈；(2)提供多元化的观点，使学习者通过争论培育独立思维；(3)为知识建构展开必要的讨论；(4)根据过程的需要，及时发问，提供建议，评论并对关键的概念进行清晰的阐释，以指导学习绩效的发展；(5)提供学习者共享经验(如争论等)的机会，以促进相互之间的理解和建构新知。

### 4. 要开展合作互动的学习方式

在这种合作互动环境中，当学生必须相互解释观点时，不论他们的能力如何，都能产生比较清晰的和有组织结构的理解结果。这种导致认知变化的共同建构活动，是高阶思维过程发展的关键。

### 5. 学生有表达和解释的机会

表达和解释即思维的外化，需要学习者作出相关的陈述，理解他人的陈述，相互论证或挑战各自的观点。所有这些过程都将直接导致高阶思维的活动和高阶学习。

### 6. 要有效运用信息技术的支持

研究表明，以技术为介质的学习环境，有利于学生同伴之间通过共享观念，复习概念和展开讨论，从而促进描理和高阶认知水平的发展。通过内化思想，技术能有效地作为智慧活动和团队合作的支架，并且使学生以多种多样的方式促进建构和展示知识。

### 7. 充分借鉴认知学徒模式

认知学徒模式是一种"做中学"的最早的形式，"认知学徒制"就是要改变传统的脱离现实生活的教学以及传统的学徒制的一些弊端。

下面以高中"生命科学"教材中"探究影响光合作用的因素"一节为例说明分析高阶思维能力培养的教学设计。

## 案例：探究影响光合作用的因素

### 1. 案例描述

上海市高中"生命科学"教材第一册第4章第2节"光合作用"教学内容之后，安排了一个学生实验"探究影响光合作用的因素"。"上海市生命科学课程标准"对本节实验的学习水平要求达到C级，即设计实验的水平，这一学习水平目标从思维分类的角度而言，即已达到了高阶思维的水平。

经过几年的教学实践和评价,我们发现学生对这一内容的掌握始终存在着一定的问题,究其原因,生命科学教材中这个实验仅仅是一个验证性的操作实验,强调的是学生对于真空渗水法等实验操作技能的掌握,并没有真正关注实验设计能力的培养,因而学生对于运用相关学习知识去解决新情景问题(即针对某一探究问题设计相关实验)的能力培养没有落实到位。为了解决教学中的这一问题,我们在生命科学教材原有实验内容的基础上对实验设计教学内容做了相应的补充。

(1) 设计思路

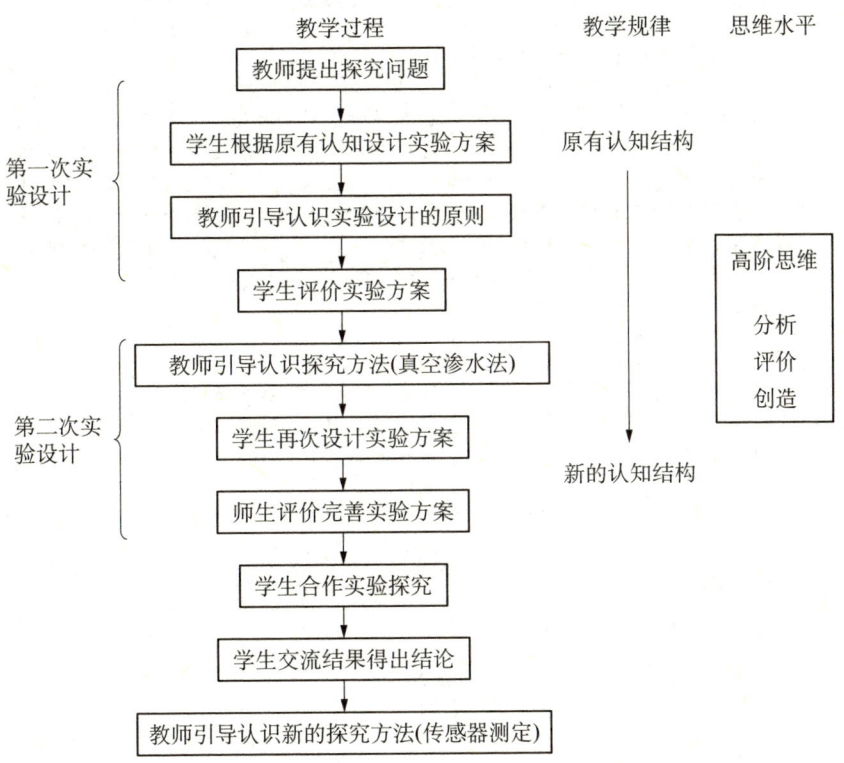

(2) 教学效果

整体而言,本节课的设计取得了一定的效果。在教学过程中,由于将原有的验证性实验改成了学生自主设计的探究性实验,学生有了充分表达自己观点的机会,气氛十分活跃。在热烈的研讨气氛中,学生理解了实验设计中如何把握三个基本变量的关系,并通过实验设计,将学到的实验设计原则运用到实际中,尝试在实践中应用知识解决新的问题,真正达成了课程标准认知要求的C级水平的目标。

从发展学生高阶思维的角度来看,本节课的教学也达到了预期的目标。下面以布卢姆认知过程领域目标分类理论来说明这节课对发展学生高阶思维能力的效果。

| | 高阶思维 | | 学生活动 | 教学效果 |
|---|---|---|---|---|
| 分析 | 区分 | 从现有的材料中区分出无关和相关的,重要和不重要的 | "以光照强度为例,我们能通过什么方法来探究其对光合作用的影响呢?"学生小组分析老师给出任务中相关信息,尝试初步设计相关实验方案 | 学生学会分析任务(探究问题)中的相关信息,并初步能将各相关信息要素综合在一起(设计实验方案) |
| | 组织 | 确定一个结构中各要素是如何作用的 | | |
| 评价 | 检查 | 发现一个过程或者成果的矛盾或错误;确定一个过程或者成果是否具有内部一致性;察觉实施程序的有效性 | 在老师引导下尝试分析设计的不足之处,在此过程中体会实验设计的要求,了解实验设计的三个基本变量 | 学生学会如何根据外部准则(实验设计的原则)检查和判断过程(实验设计方案)的恰当性 |
| | 判断 | 发现一个成果和外部准则的矛盾,确定是否一个成果有内部一致性;发现一个给定问题的程序的恰当性 | | |
| 创造 | 假设 | 基于标准来产生可选择假设 | 在老师介绍真空渗水法的基础上,结合前面学习的实验设计要点,利用叶圆片进行第二次设计,并进行实际操作实验 | 学生学会将所学到的知识运用于解决新的问题情境,完成相关新的任务 |
| | 设计 | 为完成有些任务设计一种程序 | | |
| | 制作 | 发明一个产品 | | |

2. 案例分析

本设计以高阶学习活动为支持。

(1) 教学设计以建构主义学习理论为基础

本节课的设计思路是:

第一次实验设计 → 交流评价总结 → 第二次实验设计
(呈现原有认知结构)　(建构新的认知结构)　(呈现新的认知结构)

本节课的教学中,教师先让学生在原有基础上去尝试进行设计,以呈现学生头脑中原有的认知结构,让学生尽可能暴露自己原有认知结构中的错误和不足,然后通过集体的讨论与分析,学生根据自己的经验背景,对外部信息进行主动的选择、加工和处理,从而获得自己的意义,修正原有认知结构中的缺陷,理解和建构新的知识和信息,在此基础上学生针对老师提供的新的背景资料进行第二次实验设计,以呈现重构后的认知结构。

学生在前后两次实验设计中,通过意义协商和知识的共同建构,发展了综合分析、评价和设计等高阶思维的能力。

(2) 教学设计以问题/任务求解为学习过程,即是一种基于问题的学习。

本节课的教学从基本问题"植物生长与外界环境的关系"着眼,从单元问题"光照强度对光合作用的影响"着手,引导学生实施探究过程。

其问题具有下列的一些特征:

① 提出观点,即能够确定并阐明自己对问题的看法——我们小组是如何设计实验探究步骤的。

② 可以比较、鉴别、阐明事物之间的类似之处和不同之处——我们小组的实验设计与其他小组同学的实验设计有什么相同和不同之处。

③ 可以分析错误,即找出并阐明自己和他人思维中的错误——我们小组实验设计中有哪些缺陷?其他小组同学的实验设计有什么不足?

④ 可以通过观察和分析,归纳出一般化的原理——实验设计的基本原则。

⑤ 可以概括,即找出庞杂的信息下面隐藏的规律和模式——如何施加实验变量、如何控制无关变量、如何确立反应变量。

……

这些特征都是有助于发展学生的高阶思维能力。

综上所述,本节课的教学方法和学习任务通过要求学生运用元认知和问题求解的技能,使学生的思维从低层次的接受、模仿提升到了高层次的分析、评价和创造,从而有效地促进了学生高阶思维的发展。

可以说,这节课无论从设计上还是教学效果上来看,都是一个发展学生高阶思维能力的成功案例。

(金惠珍)

# 5 历史课堂中高阶思维的培养
## ——从民主意识培养谈起

所谓"高阶思维",是指发生在较高认知水平层次上的心智活动或认知能力。它在教学目标分类中表现为分析、综合、评价和创造。高阶思维是高阶能力的核心,主要指创新能力、问题求解能力、决策力和批判性思维能力。高阶思维能力集中体现了知识时代对人才素质的新要求,是适应知识时代发展的关键能力。发展学习者高阶思维能力蕴涵一系列新型的教学设计假设。在历史课堂中,要培养学生的民主意识,从高阶思维的角度看,就是要让学生对各种民主观念加以分析比较,形成判断,提高对民主问题的求解能力,进而形成批判性思维能力。

### 一、梳理、整合促感知:加强民主知识教学

内容是金。教师主要是以历史课程的相关内容为本,配以精心的课堂教学设计,通过让学生经历一个对民主的"感知→体悟→认同"的过程,达到民主意识培养的德育目的。

感知民主是体悟、认同民主的前提。培养学生的民主意识,首先要让学生在对相关内容的学习中感受、知晓民主的内涵、实现方式、发展过程等。教科书中关于民主的显性内容涉及四个主题:①近代中国的民主思想和民主革命;②现代中国的政治建设与祖国统一;③古代希腊罗马的政治制度;④欧美资产阶级代议制的确立与发展。这些内容作为一种知识,要通过课堂教学传达下去。因此教师要采用讲授法、引导法,指导学生对民主知识进行梳理和整合。

如"雅典城邦的民主政治"这一内容,教师在补充一定史料后,要求学生结合课本梳理梭伦等改革家改革的措施,如代表制、任期制、选举制等。在学生梳理的基础上,教师重点讲述体现民主制度的公民大会、五百人议事会、民众法庭等机构的权力、地位、产生、人员组成以及运作模式等。通过讲述,学生知晓雅典民主的实现途径是成

年男性公民直接参与,通过选举制否定了世袭制,通过任期制否定了终身制,通过代表制否定了个人权力。这样,学生就从源头上对民主制有了一个准确的把握,知道希腊的民主是通过平等、参与和法治来实现的。

再如"启蒙运动",教师让学生梳理洛克、伏尔泰等启蒙思想家的主张,了解他们批判君权、特权和神权的主要观点,即天赋人权、社会契约和法治等主张。通过这一环节,学生了解了民主精神在实践过程中与法治始终相伴,与人权紧密联系。而对"近代西方资本主义政体的建立",教师则以英国、美国、法国、德意志帝国为例,讲述了西方近代民主政体的确立过程。把这些知识落实到位,使学生清晰地了解近代民主是什么,民主政治的政治原理和政府形式又有哪些。

除了落实教材专题知识,教师还引导学生自行整合"西方民主思想"的专题,让学生设计简表来反映西方民主的发展历程。结果学生用了"起源、兴起、成型、发展"的概念和体系来整合西方民主发展的历程,使教师大感欣喜。可以看出,通过这样的整合,学生已基本把握以下知识:在西方,民主思想起源于古希腊的人文主义;资产阶级民主思想则是随着十四、十五世纪的文艺复兴而兴起,经过十七、十八世纪启蒙思想家们的努力,民主、自由、平等、博爱和人民主权等民主思想的基本内涵渐具雏形,再经由十七、十八世纪的早期资产阶级革命和十九世纪六十至七十年代的资产阶级改革与革命浪潮的推动,西方近代民主思想才以资产阶级政治制度的形式、以法律的地位在世界范围内加以确立。

**二、辩论、交流促体悟:加深民主本质理解**

感知民主知识不等于体悟民主本质。民主的历程风雨逾千年,其中有人们容易觉察的表层的现象,也有人们不易觉察,甚至觉察了也不易理解的事物本质。为了让学生能认清民主本质,教师采用问题法、讨论法,让学生在辩论与交流的过程中体悟民主。

比如"苏格拉底之死",教师在出示补充材料后组织学生开展辩论:苏格拉底的死是不是民主的污点?学生对此各抒己见,有的说不是民主的污点,处死苏格拉底完全是由成年公民投票决定的,符合民众的意愿,是多数人的意志,因此不仅不是污点,还是民主的一个范例。也有的说是民主的污点,民主要求平等与自主有机统一,参加投票的人表面上看起来是平等的,但实际上有人投票赞成只是出于"莫名愤怒",并不能真正体现自主和本意,这种投票人不能做到完全自主的民主不是真正的民主,把一个

"民族的脊梁"判处死刑,就是最有力的说明。还有的说这样的民主由于不能区分自主和自由,很容易造成程序合理但结果却不合理的局面,导致一种"多数人暴政"。学生纷纷根据自己对民主知识的了解,试图做出对民主本质的理解。应该说,不管他们的理解是否正确,辩论过程本身将会促进他们走向正确。

教师还组织学生进行课堂讨论,互相交流各自的看法,以增强对民主的体悟。下面是学生就"英国革命"进行交流的一个片段:

①查理一世时代,国王为什么可以随意征税?国王征税的法理依据是什么?(学生:国王认为"君权神授",国王就是法律的化身……)②"君权神授"与"天赋人权"有何不同?(学生:天赋人权是建立在自然法的基础上,君权神授是维护君主专制,天赋人权否定特权,主张平等……)③英国光荣革命事实上已经取消了君主特权,权力转归议会,为什么英国还要制定《权利法案》?(学生:英国革命期间多次发生复辟,查理二世在革命期间经常出尔反尔,使议会意识到光靠口头行动已难以限制君主权力,需要通过法律来保证民主……)④人治与法治有什么不同,你赞同人治还是法治?(学生:人治由于个人经历、爱好、品质等主观因素,必然造成个人特权,不利于社会的发展;法治则客观、公正,有利于平等,对民众来说也能保障他们的权利,同时会促进社会的进步。)

### 三、思考、想象促认同:加剧民主观念内化

体悟民主本质是为了认同民主观念。如何促成民主从知识形态转变为观念形态,使学生嘴里能说出的道理变成他们心中认可的准则,这是民主意识培养的关键所在,也是历史学科德育的必然要求。为此,教师的做法是运用情境法和模拟法,让学生以一个历史当事人的身份进行思考、做出决断,以检验自身的民主知识,促进自身对民主观念的认同。

教师曾为学生设置一系列亲历场景,诸如:如果你是雅典执政官克里斯提尼,你将怎样健全陶片放逐法以使民主目标更易实现,说出你的想法和理由;如果你是查理一世,你将怎样统治民众,说出你的想法和理由;如果你是唐太宗李世民,你说"水能载舟,亦能覆舟"以及"镜子理论"时的心态是怎样的?与伏尔泰所说"我不同意你说的每一个字,但我誓死捍卫你说话的权利"的心态是否一样?说出你的想法和理由;

如果你是现任国家领导人,联系中西民主发展的历程,你将如何健全社会主义民主,说出你的想法和理由等等。除了这些"真实历史场景",教师还设置"虚拟历史场景"、"错位历史场景",把看似荒唐的历史一幕推到学生面前,考验他们对民主观念的认同。如对于"一战"后国际秩序重建的问题,教师在学生感受到凡尔赛、华盛顿会议上的种种不平等为德国埋下复仇主义的种子后,设计了一幕"错位历史场景":假如你是戴高乐将军,经历过"二战"的洗礼,你对巴黎和会上法国的主张会持什么态度?你将对当时的法国总理克里孟梭说些什么?结果学生的反响热烈:

学生 A:喂,你不能对德国那么狠,不能那么无视德国的主体地位。

学生 B:我送你一句话:今天你对别人不平等,明天别人就可能对你不平等。

学生 C:要尊重国际社会的每一个成员,无论他是强大还是弱小,也不管他是胜利者还是失败者。

学生 D:弱肉强食,或许只是自然界的生存法则;应用到人类社会,其结果必然是对文明的摧残……

这些反响是令人鼓舞的——学生已尝试运用民主的观念形态和思维方式说话,这说明学生的民主意识之船已经升锚起航,驶向无尽的大海。当然,大海上时而风平浪静,时而波涛汹涌,对他们真正的考验还在后面。

**四、基于教学方式的民主意识培养**

民主意识的培养既关乎教学内容,又关乎教学方式。当然,前提是教学方式要建立在民主的基础上,要充分尊重学生的人格,尊重学生作为一个社会人所应有的权利、尊严、思维方式和自身发展方向。师生之间、学生之间要能相互沟通理解,彼此信任,共同合作。① 也就是说,采用民主的教学方式,是培养学生民主意识的又一条积极途径。教师为此可以采用三种教学与评价方式:

1. 对话式教学

人类已步入平等对话时代,对话式教学是教育领域对时代精神做出的回应。对话或教学要求教学从知识的传授走向知识的建构,追求教学的知识生成,要求师生之

---

① 谢利民,等.现代教学基础理论[M].上海:上海教育出版社,2003:32.

间能够民主、平等和对话。① 历史知识的一个显著特点是,它不是一种叙述而是一种解释,或者说它不只是一种叙述更是一种解释。过去教师偏重于"叙述的历史",对历史人物、事件、现象等的认定过于书本化、权威化,由此也加剧了课堂教学的一言堂和满堂灌,学生只有听的份、服从的份,而没有自己对历史的认识、对历史知识的建构。从建构主义的学习理论看,个体的智慧与认识是通过其与环境的相互作用而得以成长发展的。现在教师更看重"解释的历史",更注重为学生创设一种"与环境相互作用"的条件,更注重对话式教学。以"史料教学"为例,突出史料在历史教学中的重要性,其结果是:①学生通过范例了解了史学专家是如何治史的,从而获得了方法论的启示;②学生通过对史料的自主研习,获得了属于自己的历史认识,启动或推进了自身的知识建构;③师生通过对史料的共同研习,双方各自向对方敞开思想和彼此接纳,形成了一种真正意义上的精神平等与沟通,对学生民主意识的培养有重要作用。

2. 体验式教学

相对平常的课堂教学,体验式教学更重视学习的自主性、参与度和浸润感,更重视通过创设情境、搭建平台来获取教学平等、教学合作和教学相长的效果。教师通常是针对怎么体验、体验什么两大问题来考虑教学。比如,采用戏剧的方式感受"美国宪法制定中的矛盾";采用辩论的方式思考"辛亥革命的成功与失败";采用论文的方式阐述"我理解的五四精神";采用演讲的方式探讨"罗斯福新政"等等。从情境创设、平台搭建的角度说,体验式教学则是通过设置诸如问题情境、视听情境、史料情境、语言情境、调查情境和对话情境等,使学生获得认知体验、情感体验、现场体验、生活体验、调查体验和互动体验等,从而浸润于历史氛围,收获于自我发现。另外要提到的是,在体验活动的空间上,多是根据需要而定,尽量因陋就简,神到心到即是到;在时间上,以不影响学校正常的教学秩序为前提,充分利用课内、课外的一切时间;在人际上,则依据活动特点,或以个人或以小组或以班级为单位,原则是切实拉近师生、生生的距离,形成民主交往的氛围。

3. 多元化评价

民主平等的教学应该允许学生根据个人条件、不同水平选择不同的学习方法、长短不同的学习时间,甚至对他们达成结果的期望也不相同。教师坚持对学生进行多元化评价,使评价具有明显的选择性、开放性和过程性的特点。首先,选择性。无论

---

① 程亮,等. 对话教学[M]. 福州:福建教育出版社,2007:61.

布置什么作业,教师都要留出充分余地,给学生自主选择权。学生曾戏称,这种自主选择权在辩论赛中表现得最"人道",因为教师允许他们自主选边站队,参与正方或反方的辩论,辩论过程中还可以随时改变观点加入对方阵营。其实教师更是为了不错过因变而生的"高论"。其次,开放性。开放的课程应该有开放的评价,教师始终采取学生自评、互评和老师评价相结合的形式,以期增强学生的主体意识与民主意识。最后,过程性。教师的评价既注重学习结果也注重学习过程,并且相对而言更加重视学习过程,学生只要参与了,努力了,有所收获了,就值得肯定。总之,多元化评价因为具有"三性"而受到了学生的欢迎,而它对于学生民主意识养成的影响也不容小觑。

培养高中生的民主意识是历史新课程的重要目标,是素质教育的重要内容,是培养现代公民的重要途径。基于此,教师把学生民主意识的培养立体地贯彻于教学过程中:既通过挖掘历史内涵,让学生经历一个对民主的"感知→体悟→认同"的过程,以滋养、生成民主意识;又通过改变教学方式,营造民主宽松、平等和谐的课堂环境,以熏陶、影响其民主意识。通过这样的教学,学生在民主意识上将逐渐具备正确的分析能力、综合能力、评价能力和创新能力,这样,历史课堂上的高阶思维培养目标将逐步达成。

(张海霞)

# 6 注重高阶思维能力培养，提高学生数学素质

推进高中数学素质教育，一方面要求培养学生学习数学的积极性和主动性，培养学生学习数学的毅力，激发学生的兴趣；要培养学生重视基础知识的学习，基本技能的积累，养成善于观察、独立思考、归纳、综合、演绎等良好的习惯和科学的方法。另一方面，又要求教师要能够借助于课堂教育的主渠道，启发学生善于发现问题、解决问题，同时利用拓展课、研究课等教学阵地，培养学生的数学创新意识和能力，结合教材内容，让学生探究新问题，解决新问题。注重课堂增值，教师要摒弃传统的大容量、高难度、快节奏的填鸭式教学方法，启发引导学生自主地参与课堂教学的全过程，让学生真正成为课堂教学的主体，而教师则应不断地反思自己的教学过程，改进教学方法，引导学生通过预习、讨论、提问、解决问题的方式主动地学习新知识，真正体现二期课改中学生为主体、教师为主导的新理念，真正借助于课堂教学阵地，提高高中学生的数学素质。

一、学生主动参与教学的全过程是课堂增值，提升素质的主要途径。几十年来，老师课堂大容量的灌输式教学，以及课后的模仿式训练，严重扼杀了大部分学生学习数学的积极性和主动性，无休止的训练也产生了部分学生的厌学情趣，虽然在一段时间内这种教学方法也能培养出部分考试型的学生，但对学生能力的培养确是有百害而无一益。对于学生学习中易犯的错误，虽然通过老师的反复强调及大题量训练，可能也会使学生在一段时间内避免，但这样既增加了学生的负担，同时也不利于学生能力的提高，题目条件稍作变换，学生又会出现新的问题，不利于数学素质的培养。若能让学生积极地参与讨论，师生互动，共同研讨往往会收到绝佳的效果。

在高一同角三角比的关系中，由任意的三角比的定义，我们可以很快得到倒数关系、商数关系和平方关系，学生理解也比较容易，这时我们可以讲解如下的例题：

已知 $\sin\theta = \dfrac{m-3}{m+5}$，$\cos\theta = \dfrac{4-2m}{m+5}$，求 $\tan\theta$。

学生的第一反应是根据商数关系得：$\tan\theta = \dfrac{\sin\theta}{\cos\theta} = \dfrac{\dfrac{m-3}{m+5}}{\dfrac{4-2m}{m+5}} = \dfrac{m-3}{4-2m}$。有些学生在解完后常常自我感觉良好，这时我们可以让学生共同探讨这样的解答是否正确。当然学生此时积极性就高涨了，有各种各样的说法：有些同学说要加 $m \neq 2$，$m \neq -5$；也有人提出还要满足 $\begin{cases} \sin^2\theta + \cos^2\theta = 1, \\ |\sin\theta| \leqslant 1, \\ |\cos\theta| \leqslant 1. \end{cases}$ 这时老师可以根据学生前面的错误，有针对性地评析。对于同一个角的正、余弦，它们还隐含着 $\sin^2\theta + \cos^2\theta = 1$，这是解题的关键。当然根据不等式的性质，由 $\sin^2\theta + \cos^2\theta = 1$，可知 $|\sin\theta| \leqslant 1$，$|\cos\theta| \leqslant 1$，所以，这两个限制条件就可省去了，这时再让学生总结该题的解法：先由 $\sin^2\theta + \cos^2\theta = 1$ 求出 $m$ 的值，再代入 $\tan\theta = \dfrac{\sin\theta}{\cos\theta}$ 求出 $\tan\theta$ 的值，并让学生总结原先错误的原因——忽视了题目的隐含条件。这样再加以适当的训练，学生对这一关键知识点的掌握就必然要牢固多了，而且印象深刻，同时还被激发了学习数学的兴趣。

这样的讲解和训练，就能使得学生较好地领会同角三角比的关系的内涵。不能仅从表面上得到 $\tan\theta = \dfrac{\sin\theta}{\cos\theta}$，同时还要重视隐含的关系式 $\sin^2\theta + \cos^2\theta = 1$，从而还能进一步得到：若 $x^2 + y^2 = a^2$，则 $|x| \leqslant a$，$|y| \leqslant a$，为今后进一步学习解析几何知识打下基础。

在随后的月考中，我们考查了类似的习题，学生的正确率明显比以往有较大幅度的提高。同时我们也考查了另一种类似的习题：若实数 $x$、$y$ 满足 $(x-1)^2 + y^2 = 4$，求 $t = 2x + y^2$ 的最大值和最小值。这类问题是高中学生普遍容易出错的一类习题，但是由于进行了上述训练，学生基本掌握了这类问题的本质，正确率仍较高，其实这里的关键就是要注意隐含的条件 $|x-1| \leqslant 2$，因此问题可转化为关于 $x$ 的二次函数在 $x \in [-1, 3]$ 上求值域。学生主动积极地参加，活跃了课堂气氛，提高了课堂效率，也提升了学生的数学素质。

二、创设问题情景，让学生喜欢创新、注重创新，培养高中学生的创新意识和创新能力，也是课堂增值、提高素质的必要途径。高中数学的教学，包含了基础知识、基本技能的培养，也包含了对学生综合能力的培养。尽管不是所有的内容均可以让学生创新学习，但是教师若能抓住时机，根据教材的内容有针对性地进行创新能力的培养，往往事半而功倍。

如在学习了两角和的正切公式：$\tan(\alpha+\beta)=\dfrac{\tan\alpha+\tan\beta}{1-\tan\alpha\tan\beta}$ 后，我们除去了要强调公式本身的限制条件：$\alpha$、$\beta$、$\alpha+\beta\neq k\pi+\dfrac{\pi}{2}$，$k\in\mathbf{Z}$，同时我们也要关注该公式的变形：$\tan\alpha+\tan\beta=\tan(\alpha+\beta)(1-\tan\alpha\tan\beta)$，课堂教学中我首先设计了这样一个简单问题：若 $A+B=\dfrac{\pi}{4}$，求 $(1+\tan A)(1+\tan B)$ 的值。通过分析 $\tan(A+B)=\dfrac{\tan A+\tan B}{1-\tan A\tan B}=1$，$\tan A+\tan B=1-\tan A\tan B$，从而得到 $(1+\tan A)(1+\tan B)=1+\tan A+\tan B-\tan A\cdot\tan B=2$，学生还是比较容易掌握的。这时我让学生研究：化简 $\tan(15°-\alpha)\cdot\tan 2\alpha+\tan(75°-\alpha)\cdot\tan 2\alpha+\tan(15°-\alpha)\tan(75°-\alpha)$，有些学生一筹莫展，也有同学把 $\tan(15°-\alpha)$，$\tan(75°-\alpha)$ 展开，运算量太大，但有些学生给 $\alpha$ 取特殊值，用计算器验算得到结果 1。这时我进一步引导学生关注各项的特征——两两均有公因式，这时不少学生就能够把前两项提取公因式 $\tan 2\alpha$，然后用两角和的正切公式的变形，类似于例题就可化简得结果 1。学生对这一方法明显有了兴趣，这时恰到好处地提出问题：在非直角三角形 $ABC$ 中，$\tan A+\tan B+\tan C$ 与 $\tan A\cdot\tan B\cdot\tan C$ 有何关系，大部分学生均能利用三角形内角和 $180°$ 及两角和的正切公式的变形，证得它们相等。此时学生已经有了一种成功的喜悦。

我们再请同学在对上述问题研究的基础上，进一步把问题进行类比推广，请学生自己提出问题并解决问题。这既考查了学生类比、推广、演绎、归纳的能力，同时还考查了学生创新的意识和创新的能力。有学生提出了这样的问题：在条件不变的前提下，当 $n\in\mathbf{N}^*$ 时，$\tan nA+\tan nB+\tan nC$ 与 $\tan nA\cdot\tan nB\cdot\tan nC$ 是否相等呢？也有同学提出，若 $A+B+C=n\pi$，$n\in\mathbf{N}^*$，结论又如何变化呢？最后教师进行总结，并类似地证明。虽然学生提出问题的质量有高低之分，但作为教师都要给予充分的信任、肯定。这样让学生全员积极参与，同时设计问题情景，启发学生去创新，尊重学生的创新成果，有目的地引导学生运用创新的思维方法解决问题，课堂教学效果显著。学生也在不知不觉的学习过程中提升了创新能力，减轻了负担，提高了数学素质。只有这样才能真正体现数学课堂的减负增值。

（徐　杰）

# 7　培养学生高阶思维的思维广场课讨论

市西中学自 2012 年以来开设了思维广场课型,英语课也在 2013 年开始在思维广场开设讨论课,为期两年的思维广场英语讨论课究竟在我们教学中起了怎样的作用,又对学生知识和能力的培养起了怎样的促进作用呢?笔者自担任高一年级思维广场课型的教学以来已经有一个学期了,其间经历了从暑假就开始部署整个学期的教学计划到培训新进来的高一学生,从上手遇到很多困难到后来的驾轻就熟,才懂得这个过程虽然艰辛却是如此值得。

## 一、培养思维能力的具体措施

1. 讨论准备:自暑假年级里几位老师就共同部署并形成了高一年级上学期初步的教学计划,即上半学期依托思维广场课培养学生的思辨能力和听说能力;下半学期要在此基础之上更上一个台阶,即更加注重培养学生的思维品质和团队协作能力。所以,在上半学期我们基本上采用的上课方法是:看视频并完成相关的自学任务单,然后组织学生就相关话题进行讨论,发表自己的观点和看法。而在下半学期我们基本上是先让学生接触一些阅读材料,于是在任务单的设计方面更加注重先启发学生的思考,然后再组织小组讨论交流。

2. 组织讨论:每次上课前一天,我们就先把预约单送到第二天有思维广场课的班级并且进行张贴以便学生选择讨论的话题。教师必须提前一周在思维广场的专用 iPad 上拷贝好下周上课需要用到的视频资料。在组织课堂教学方面,我们逐渐摸索出了一套行之有效的办法,那就是在上课前让每个班级的课代表自己或指派一位同学担任思维广场课的班级负责人,在上课之前五分钟到达思维广场协助老师分发 iPad 给各班学生,上完课再由这些同学协助老师收齐机器并保证机器全部关闭再以班级为单位归还到负责老师手里。另外,在预约讨论方面,由于英语思维广场的课与语文同时进行,学生往往有避重就轻的心理,觉得无论从听的方面还是讨论的方面来讲,语文都相对来说轻松一些,他们就会选择语文而放弃英语。于是我们就进行了一定的调整,一是限制每个讨论室的报名人数,以避免有的学生一味逃避英语,每次都只选语文。二是降低讨论的门槛,尽量选取不难表达而又贴近生活的话题,让学生到了讨论室感觉很轻松。三是多跟学生交流,听取他们的意见,老师通过描述性评价多给学生一些鼓励和表扬,在思维广场的讨论室里创造安全而温馨的环境,让他们感觉到只要开口都会受到赞赏,让学生从不敢开口到大胆开口,从思维受限到思维碰撞,从表达随便到讲求逻辑。

**二、思维广场对高阶思维培养的推动**

1. 高阶思维:所谓高阶思维,是指发生在较高认知水平层次上的心智活动或认知能力。它在教学目标分类中表现为分析、综合、评价和创造。高阶思维是高阶能力的核心,主要指创新能力、问题求解能力、决策力和批判性思维能力。

在思维广场的每一次讨论中,无论老师还是学生都常常看到一些课前无法预见的结果,讨论的过程中学生由起初的不习惯发言到自主发言到后面每一次讨论都感觉到时间不够用。学生与学生之间,学生与教师之间也常常受到相互的启发,通过讨论激发每个个体的思维,在这样的思维碰撞和发散中师生都在随着讨论的深入不断推进对话题的理解,教师常常在反思的时候发觉之前备课时很多方面完全没有办法预测,这不正是讨论的价值之所在吗?

学生在讨论过程中通过聆听别人的观点交流各自的看法,对别人的发言进行分析之后进行讨论,然后形成自己新的观点。这整个过程都是在不断培养学生的问题求解能力和批判思维能力。而这样的能力的培养对于学生来说一定是终身受益的,今后无论在学习还是工作中一旦遇到问题,他们首先会运用这样的问题求解能力。

2. 学科交融:讨论中教室常常会出现知识融会贯通的景象,比如有一节课是让学生观看伊丽莎白女王的演讲然后讨论演讲的技巧,学生自然而然把牛津课本上刚刚学到的 Body Language 和 Eye Contact 里面的内容融入到了讨论中来;更加常见的是跨学科的讨论,比如这节课里听完伊丽莎白演讲后有一个讨论题是关于各国政治家的,他们就列举了政治课上刚刚学到的内容,并驾轻就熟地谈起了历史上的政治家。当谈及路遇乞丐究竟要不要给他们捐款的问题,学生更是搬出了语文课上学到的古人对于慈善的认知,并结合政治课、历史课上的所学谈论了各国政府对于解决贫困问题采取的措施以及自己的看法,这时候老师感觉到学生的收获不仅仅停留在语言表达层面，而是通过语言这样的载体真正实现了思维的相互激发与碰撞。

3. 能力培养：新生刚刚开始上思维广场课还不太适应，他们中很多人习惯了听老师讲然后自己在下面记笔记。了解了这节课每个同学都要发言后，他们先是在课前写下要发言的内容，讨论课上对着自己的笔记读出来；后来当大家渐渐熟悉了这种课型，他们不由自主地融入了讨论，就渐渐摆脱了原先对笔记的依赖，在别人讨论的基础上逐渐展开自己的思考形成新的思维成果。这样经过几个回合的讨论他们就完全适应了脱离原先准备的稿子自由表达看法的模式了。接着我们的课就由教师主持讨论渐渐过渡到邀请个别学生参与主持，再过渡到学生自己主持，考虑到高一年级只是高中的起始年级，所以我们允许每场讨论有多人参与主持，这样才不至于出现冷场的现象。

**三、思维广场课的意义及作用**

思维广场课型在我校推广已经有三年之久，对于日常的英语教学而言它具有不可估量的反拨与推动作用。

1. 选择形成责任。在每周的思维广场的讨论课前学生都要进行选择，经过多次的选择逐渐培养了学生的责任感，培养了学生的决断能力，学生通过一次次的选择逐渐适应并明白取舍的意义和价值。

2. 与基础课型相辅相成。学生在基础课上所学的知识是思维广场讨论的基础和前提；而学生在思维广场进行的一次次的话题讨论是对高中大容量做题和训练一种很好的补充和给养，对学科课堂上的思维训练也具有非常大的推动作用。

3. 对基础课教材的补充。课本知识的更新常常由于编撰和发行而需要一个漫长的过程，当这些课本到达手里时，时代性已经相对减弱，而思维广场课的设计正好可以弥补课本的这一缺陷，课本上已经相对落后的内容在老师的挖掘下变得更加具有时代特征，课本上未能涉及的知识可以通过思维广场课加以补充。

4. 配合了新的高考改革方案。新的高考改革方案正在全国紧锣密鼓地推行，就上海而言对教学影响最大的大概就是英语口语成绩被纳入总分的计算——高考除了书面考试外增加了三十分钟人机对话测试。这对英语教学改革提出了新的要求，而学校的思维广场课恰恰给我们提供了训练口语的最佳平台。相信经过师生两年的努力，学生能对六十个左右的话题进行思考和讨论交流。这样可保证学生对大部分话题都曾经做过思考和相应的口语交流。

5. 有利于学生写作能力的培养。仔细分析上海市近年来的高考英语考卷,不难发现,考卷中的作文题越来越脱离格式,越来越注重要求学生发表对某个话题的看法,近几年它们几乎清一色地要求学生对某件事情做出自己的判断和选择,然后陈述理由。这就要求我们在教学中教会学生活学活用,而不要去死记硬背一些条条框框具有固定格式的"八股"英文,在日常教学中培养学生流畅而富有逻辑地表达是最好的选择,而思维广场的课型正是为了培养大家良好的思维和表达习惯。

6. 有利于听力水平的提高。由于广场课我们的任务设计中基本都需要学生在完成任务前看视频或听音频来完成一些听写任务,所以学生的英语听力会得到相应的培养。

总之,思维广场课是对人的最真正意义上的培养,当人的思维能力得到培养,他们就能学会从各种角度来考虑问题,这将有助于把学生从狭隘的思维中解放出来,使学生学会聆听别人并批判地吸收别人的意见从而增强自身的理解和判断能力,这种批判思维能力的培养将使学生受益终身。

(刘海燕)

# 8 基于高阶思维能力培养的教学
## ——函数与方程解法

所谓高阶思维，通常源于布卢姆的教育目标分类理论，一般而言是指发生在较高认知水平上的心智活动或认知能力，主要表现为问题求解、决策、批判性思维、创造性思维等能力，是学生适应知识时代发展的关键能力。具体就数学课程而言，在《上海市中小学数学课程标准》中，认知水平被划分为记忆、解释、探究性水平三层。在探究性理解水平中，既有"能把握知识的本质及其内容、形式的变化"在知识上的要求，也有"能从实际问题中抽象出数学模型或作归纳假设进行探索，能把具体现象上升为本质联系，从而解决问题"方法上的体现，更有"会对数学内容进行扩展或对数学问题进行延伸，会对解决问题过程的合理性、完整性、简捷性的评价和追求作有效的思考"，要求学生学会评价和思考，体现出辩证和批判思维。笔者认为，处于教育发达地区和不断走向国际化的上海，将高阶思维的要求予以具体落实，不仅是实现低层次教育目标后的必然要求，也是追求个性化教育下"因材施教"的果实，更是从"优秀走向卓越"的一条重要渠道。

人们常说，数学是思维的游戏，学好数学能锻炼思维等等。事实上，思维和数学常常也是互为因果的，对青少年而言，接触数学最多的机会恐怕就是在每天40分钟的课堂上，如果作为教师能利用好宝贵的课堂时间，提升学生的思维能力，进而客观上达到高阶思维的要求，不啻为一条最有效的渠道。下面，笔者就高一数学中方程与函数这一重要专题予以简要分析，从一题多解的角度出发，试图为数学课堂上展示思维教学提供一些启示。

众所周知，函数是高中数学的核心知识，学生在初中已经学习过包括正比例函数、一次函数、二次函数等类型的函数，高中利用集合对应重新定义了函数之后，又研究了初等函数的一些基本性质。而方程来源于实际问题，初中阶段也学会了解决一元一次方程、一元二次方程、二元二次方程组等，但更多的仅仅是就方程不同类型解方程,现行九年级拓展教材虽有篇章阐述一元二次方程与二次函数之间的关系,但并没有深入展开。进入高中,尤其是学完了指数函数、对数函数之后,紧接着再学习指数方程、对数方程,这时,方程的学习与函数就有了更紧密的联系。

**例1** 已知关于 $x$ 的方程 $2\lg 2x = \lg(x^2 + 4x + a)$ 有实数解,求实数 $a$ 的取值范围。

对本题而言,首先利用对数运算性质,化为 $\lg(2x)^2 = \lg(x^2 + 4x + a)$,利用对数函数的定义域和定义域上的单调性,上述对数方程的等价方程为

$$\begin{cases} 2x > 0, & \text{①} \\ x^2 + 4x + a > 0, & \text{②} \\ (2x)^2 = x^2 + 4x + a。 & \text{③} \end{cases}$$

由①式和③式,一定能保证②的成立,因此只要①、③两式成立,其中③式可以化简为 $3x^2 - 4x - a = 0$,显然这里仅仅根据 $\Delta = 16 + 12a \geqslant 0$ 来判定一元二次方程有解是不够的,还需要借助于 $f(x) = 3x^2 - 4x - a$ 的图象,必须存在大于零的零点。这里又有两种情况——如果有两个大于零的零点,那么 $\begin{cases} \Delta = 16 + 12a \geqslant 0, \\ x = \dfrac{2}{3} > 0, \\ f(0) = -a > 0, \end{cases}$ 解得 $-\dfrac{4}{3} \leqslant a < 0$;如果两个零点一个大于零,另一个不大于零,那么 $f(0) = -a \leqslant 0$,解得 $a \geqslant 0$,上述两种情形对应的函数 $f(x)$ 的图象分别如图 1-1 和图 1-2 所示。

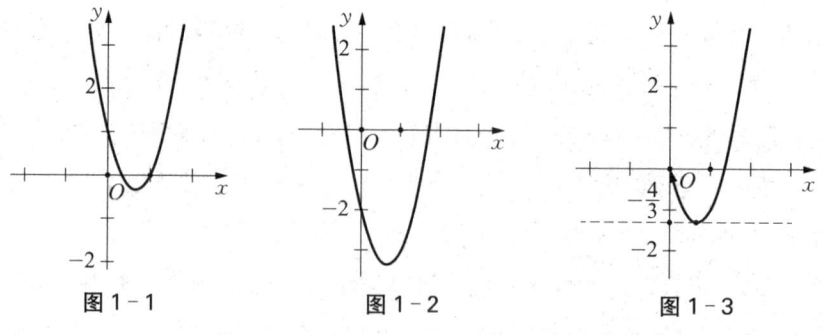

图 1-1    图 1-2    图 1-3

综上所述,实数 $a$ 的取值范围为 $a \geqslant -\dfrac{4}{3}$。需要说明的是,即便结果与仅考虑根

的判别式是相同的,但并不表明不需要考虑 $x$ 的范围——很显然,在某个区间内有解,与在实数集上有解并不等价,即便有时候得到的结果"恰好"相同。

如果把这个关于 $x$ 的对数方程的问题看成关于 $x$ 的函数又如何呢？我们这样解决,③式转化为 $a=3x^2-4x$,令 $g(x)=3x^2-4x$, $x>0$,由图 1-3 可知,函数 $g(x)$ 在 $(0,+\infty)$ 上的值域为 $\left[-\dfrac{4}{3},+\infty\right)$,要使方程 $a=g(x)$ 有解,则有 $a\in\left[-\dfrac{4}{3},+\infty\right)$。

在这个例子中,通常把前一种方法称为一元二次方程根的分布,每一种情形的等价条件不能有疏漏;后一种情形称作为参变量分离,将所求的参数 $a$ 与变量 $x$ 分开,根据函数的值域,达到求 $a$ 的取值范围的目的。本质上而言,这两种方法并无优劣之分,都是函数与方程中较为常见和实用的方法,但有时方程"有解"蕴涵着"只有一解"和"只有两解"两层意思,利用根的分布需要分类讨论,计算上比较繁琐,用参变量分离较为合适;有时求函数值域并不方便,则利用根的分布较为简洁。总之,在一个具体问题中,究竟选用哪一种方法,需要学生根据已有经验和不同问题的特点加以选择,这里也充分体现高阶思维中求解、决策的能力,以及对不同方法的评判,展现批判性思维。

**例2** 已知 $a$ 为实数,讨论关于 $x$ 的方程 $\lg(x-1)+\lg(3-x)=\lg(1-ax)$ 的解的个数。

在这个问题中,先根据对数运算性质,可以将方程转化为 $\lg(x-1)(3-x)=\lg(1-ax)$,它等价于

$$\begin{cases} 1<x<3, & \text{①}\\ (x-1)(3-x)=1-ax。 & \text{②}\end{cases}$$

由于 $x$ 有范围的要求,本题使用参变量分离法较为方便,例如,在②式中,我们转化为 $ax=x^2-4x+4$,由①式知 $x\ne 0$,又能化为 $a=x+\dfrac{4}{x}-4$,亦即 $a+4=x+\dfrac{4}{x}$,令 $f(x)=x+\dfrac{4}{x}$,$1<x<3$,其函数图象如图 2-1 所示。

由图可知,当 $a+4=4$ 或 $\dfrac{13}{3}\le a+4<5$,即 $a=0$ 或 $\dfrac{1}{3}\le a<1$ 时,方程只有一解;

当 $4<a+4<\dfrac{13}{3}$,即 $0<a<\dfrac{1}{3}$ 时,方程有两解;

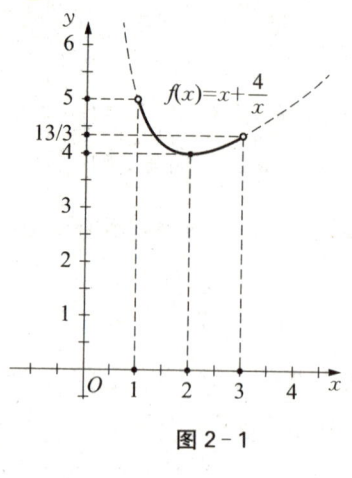

图 2-1

当 $a+4<4$ 或 $a+4\geqslant 5$，即 $a<0$ 或 $a\geqslant 1$ 时，方程无解。

在这个问题中，我们先将参数 $a+4$ 与变量 $x+\dfrac{4}{x}$ 分开，然后在坐标系中画出函数 $f(x)=x+\dfrac{4}{x}$，$1<x<3$ 的图象，常值函数 $g(x)=a+4$ 与函数 $f(x)$ 的公共点个数即是关于 $x$ 的方程 $a+4=x+\dfrac{4}{x}$ 的解的个数，或者更具体地说，两个函数公共点的横坐标就是方程的解。事实上，在这个问题中，并不需要求出方程具体的解，而只需要讨论解的个数。这样，我们就把讨论方程解的个数转化为判断函数公共点个数，就显得比较方便、简洁了。

反之，这个问题如果由②式得到关于 $x$ 的方程，$x^2-(a+4)x+4=0$，要分析在区间 $(1,3)$ 的解的个数，就需要一一击破，例如在 $(1,3)$ 上只有一解，有可能是根的判别式 $\Delta=0$ 的同时根在区间 $(1,3)$ 内，也有可能一根在 $(1,3)$ 内，另一根在 $(1,3)$ 外，就显得较为繁琐。

解决这个问题的过程中，需要学生较高的思维能力，既需要借助以往的经验，又不能简单地照搬照抄，在对数方程和双曲线函数之间灵活转换，方程的根与函数公共点关系的理解等等，也涉及分类讨论、数形结合等数学思想方法，以及关于临界点、端点值等特殊位置的讨论，有较高的思维容量。

例 3　已知函数 $f(x)=(a^2-1)x^2-(a-1)x-1$，对于任意的 $x\in\mathbf{R}$，都有 $f(x)<0$，求实数 $a$ 的取值范围。

在这个问题中，要求对实数集中的任意 $x$，都有 $f(x)<0$，同时，变量 $a$ 既有一次项也有二次项，并且与 $x$ "混合" 在一起，不容易分离，因此解决这个问题利用一元二次方程判别式比较合理。

当 $a^2-1=0$，即 $a=1$ 时，$f(x)=-1<0$ 对任意 $x\in\mathbf{R}$ 都成立；当 $a=-1$ 时，$f(x)=2x-1$，并不对任意 $x$ 都小于零。

当 $a^2-1\neq 0$ 时，$f(x)$ 是关于 $x$ 的二次函数，若要小于零在实数集上恒成立，则函数图象是一个开口向下的抛物线，并且与 $x$ 轴没有公共点，如图 3-1 所示，须满足

$$\begin{cases} a^2-1<0, \\ \Delta=(a-1)^2+4(a^2-1)=5a^2-2a-3<0, \end{cases}$$ 解这个

不等式组,得 $-\dfrac{3}{5}<a<1$。

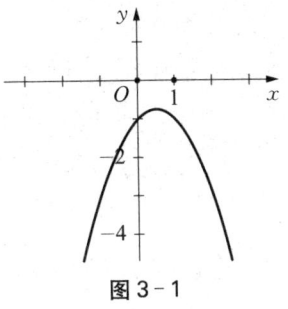

图 3-1

综上所述两种情况,实数 $a$ 的取值范围是

$$-\dfrac{3}{5}<a\leqslant 1。$$

这个问题中,如前所述,用一元二次方程与二次函数的关系来解决较为合适,而不合适将参数 $a$ 与变量 $x$ 分离。

**例 4** 解关于 $x$ 的方程:$\lg(ax)=2\lg(x-1)$。

这个方程等价于 $\begin{cases} ax=(x-1)^2, & ① \\ x>1。 & ② \end{cases}$

其中①式又可以化为

$$x^2-(a+2)x+1=0。 \qquad ③$$

利用一元二次方程的求根公式,解得 $x=\dfrac{a+2\pm\sqrt{a^2+4a}}{2}$;同时,①式也能化为 $(a+2)x=x^2+1$,由②,进一步化为

$$a+2=x+\dfrac{1}{x}。 \qquad ④$$

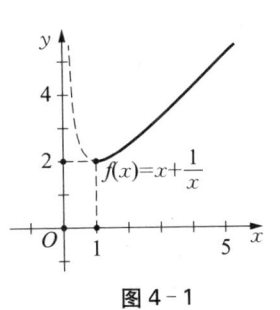

图 4-1

令 $f(x)=x+\dfrac{1}{x}$,$x>1$,函数图象如图 4-1 所示,可知当 $a+2>2$,即 $a>0$ 时,方程有解,并且是两根中较大的一根。

综合以上讨论可知,当 $a\leqslant 0$ 时方程无解;而当 $a>0$ 时,方程的解为 $x=\dfrac{a+2+\sqrt{a^2+4a}}{2}$。

这个问题中,既有将原方程化为关于 $x$ 的一元二次方程的标准形式,如③式;也有如参变量分离为两个函数,如④式。由于本题需要具体地求出方程的根,因此仅仅分离变量无法达到目的,需要利用一元二次方程求根公式求出根;又因为解方程是在 $x>1$ 的条件下,因此仅仅解出方程的根又是不够的,还需

要借助变量分离来确定当 $a$ 在什么范围时有根,利用求根公式得到的两根究竟哪一根才是所需要的。解决这个问题需要综合两种方法,需要更大的思维容量,仅依靠一种较难判断,而如果借助之前问题的经验,调取这两种方法各自的优点,扬长避短,灵活运用之就会显得较为简洁。

上述四个问题只是函数与方程的一小部分例子,但也可以展示学生在领会、掌握基础知识、基本技能之后,如何通过必要的方法和思维练习,解决带参数的方程。这其中既有确定参数的值,也有求解方程本身,类型比较多样。所谓"取法其上,得乎其中",进行这样高阶思维练习,不仅有助于学生掌握相对低阶的要求,对于变化更加多端的不等式"恒成立"、"有解"等类型问题,也是颇有裨益的。

(沈世皓)

## 9　艺术课堂中高阶思维能力的培养
——由音乐剧《悲惨世界》所引发的思考

什么是高阶思维能力？

对于高阶思维，到目前为止还没有公认一致的定义。美国教育家布卢姆将思维过程具体化为六个教学目标：记忆、理解、应用、分析、综合、评价和创造，其中记忆、理解、应用是低阶思维，是较低层次的认知水平，主要用于学习事实性知识或完成简单任务的能力；分析、综合、评价和创造为高阶思维，是发生在较高认知水平层次上的心智活动或认知能力。高阶思维是高阶能力的核心，主要指创新能力、问题求解能力、决策力和批判性思维能力。高阶思维能力集中体现了知识时代对人才素质提出的新要求，是适应知识时代发展的关键能力。

《国家十二五教育规划发展纲要》中指出：提高课堂教学质量要突出学生的主体地位，探索适应学生身心特征和课程要求的有效教学模式，改进教法、学法，引导学生主动思考、乐于探索、勤于动手，培养学生的学习兴趣、创新思维和实践能力。

那如何在艺术课堂中紧跟这一新的教育发展方向，在学生欣赏和理解艺术作品的基础上培养他们对事物的求解、创新和批判的思维能力呢？高二年级上半学期教材中的音乐剧作品《悲惨世界》，引发了我的一点思考。

音乐剧《悲惨世界》是根据法国大文豪雨果的文学巨作《悲惨世界》改编而成，由壮阔的文字幻化为感人动魄的音乐剧。一九七九年，在作曲家 Claude-Michel Schonberg、作词家 Alain Boublil 以及诗人 Jean-Marc Nate 的努力下，厚达数千页的原作小说第一次用法文以雅俗共赏的音乐剧方式，向世人道出法国大革命中小人物的爱恨纠缠。一九八五年，英文版的《悲惨世界》大幅拓宽了法文版音乐剧的格局，在有限的戏段中更深刻地传达了雨果原著的精髓——悲天悯人的博爱精神。英文版《悲惨世界》以直觉式的音乐与歌唱，展现史诗中横跨十九年百余个人物的生命片段，真实地为我们呈现了一幅十九世纪法国那段黑暗的岁月中人民饱受的磨难以及在压迫之下的起义和抗争的场景。

众多栩栩如生的人物形象为我们呈现出了种种不同的人生百态,更加超越了音乐剧本身的局限,引发学生对"人性"有进一步的思索和感悟。在课堂中,除了对主人公冉阿让一生的审视和思考,同时对比剧中的狱警沙威,我请学生尝试在音乐剧中对这两个人物作出自己的评价和提出自己的看法。

在初步的讨论中,学生会简单地将冉阿让定义为好人,而狱警沙威就是剧中的反派人物,是坏人。但随着音乐剧剧情的深入和对音乐的解读,学生在教师的带领下逐步观察到主人公的一系列变化,自发地对主人公的行为进行价值判断,寻求人物行动的内因,并对冉阿让的一生做出个性化的总结,例如人性的转变:从人沦丧为恶魔,又从恶魔变化成为天使。在本单元的最后一课时中,我再次提出对剧中人物沙威的形象进行分析,也请学生谈谈自己的想法。

沙威是单纯的坏人吗?这一次的讨论中,学生中出现了反对的声音。他们在剧作中观察到了沙威对身上"警察"、"法律维护者"标签的执着。在肯定沙威正直、坚毅高贵品质的同时,也批判地指出理性完全主宰了沙威的头脑,导致他很少怀疑自己的判断,从不反思自己的原则。沙威在思想和行为上的固执,直接导致了他最后走上"不归路"的结局。当他开始反思自己的原则,就陷入了永远无法调和的矛盾之中,也理所当然地发展到自我否定这一步,以死亡终结自己的错误。

我想,这些学生在《悲惨世界》中所提出的感想和批判,正是学生在艺术课堂中所要培养的高阶思维能力。引发学生产生高阶思维能力,与精心设计的课堂提问是紧密相连的。好的设问,在发展学生高阶思维方面起着不可替代、重要的作用。有效的教学课堂提问可以开启学生的智慧之门,唤醒学生的求知欲,增强学习动力,同时使课堂充满情趣和艺术的魅力。

"一问一答"式的问题太过于简单僵化,显然不利于学生高阶思维的发展,而过于随意的提问,影响了学生的正常思考,必然使学生学习目的不明确,抓不住重点;提问离题遥远,脱离学生思维的"最近发展区",启而不发;设计的问题过难、过偏或过于笼统,学生都难以理解和接受。最重要的是,提问若只求标准答案,排斥求异思维,那学生偶尔闪现的创造性的思维火花容易被教师否定扼杀,更不利于学生创新思维能力的培养。

在艺术课堂中,为了避免以上充满弊端的课堂提问,常以"谈谈你的看法……","关于……你来说说"等字眼开始提问,不局限答案的范围和深浅,鼓励学生求知的积极性,尝试从各自的角度出发,谈自己所知,说自己所想,给学生思考、创新和批判的空间,实现自主解决问题的思维过程,产生更好的学习效果。

当然,精心的设问只是教师注重引导和培养学生高阶思维能力的一个方面,教师的教学设计仍有很多地方需要改进,以顺应时代要求。培养高中生在艺术课堂中的高阶思维能力,有益于学生艺术思维的发展和艺术素质的提升,并顺应艺术教育改革的方向,体现当今教育的时代特征。

(顾圣婴)

# 10 高阶思维的培养视角下的英语过程写作实践

近几年来,面对全球一体化与信息科技的时代,中外学者对现代教学观提出了一些建议,不少学者主张人们需要改变课程与教学范式,一些学者更提出需要把"高阶思维"结合到学校课程与教学中,以满足当代学生"成为独立的、具创造力的和懂批判思考的人"的发展需求。在西方文献中,高阶思维(higher-order thinking)是个内涵丰富的概念,在研究与教学方面都颇具发展潜力。高阶思维培养作为目标在日常课程教学中的融入,对不同的学科提出了不同的要求。对英语教学来说,过程写作能够集中培养学生高阶思维,具有极高的育人价值。

## 一、高阶思维定义和培养目标

布卢姆认为高阶思维区别于记忆、理解、应用等低阶思维,是需要经过高级认知加工的对事物的分析、评价和创造。

Lewis[①]和 Smith 比较了高阶思维与低阶思维。学习者会用低阶思维来处理信息,如辨认简单的数学符号,但需要运用高阶思维能力去探讨较为高深的议题或解决较复杂的问题。对于任何学习者来说,学习必然需要运用高阶思维和低阶思维。总之,不同阶层的思维能力都是重要的。但传统的学校评估过分偏重择优选拔的功能,考试主导的课程集中评核学生学习的"结果",如记忆、理解等较低层次的思考模式,却不重视高阶思维能力的培养。随着时代的更替,高阶思维成为学校课程不可或缺的教育目标。

西方学说早在 20 世纪 90 年代已提出课程与教学应脱离只重灌输知识的直接传授(Teaching for Transmission),转向"以理解为目的"的教学(Teaching for

---

① Lewis A, Smith D. Defining higher order thinking [J]. Theory into Practice, 1993, 32(3): 131-137.

Understanding)。"以理解为目的"的教学认为完好的学习需经学习者对知识的理解、统合、评估和应用。根据布卢姆的定义,统合、评估正是高阶思维层面的思维能力。因此,课程及教学都必须能培养学生的高阶思维及其他能力,以增强他们持续学习的能力。建构主义知识观也认为,教师应当鼓励学生勇于质疑和探索,自己发展创造意义的策略,而思考策略则是他们建构知识的重要力量。通过思考和实践,将学科知识变成有意义的学习内容,然后构建自己内在的知识体系才是真正的学习,才有机会进行进一步的学习迁移甚至是思维创新。

高阶思维和低阶思维并不是各自孤立的,低阶思维是高阶思维的铺垫,高阶思维是低阶思维的延伸,反过来对低阶思维能力起到督导性的作用。

**二、英语过程写作的理论基础和实践特征**

"过程"这个概念最早是由美国哲学家和教育家 John Deway 提出的,他认为学习是一个过程,要以行动相伴随;"学习必须根植于学习者的实践中,并且由此而产生对信息和新的观点进行积极探索的渴望"(Deway 1938:97);学习是一种使学生基于其需要和兴趣而参与其中的活动"过程"。过程写作法即倡导通过写作来学习写作(learn to write through writing)。过程写作理论主要奠基于建构主义的发生认知论和 Vygotsky 的社会互动学习理论。建构主义强调学习者基于自己与外在环境相互作用建构自己的知识。① Lev Vygotsky 认为社会互动是学习产生的先决条件,学习是由个体、自然和社会环境这三者构成的复杂的动态反映过程。Vygotsky(1978)提出了有助于理解社会如何促进学习者思维方式的三个重要概念:最近发展区(Zone of Proximal Development,ZPD),社会平台(Social Scaffolding)和文化工具(Cultural Tools)。Vygotsky 的社会互动学习理论非常强调人际交流对语言发展的重要作用,正是学生与父母、老师、同学之间的互动触发了语言习得装置。

写作是一个复杂的心理过程,涉及多方面知识和能力的综合运用。Vygotsky(1987)把写作看作"内化了的思想"的外在社会语言的再演变过程,融入了作者有目的的分析活动,因此需要写作者尽可能地浓缩内化了的语言,使写出的东西能够被理解。传统的"学生单独写作,教师单独评阅"的单向交流模式不足以有效地进行写作

---

① Tishman S, Perkins D N, Jay E. The thinking classroom: Learning and teaching in a culture of teaching [M]. Boston: Allyn and Bacon, 1995.

训练,过程写作提出的"反馈"、"修改"的概念,强调英语写作必须在学生与语言之间、教师与学生之间、学生与学生之间的双向交互模式下进行,这样才能还原语言交流的本质,同时也达到学生合作学习的目的。

因此,英语过程写作的实践特征可归纳为三点:

(一)以学生为中心;

(二)双向交流模式,师生、生生互动;

(三)注重反馈以及学生的多稿修改。

### 三、过程写作的实施步骤

过程写作分为三个阶段:写作前、写作中和写作后。

**(一)写作前**

学生在掌握了类型作文的基本布局和题目要求后,对题目主题进行信息收集和词汇拓展。可以依靠头脑风暴法将小组内所有成员的想法收集、筛选,记录下主题相关词汇,以此对自己造成视觉冲击,激发写作思路。由于作文的初稿完成之后要在组里分享,所以学生也明确自己的读者是谁,可做到心中有数,这样写作的文体、语气才能得体。写作前阶段的重点在于"交流"。

**(二)写作中**

初稿的撰写是个人独立完成的,在撰写初稿的这一阶段,写作重点是思路的清晰和行文的流畅而不是语法的正确和语言的准确。但对于英语水平较高的同学而言,必须顾及语言的准确和新颖的表达效果。初稿完成之后,组内成员互阅初稿,并互相点评。生生互动的这个环节是非常重要的。首先,在教师介入之前,学生通过自我修补可以降低紧张感,提升自我效能感。其次,语言是为了交流,其表情达意的准确性只有在交流中才能检验。对于学习水平一般的写作小组来说,中低级的词汇、语法错误可以在这一环节过滤掉70%。学生在组员们的分享和帮助下,建立更大的相关词汇库,并且理清自己的思路以适当修改文章。

**(三)写作后**

修改后的文章因为没有教师的专业介入仍然只能是初稿,但已经比第一稿在交际上更有意义。教师在课后对初稿进行仔细批阅,并就某篇文章写出具体的修改意见,指出语病。

此外,教师选择一篇具有代表性的初稿,在课堂上当场和学生一起修改,学生在修改他人文章的同时反思自己的问题，为二次修改进行铺垫。

由此可见，根据过程进行写作教学，反馈和修改是必要环节。反馈和修改可能要经过几个回合才能磨出一件"成品"。但是打磨的过程是不可多得的，充满了学习契机。

**四、过程写作所蕴涵的高阶思维培养价值**

过程写作的本质包含了合作学习、教师反馈、学生复改三个重要环节。通过小组交流和同伴反馈，学生不仅巩固了自己原来的语言知识（知识技能方面），同时也给其他学生创造了锻炼评价、判断的高阶思维能力的机会。

过程写作蕴涵的高阶思维培养价值体现在写作、小组评价、学生修改等环节中。在写作时，学生对于即将要提笔撰写的初稿准备了充分的材料，便将更多的精力放在评价材料、整理材料和组合材料上；在小组评价中，学生不仅要对同伴的作文进行评价，还要选择恰当的评价方式。在整个过程中，对语言评估始终处于元认知的高度监控之中。小组评价和教师反馈之后，学生修改自己的文章，这时他们必须结合两种反馈，反思自己的初稿，进行再度创作。在整个过程教学中，由于合作学习和过程评价的参与，学生会自然产生思考习惯（Habits of Mind），便使思考逐渐成为习性，进而成为一种生活态度。不少研究高阶思维的学者都认为思考的培育不能只限于技巧上的教导，他们指出"思考的意愿"（Thinking Disposition）才是引导学习成功的要素。[1]

具体过程写作的实施需要一些前期工作。大部分学生缺乏提供反馈的经验，在进行反馈时一般不知道从何下手。因此初次进行同伴反馈的学生一般都要接受同伴反馈培训。培训可分为两方面[2]：一是反馈内容，即让学生明确在同伴的作文中应该关注什么——语言表层错误（如词汇使用是否恰当、语法使用是否正确、大小写和标点符号是否正确等）、结构的合理性（如是否符合题材要求、每段是否有主题句、段落之间是否衔接连贯等）、内容是否全面等；二是反馈技巧，例如如何给出明确的、有帮助的反馈意见、如何明确清晰地表达对文章优点和不足的观点看法等。如果教师平时就惯于过程写作教学，那么学生自然也就对这种评价和学习方式了然于心。在实

---

[1] Borich G D. Introduction to thinking skills [M]// Ong A C, Borich G D. Teaching strategies that promote thinking: Models and curriculum approaches. Singapore: McGraw Hill, 2006: 15-28.

[2] 符蓉，谢章华. 组织学生参与英语写作过程的教学策略探究[J]. 广西教育学院学报，2006.5

际操作过程中,可以通过互评评价表设计一些实质性的指标,帮助学生明确评价的条目。学生在长期的训练中,不仅能增强写作能力和分析、评价、创新能力,同时可潜移默化地提升英语交际能力。由此可见,英语过程写作具有很高的高阶思维教育价值。

(戴 蕾)

# 11 从高阶思维培养角度思考历史学科考试

高考改革,对传统加一学科产生极大挑战,面对新的高考模式,历史学科也面临着如何迅速适应合格考与等级考需求的研究探索。此项目已经启动实施,需要在教育教学实践探索中得出策略。本文主要论述合格考与等级考在内容上的差异,进而探讨在内容差异之下,对学生高阶思维能力的培养。

传统的学业水平考试和高考在考试内容上的差异主要表现为广度和深度,广度表现为学业水平要求的知识点大致是高考的二分之一,2015年高考知识点大约有290个左右,学业水平考则少了很多;深度表现为学业水平考的C级别考点明显少于高考的C级别考点。

目前新的课程标准中,历史学科的合格考与等级考在知识点广度上基本一致,在深度上,级别层次从原来的A、B、C三级调整为A、B、C、D四级,并且新的A、B、C、D四级的含义与传统A、B、C三级不同,A级为印象、B级为识记、C级为理解、D级为运用,其中A级印象是新增级别,假设是为合格考考生设置的低要求考试级别,比之传统学业水平考的A级别识记与鉴别更为简单。D级别运用也是新增级别,比之传统高考的C级别评价与论证就更广泛地考查学生综合运用历史史实、历史方法、历史规律等能力,所以更注重学生的主观学习能力,尤其是思考能力、分析能力、归纳综合能力及主观评价能力等。

示例:拿破仑知识点分析

A级别印象:在考试目标中只要求学生知道有拿破仑这个人,与拿破仑有关的历史匹配项都不需要,如人物国籍法国、人物时间18-19世纪、人物主要历史实践活动、成就及贡献。

B级别识记:在考试目标中要求学生掌握拿破仑及相关史实,并与人物做匹配,如国籍法国、人物时间18-19世纪、人物主要历史实践活动、法国资产阶级大革命、法兰西帝国皇帝、《法国民法典》、对外战争等,但不需要将这些客观史实综合起来对拿破仑进行分析、评价或是判断,简而言之即只考查客观项而不要求主观项。

C级别理解:在考试目标中要求学生对教材中的主观评价项进行理解,依靠教材基本史实达到理解教材主观评价的原因。如教材评价拿破仑极大地推动了法国资产阶级大革命,并巩固了大革命成果,是杰出人物。学生不应当死记硬背这句话,而是要理解教材为什么这样说,在这种情况下,就要求学生能够通过拿破仑的《法国民法典》的具体条款、对外战争的具体措施等历史实践得出他对法国资产阶级大革命的推动作用,这就是对学生的高阶思维的培养,即问题求解能力的培养。

D级别运用:在考试目标中要求学生能够对教材以外的历史材料进行提炼分析,得出对历史人物拿破仑的评价,历史材料中所展现的拿破仑和教材中的拿破仑很有可能是不一致甚至完全相反的,这就是考查学生历史的高阶思维,即思辨性思考。如贝多芬在听说拿破仑称帝后一怒之下把原来献给拿破仑的交响曲改名为英雄交响曲,从中可以看出什么。

以上部分,合格考主要适用于A、B级别,C级别少量,等级考适用于A、B、C、D四个级别,尤其注重C、D级别。在考试目标差异的前提之下,对应的课堂教学策略也将随之分层进行。

首先,合格考课堂教学策略更注重A、B两个级别,也就是对于客观史实的了解和匹配记忆,但教师不应当由此进行机械背诵式教学方法,应当以C级别的主观理解来驱动客观史实的历史场景再现,让学生在特定的历史条件下理解历史史实发生的一系列特性,这样学生才能更好地达成A、B级别的考试目标。

其次,等级考课堂教学策略则是在完成A、B级别后,开始培养学生主观理解和运用,通过思维广场式的教学模式,让学生自己思考、分析、归纳、判断,并得出自己的结论。因此,历史的高阶思维会把已有历史的简单结论进一步升华,从而提升对历史的理性认识。这需要教师在教学中发挥更大的智慧。

以上都是我在教育教学实践开始前的一些猜想和假设,随着教育实践的开展,这个问题会变得越来越重要,我们也会得出更科学的、富有操作性的研究结论。

(金 睿)

# 12 基于"F1在学校"项目教学的高阶思维能力培养实践与思考

高阶思维是指发生在较高认知水平层次上的心智活动或认知能力。它在教学目标分类中表现为分析、综合、评价和创造。高阶思维是高阶能力的核心,主要指创新能力、问题求解能力、决策力和批判性思维能力。"F1在学校"项目正是整合了诸多高阶思维内容,创设了一个高度仿真的环境,锻炼学生的多方位能力。

"F1在学校"(F1 in Schools)国际青少年科技教育及挑战赛2000年发端于英国。"F1在学校"项目是基于约瑟夫·熊彼特(Joseph Alois Schumpeter)的创新理论和现代教育观,以世界F1赛车发展进程中,追求综合科技创新理念、团队合作的运动精神和系统严谨的工程态度为基础而设立的一项适合K7～K12学生参与的综合科技竞赛项目,吸引着全世界越来越多的学校和青少年参与,该赛事每年举办一次国际性总决赛。截止到2015年底,已有50多个国家、20 000多所学校、每年约150万学生参与了不同级别的比赛,该赛事已经成为全球最重大的青少年科技竞赛活动之一。以2015年在新加坡举行的国际总决赛为例,有来自23个国家的47个参赛车队同台竞技。中国派出了3支代表队及1支与马来西亚组成的联队参赛。

## 一、赛事介绍

赛事分为在各个国家内部举行的全国赛和世界总决赛,比赛的总天数为3天,前期需要有数个月的备赛期,比赛3天的内容见下表。

| 比赛内容 | 要求 |
| --- | --- |
| 展台搭建 | 在2小时内自行搭建一个宽3米,纵深1米的车队展台 |
| 计时赛 | 由程序控制自动发射赛车,记录赛车跑完20米计时赛段的时间 |
| 反应赛 | 由车队队员手动发射赛车,并记录车队队员的反应时间与赛车跑完20米计时赛段时间的总时间 |

续表

| 比赛内容 | 要　　求 |
|---|---|
| 淘汰赛 | 反应赛排名前 24 位的车队两两对抗,速度快的车队晋级下一轮,直至决出淘汰赛冠亚军 |
| 团队展示 | 在 10 分钟内全英语展示车队的特色和风采 |
| 技术和工程答辩 | 全英语回答裁判提出的关于赛车设计的各种问题,并提供设计图集及工程图册 |
| 压力挑战赛 | 在 2 小时内完成组委会当场公布的赛题,提交一份 CAD 设计文件及一份设计说明文稿 |

比赛各个环节均涉及对青少年高阶思维的培养,尤其是创造能力的培养,在备赛和比赛阶段中都有充分的体现。

## 二、高阶能力案例

### (一) 案例 1: 车队组建环节

该比赛以车队的形式参赛,每队的人数一般控制在 4～6 人,成员包括车队经理、赛车工程师、制造工程师、资源经理等主要成员,每个人都有自己的专职岗位。这种形式的组队与单项科技比赛组队有许多不同之处。以世界机器人奥林匹克(以下简称 WRO)为例,每队的人数为 3 人,通常这 3 名队员都有着极强的独立思维和实践能力,也就是"全才",因此在处理问题时任何人都能够独当一面。但同时也会伴随着一定的问题,每个人都有着独立的思维能力,当意见不统一时,不容易形成合力,反而不利于问题的解决;其次,这种方式的高阶思维培养有其局限性,即受众面很小,由于选拔要求过高,只有一部分能力突出的学生才有机会参与这个国际赛事。

"F1 在学校"这个项目在人员选拔上与传统科技竞赛有较大差别,由于其不再是一个局限于科技本身的比赛,而是融入了体育、营销、广告、设计、工程等多方面元素的综合性赛事,队员只掌握一种技能是显然不够的,因而在选拔队员的时候我们更偏重选择知识面广,并且有部分特长以及兴趣的学生参与进来,即挑选我们所说的"通才"。这类学生可以参与各类复杂问题的解决,并且能够在自己擅长的领域起到主导作用,带领其他队员形成解决问题的合力,学生的协作能力得到了潜移默化的培养。

学生在备赛过程中逐渐懂得如何最大限度地发挥自己的能力为团队作贡献;不

同才能的队员相互激励、促进,达到共同成长的目的,这是以往的科技比赛难以达到的,也为之后高阶思维能力的培养创造了机会。

### (二) 案例2: 设计赛车环节

"F1在学校"的比赛是以赛车为主的一项赛事,因此赛车设计在比赛中起着举足轻重的作用,也是制胜的关键。如何设计出符合标准速度又快的赛车成为了一个艰巨的挑战,也是整个比赛中最能体现STEAM教育理念(科学 Science,技术 Technology,工程 Engineering,艺术 Art,数学 Mathematics)的环节。设计的切入点首先是基础知识的储备,车子的运动过程主要涉及数学和物理知识。在重温了牛顿运动定律相关内容和计算之后,赛车的设计需要先确定若干个需要优化的参数,此时用到了数学知识以及物理学中的控制变量的研究方法。其次,车身的建模涉及技术和工程领域。所以在优化参数的过程中,赛车工程师需要继续补充多门学科的知识,例如工程建模、数控操作、3D打印、流体力学、汽车设计等专业知识,无形之中提高了自身的学习能力。当然学生在学习这类知识的时候肯定会遇到障碍,此时的知识补充对于学生如久旱逢甘霖,学生非但学得主动,而且学得扎实。

STEAM是STEM的升华,其中主要的差别在于艺术的融入。牛顿说过"除那些真实而已足够说明其现象者外,不必去寻求自然界事物的其他原因";"自然界不做无用之事,只要少做一点就成了,做多了却是无用;因为自然界喜欢简单化,而不爱用什么多余的原因来夸耀自己"。这充分体现了牛顿的简单性的美学思想,赛车设计也同样如此。除了用技术和理论去进行操作外,还要带着美学思想设计赛车。在用风洞模拟的过程中观察白烟的走向,在计算模拟的时候观察汽车的受力图,无不体现了对流线型的线条美和对称美的追求。

在比赛的工程测评环节中,赛车的设计也会成为一个重要评分项目。评委除了对实物进行严格测量外,还会审阅队伍的作品集(Portfolio)。将一个三维实物转化为平面图片,则需要建立在一定的美学基础上。简简单单的工程图,如何能准确又美观地展示在评委眼前,对队员们也是一次不小的考验。因此,整个赛车设计的过程高度浓缩了STEAM的教育理念。

### (三) 案例3: 展台搭建

"F1在学校"比赛的第一个环节就是展台的搭建,而展台设计材料的准备是前期需要自行完成的。展台可以反映出一个队伍对比赛主题的认知程度和团队的合作程度。所有参赛队伍的展台无非包含几个固定元素,展台、灯光、背景、多媒体设备等等。但各个元素的构成、设计及如何搭建则是考验团队创造能力的环节。在这个过程中，需要考虑的不仅是美观这一个问题，也要考虑到诸如预算、周边产品设计、灯光，乃至墙纸的材料选取、装置固定方法等细节，任何因素都可能影响整体效果。例如，选取高亮度灯的时候，如果使用胶带固定灯座，长时间照明后胶带就有熔化的可能，因此要考虑其他的固定方法。诸如此类问题都是需要前期考虑到的。

欧美国家已有多年参赛经验，2015年新加坡总决赛上就呈现出诸多创意展台，例如德国的一支队伍将展台整体带来，不用再对其进行多余的装饰，组装后即成型；美国的一支队伍则利用轻便易携带的管状材料制作支架，加以精致的发光聚乙烯材料装饰，形成独特风格的展台；爱尔兰一支队伍使用了充气垫作为背景墙，只需要短短几分钟就能完成展台的搭建。虽然每个展台的关键元素都差不多，但其设计、选材都能反映出参赛队经验的差距。除了创造力本身，也很容易发现，越是有经验的队伍越是注重细节。例如背景的设计环节，有经验的队伍会设计成挂式的而不是粘贴式的，会选择将背景做成塑料板而不是布，使得视觉效果得到提升。整个搭建环节只允许用两个小时，车队队员需要通力协作才能保证不超时。因此，搭建展台也是最能体现队伍创造能力、协作能力的环节。

### （四）案例4：压力挑战

压力挑战赛要求车队在2小时内完成组委会当场公布的赛题，提交一份CAD设计文件及一份设计说明文稿。高阶思维要求学生具备一定的分析、综合、评价和创造能力，而压力挑战赛是一种没有参考题、没有正确答案、完全开放式的高强度综合创新能力的挑战。

在压力挑战赛之前的备赛过程中，队员们可以通过以往的经验分析、揣测千变万化的比赛题目，在这个过程中队员的高阶思维能力得到强化。经过综合和分析，参赛队员会预测出许多个可能的赛题。在备赛期间，队员们各自都会在脑海中模拟演练这些赛题，并会产生很多种设计方案，是一种类似于头脑风暴的创造过程。比赛的题目也是经过细化的，例如赛前可能猜到会要求设计一个方向盘，比赛时会将赛题加上许多细节性的要求，比如对种类的要求、对扩展功能的要求、对文案的要求、对效果图渲染的要求等。

拿到题目后的2小时，实质考验的是整支队伍的协作能力、决策能力、创造力。队员们需要在尽可能短的时间内确定设计方案、人员分工，制订时间节点。短短两小时内的分工非常紧凑,往往在确定设计方案后,所有队员同时进行各自的任务。队员需要查资料、写文案、建模、渲染等,在这两小时内,对大脑的训练是持续的、高强度的。因而,压力挑战赛是很适合针对高阶能力培养的一种比赛,在创设大背景后,队员们也储备了一定的知识技能,再给予这样一个短时间高强度的思维训练,这比在课堂上进行 40 分钟的思维训练更具有现实意义。

### 三、高阶思维培养的环境创设

"F1 在学校"项目的推广,对我国培养科技、创新人才也有着非常重要的意义。欧美国家自 2000 年该比赛出现后已有十多年的参赛经验,以葡萄牙为例,2015 年全国赛时,参赛队伍就高达 200 多支,而比赛所需要的耗材和资金总量对于学校来说是非常大的,项目的推广显然离不开本国政府和企业的扶持。相比国外,我国的科技教育依然在起步阶段。今年的世界赛比赛期间,官方还为领队和各国主办方提供了培训,在培训过程中,主要介绍了英国政府、企业是如何扶持这个赛事在学校中推广的。以 NISSAN 公司为例,他们设立了一个针对未来储备人才培养的部门,负责开发适合不同年龄段学生了解汽车的课程。例如,针对低龄小学生通过指导他们组装玩具汽车让他们着手了解汽车,对于年龄较大的中学生则组织参观汽车工厂,参与汽车设计。对于参加例如此次"F1 在学校"比赛的学校,NISSAN 公司也会提供资金以及技术支持以培养他们的储备人才。这种培养储备人才的思想是超前的,除了提高企业知名度之外,也提高了企业的美誉度,达到了企业社会共赢的目标。

"F1 在学校"是个整合了科技、体育、营销、广告、设计、工程等多方面元素的综合性赛事。项目有助于教师突破单一学科的分立教学模式。在教师引导下,学生以项目驱动的学习方式增强自身对物理、化学、数学、美术、测绘等学科交叉应用的综合能力。此赛事为打造学校创新课程、建设特色学生社团及创建特色创新实验室带来了新的契机,也将是落实《全民科学素质行动计划纲要(2006-2010-2020 年)》提出的中小学生科学素养工作任务,推进素质教育和 STEAM 教学本土化目标的一个很好的教育实践平台。

学校通过开展"F1 在学校"项目及竞赛活动,提供学生零距离接触新技术的机会。学生通过"F1 在学校"提供的科学、技术、工程、艺术、数学课程的学习,通过不断实践改进,最终将拥有属于自己的创新工程设计,并能实实在在地去实体化自己的高阶思维创新成果。这些充满创造性的优质体验,不仅能开发学生的思维,还能增强他们以自己的创新能力去服务社会及推动社会发展的信心。该项目将会吸引更多的中学生关注世界科学技术发展,扩展学生的国际视野,提高国际合作意识,增强学生的科学研究综合创新素养,为国家培养更多的高素质汽车工业后备人才,提升中国的国际竞争力和影响力。

(杨　浩　王纪华)

## 13  激发学生思维火花
## ——英语拓展课课例研究报告

高阶思维,是指发生在较高认知水平层次上的心智活动或认知能力。它在教学目标分类中表现为分析、综合、评价和创造。高阶思维是高阶能力的核心,主要指创新能力、问题求解能力、决策力和批判性思维能力。以拓展课"民主的脆弱"(The fragility of democracy)为例子,在这节课中,学生进行默读、分组、信息分析与海报制作四个活动,内容是围绕德国魏玛共和国,即1919年至1933年期间统治德国的共和政体,从政治、经济、文化与社会四个方面让学生进行思维的碰撞,领悟新的知识。

纵观整个课堂的40分钟,其中38分钟都是由学生自主地进行探索学习,教师起指导和点拨的作用。在这一节真正把课堂还给学生的课中,他们学得更为开心。在发展高阶思维中的分析、综合、评价和创造能力的同时,学生充分激发自己的思维。

### 一、课堂教学设计

下面我从 WebQuest 的主要倡导者 B. Dodge 博士的教学任务评价机制来说明这节课的设计。

**拓展课教学设计**

| 高阶思维 | 学生活动 | 教学成果 |
| --- | --- | --- |
| 1. 比较、鉴别、阐明事物之间的类似之处和不同之处 | 学生默读手中的文字材料,判断材料的属性方向——经济、政治、文化、艺术。 | 个人独立完成信息分析任务。 |
| 2. 根据事物的属性和特征,将它们分类 | 学生根据手中的材料属性自然分组——经济、政治、文化、艺术四个小组。 | 通过对信息的判断而自然分组,学生核对自己的信息,判断正确性。 |

续 表

| 高阶思维 | 学生活动 | 教学成果 |
|---|---|---|
| 3. 通过观察和分析，归纳出一般化的原理 | 形成四个小组后，组内同学综合手中的所有材料进行分析，根据年代、发展方向等各个纬度归纳分析自己手头的材料，并以自己的理解将更清楚的历史发展框架演绎在海报中。在海报制作的过程中，学生不仅对自己这个方面的历史知识进行更清晰的梳理，还会在讨论和海报制作的过程中产生争议，进行思维碰撞，再综合手头材料得出一个更为综合而成熟的观点，这也正是他们在各种信息中挖掘潜在规律的过程。 | 通过 big paper 的教学手段，为学生创设交际情景。由于是第一次接触这样的课堂形式，学生或多或少有一些窃窃私语的倾向，但学生确实更喜欢这样的形式，更能投入，同时也收获了不少的知识。并且与同伴的交流和互动也带给他们更好的体验。最后从做出的海报来看，设计颜色和内容等方面他们都表现得非常好。 |
| 4. 通过给定的原理和法则，推论出未知的结果 | | |
| 5. 分析错误：找出并阐明自己和他人思维中的错误 | | |
| 6. 找出支持的论据：对每一个观点和看法都要给出支持的论据 | | |
| 7. 概括：找出庞杂的信息下面隐藏的规律和模式 | | |
| 8. 提出观点：能够确定并阐明自己对问题的看法 | 学生成功地制作出一张海报，并能加以评论与讲述。 | 习得信息的深化。 |

## 二、课堂教学开展

### （一）背景介绍

TEACHING PLAN

WE & THEY    6TH PERIOD

14TH OCT

BY：HUANG XIAOLIN

**The fragility of Democracy**

本学年我在高二年级开设了 WE & THEY 的拓展课，这一系列课程以二战期间犹太人所遭受的痛苦经历为历史载体，让学生领悟到我们面临的选择，选择时的考虑，我们和他们的判断。这节课的内容是关于德国魏玛共和国，即 1919 年至 1933 年期间统治德国的共和政体。由于共和国的宪法（一般称之为《魏玛宪法》）是在魏玛召开的国民议会上通过的，因此这个共和政府被称为魏玛共和国。共和国于德意志帝国崩溃、德国在第一次世界大战中战败后成立。虽然共和国废除帝制，但仍然保留以前的正式国名德意志国家或德意志帝国（Deutsches Reich）。魏玛共和国这一名词，是后世历史学家对它的称呼，从来不是共和国的官方名字。

## (二) 教学重点与难点

Learning outcomes

1. Develop an understanding of the events that led to the formation of the Weimar Republic in Germany

2. Gain an understanding of the political, economical, social, artistic and cultural trends during the Weimar Republic

3. Explore the political choices that were available to the German citizens

4. Create and present political posters for a particular political party

5. Consider why the democracy in Germany failed and gave way to fascism

## (三) 教学流程

Student activity

1. Silent reading

2. Group formation

3. Poster making and reflection

4. Group moving and reflection

5. Class discussion

## (四) 课后反思

这节课的整体实施基本都达到了课堂设计的要求,分组以及照片与事件描述的配对任务中,学生都完成得很好。通过 big paper 的教学手段,为学生创设交际情景。由于可能是第一次接触这样的课堂形式,学生或多或少有一些窃窃私语的倾向,当然学生确实更喜欢这样的形式,感觉自己更能投入,同时也收获了不少的知识。并且在与同伴的交流和互动中,他们也取得了更细微的收获。最后从做出的海报来看,他们在设计颜色和内容等方面都表现得非常好。

## (五) 课堂展示及海报照片

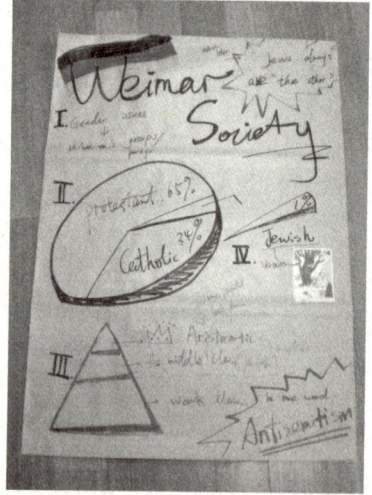
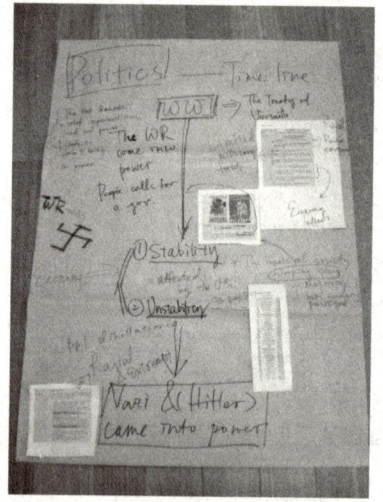
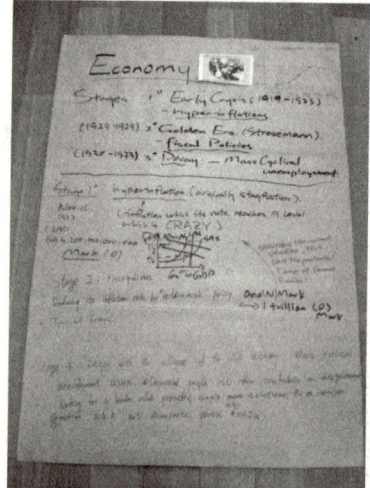
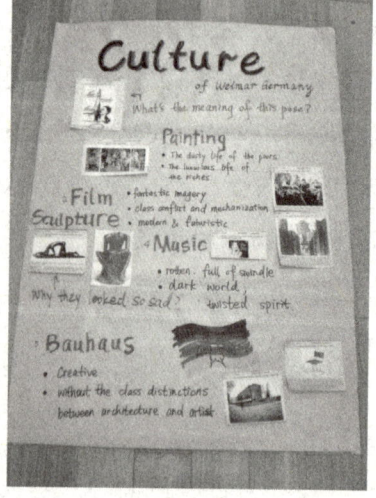

Content

The history of the Weimar Republic (1919~1933) illuminates one of the most creative and crucial periods in the twentieth century and serves as a significant case study of the critical issues of our own time.

Economics

- By the end of 1924, the Weimar Republic appeared to have survived its crisis and to have entered a period of stability. The second election of 1924 had seen movement away from the extremes and towards those parties that were more supportive of the government.

- The period from 1924 until 1929 is often called the "Golden Age", a time of great possibility when Germany achieved international acceptance, the currency was stable and production and real income were on the rise. Terrorist murders had ceased, and neither left-wing uprisings nor right-wing coup attempts threatened the very existence of the Republic itself.

- The world depression, which began in 1929, brought misery and despair to Germany. The dramatic fall of American corporate stock prices and the failure of banks led to investor panic and the need to bring American capital invested abroad back to the United States.

- As a result of the Dawes and Young Plans, Germany had received much of this American capital in the form of short-term loans. German industrialists had invested this money in long-term projects, which could not be easily liquidated.

- The American call back of loans brought much of the German economy to a standstill. Millions became unemployed and the Government chose a policy of budget reduction rather than expanded social services. Corporate greed and labor union inflexibility compounded the situation. Germans felt anger, despair and hopelessness as they waited on lines for whatever work was available or to receive charity to feed their families.

Society

- While no overt violence against Jews took place in Germany in the pre-World War I years, strong currents of Antisemitism existed.

- German society was dominated by a strong sense of insiders and outsiders and Jews were most often held up as the prime example of "the other".
- As Jews — who had been equal before the law since 1871 — became more successful during the Weimar years in the arts, the press, law, and medicine, hostility toward them rose. While many Jews were also successful in business, they by no means dominated the German economy as their enemies charged, and Jews were generally a middle class population.

Culture
- Weimar Germany was a center of artistic innovation, great creativity, and considerable experimentation.
- In film, the visual arts, architecture, craft, theater, and music, Germans were in the forefront of the most exciting developments.
- The unprecedented freedom and widespread latitude for varieties of cultural expression led to an explosion of artistic production.

Politics
- 1932 election ballot featuring 36 parties. Many political parties existed only on paper. The number of different groups made it difficult for any single party to gain a majority in parliament.
- Nazi Party Platform
- Description: In February 1920, the National Socialist German Workers' Party (Nazis) came up with a 25-point program. Included in the party's new program were the following points:
- A union of all Germans to form a great Germany on the basis of the right to self-determination of peoples.
- Abolition of the Treaty of Versailles.
- Land and territory (colonies) for our surplus population.
- German blood as a requirement for German citizenship. No Jew can be a member of the nation.
- Non-citizens can live in Germany only as foreigners, subject to the law of aliens.

- Only citizens can vote or hold public office.
- The state insures that every citizen live decently and earn his livelihood. If it is impossible to provide food for the whole population, then aliens must be expelled.
- No further immigration of non-Germans. Any non-German who entered Germany after August 2, 1914, shall leave immediately.
- A thorough reconstruction of national system of education. The science of citizenship shall be taught from the beginning.
- All newspapers must be published in the German language by German citizens and owners.
- The failure of Germany's first true democracy was the result of choices made by Weimar Germans during its brief life.
- In every historical period major developments such as wars, peace treaties and economic crisis limit the freedom of individual action. Certainly for Weimar Germans defeat in World War I, the Versailles Treaty, inflation and depression made the development and survival of democracy difficult.
- Yet while these factors were important they did not doom the Republic to inevitable failure. Within the limits imposed by these major factors numerous courses of action and results were possible and were determined by decisions and choices that individuals made.
- The fate of the Weimar Republic was in the hands of its leaders and its citizens.

（黄晓琳）

## 14 为高中生的高阶思维发展创造良好的平台
### ——优质体验下的机器人教学

作为学校的机器人教练已经 15 年，在此过程中我逐渐积累了一些经验，其间并不是一帆风顺的，不可避免地也走了一些弯路。机器人教学这一门新兴的课程，既不是基础型课程，也不是考试课程，它的地位非常微妙。在如今高度发达的互联网时代，如何让学生喜欢上这门课程，就要看授课老师是如何驾驭这门课程、如何让学生得到优质的体验。当然，在保证学生能获得优质体验的同时，这门课程如果不能让老师也获得同样的优质体验的话，这门课程的发展也会受到阻碍。

市西中学在机器人教学领域，有着一定的基础和经验。从 1999 年开始，市西中学就着手建立机器人实验室。那个时候机器人在中国还不是很普及。可以说 1999 年，正是机器人踏入中国教学领域的第一年。记得当时我在上机器人课的时候非常紧张，因为我没有教材，没有教学大纲，没有视频可以参考，也没有案例可以仿照，甚至没有带教老师可以给我经验。从现在的眼光来看，我那时的教学体验是不够理想的，教师并不能获得成功的优质体验。好在人有创造性，人有高阶思维能力，每一次改变、每一次创作都来源于生活，来源于实践，来源于解决现实中问题的需求。从最近的创新论坛上，我也得到了这样的印证，各个行业可能在十几年前就已经遇到了各种问题，选对创新平台，选对创新的方向，那么这个行业就有了新的增长点。我十多年来的成长也是如此，在不停寻找让我有优质体验的教学方法。可以很自豪地说，我暂时找到了一种相对可操作的方法，可以让师生共同拥有优质的体验。在互联网环境下，能在激烈的竞争中生存下来的，无论是门户网站，还是各种软件，都让用户得到了优质的体验。在教学领域中，机器人就是一个能带来优质体验的非常好的载体。下面我来给大家分享一下这十多年来我在机器人教学和机器人竞赛团队建设中所积累的经验。

人们一说到机器人这个话题都会非常兴奋，无论大人还是孩子都对这个主题非常感兴趣。任何学科的教学,只要学生有兴趣,就等于得到了一把钥匙,能帮助所有的参与者打开这个领域的大门。但是为什么有的老师给了参与者这把钥匙,自己却得不到优质体验呢?让我把话题转向一个心理学的领域。很多人是将自己的兴趣和爱好混为一谈的。我对一件事物有兴趣,那么我就一定爱好它吗?比如一些人对保家卫国很有兴趣,但是看到真正的解放军每天在训练场上摸爬滚打风吹日晒,其中不少人就会改变当时的想法了吧。又比如有学生对当程序员很有兴趣,但是当看到真正的程序员需要看厚厚一打天书般的编程手册编程指南,以及看到程序员为了测试程序经常日以继夜连续工作的时候,大部分人对学编程的想法也会变得更现实一点了吧。同理,当老师将兴趣和爱好混为一谈时,那么你所创设的氛围会让你离优质体验越来越远。中国的高中生,极少有知道自己的兴趣和爱好到底是什么的,因为在中国,学生在填表格时,兴趣爱好往往是写在同一个栏目中的,它们被人为地混为一谈。我认为,每个人的兴趣可能非常广泛,他可能看到任何一个新鲜事物都会觉得很有兴趣,但是他不一定真的爱好。那么到底什么是爱好?我认为:爱好就是一个人,在闲暇无聊时,脑海里自然闪现的第一个念头——我非常想要去做什么,这所想的就是他的爱好。他每天醒来,最可能想到的第一件要去做的事,而且是迫不及待想去做的事,才是他的爱好。

如何将爱好和天赋这两个概念区分清楚?我个人认为爱好和天赋并不是一回事,爱好是他想要做什么,而天赋是他天生就能做什么,这两者也不能混为一谈。也就是说,你天生就能做的事情,并不一定是你喜欢做的,而你喜欢做的事情并不一定你真的能做好,这就是天赋和爱好之间的区别。世界上爱好和天赋高度统一的人是非常罕见的,所以教师在"伯乐识宝马"的过程中需要仔细审视。

在机器人课程教学的过程中,招生是一个非常重要的环节,如果这个环节没有把关好,那么教学的优质体验是很难落实的。如果作为科普性质的课程,那么报名参加的要求就非常低,只要你有兴趣就可以让你来体验。但是这种体验不可能是深入的,只可能是浅层的。如果你以参加竞赛作为目标招募,那么选择的就应是真心爱好机器人学科的发烧友了。

以下是我挑选竞赛团队成员的方法,仅供大家参考。

首先,必须要让家长和学生达成思想上的共识。学生是否真的喜欢机器人当然是很重要的,而家长是否真的支持学生投入机器人的活动中其实更为重要。如果家长和学生双方不能达成共识,那么这位队员就不能参与到团队中,他只能选择参与机器人的科普类学习。这虽然看起来非常残酷,但这是必备的前提条件。作为带队老师是不能把摇摆不定的孩子带到有高度统一目标的团队中的。老师就是要用正确的方法,选择那些真正把兴趣和爱好相统一的学生,更理想的是把那些爱好和天赋高度统一起来的人挑选出来。人群中爱好和天赋相统一的孩子比例并不高,但是老师应该有适当的办法来发现他们,给他们更多的机会。

其次,需要对自愿入队的学生做深入的考查,以甄别到底哪些孩子适合留在竞赛团队中,哪些孩子只适合留在科普教学类的机器人学习中。那么我用的方法是什么呢?非常简单,就是整理机器人器材。机器人实验室里有数万个不同种类、不同形状及不同颜色的零件。这些零件在经过一年的使用后,往往会被队员有意无意地散落在各个角落。作为机器人项目的教练,每次打扫教室都感到极为痛苦繁琐,因为你会发现满地都是各种零件,你想找的零件往往被埋在零件堆里找不到。对于新手,要学的第一个本领就是整理零件。这个简单的工作不仅可以让他们帮学姐学长完成繁琐的归类整理任务,同时你也可以发现他们在整理的过程中是如何去分类识别这些零件的。对于带队教练来说,这往往是一个观察学生的思维能力的非常好的契机。有的学生是逐个零件分拣,而有的学生是按照一定的规则来寻找。一些对零件非常敏感的同学他们就会采用先按照颜色来进行粗略的归类,而后按照形状来进行细致归类,最后按照各种形状的功能来归类。天生具有这样的快速分类思想的学生显然要比那些逐个进行分类的学生速度快得多。有这样的思维能力的学生会在之后的学习中显示出其统筹能力的优势,因为他是在规划完之后才动手实践,这些学生非常适合进行项目规划,并成为团队领导人。当然也有些学生,虽然方法比较笨拙,但是工作态度非常认真,每天都肯用足量的时间来完成指定的任务,并能够一直坚持下去。这样的学生有耐心、有毅力、能吃苦,也是团队中不可缺少的一类人。当这些学生坚持在实验室内整理零件满100小时,他们就通过了我的考查,获得了进入我团队的初级资格,这是靠他们自己的劳动成果换来的。当然此时不乏有一些学生,已经快到达承受的极限,如果持续施加压力可能有些同学会坚持不住,那么这时候就应该让他们享受一下优质体验带来的快乐。

之前已经提到过,兴趣是最好的老师,当然如果爱好和兴趣是相统一的,而天赋又与爱好相同,那就再好不过了。在我的团队里面,大部分同学都属于这种情况,整体素质非常理想。之后该如何提升他们的优质体验,那就要靠老师自己的聪明才智了。

我的第一种做法是营造一个能让学生产生优质体验感的氛围。

曾经看过谷歌公司的工作环境,也曾经看过微软公司的工作环境。这两家非常注重创新的公司,都很讲究让员工有一种非常轻松和惬意的氛围。为什么他们那么注重打造这种氛围呢?是因为你如果沉浸在这样一种轻松愉悦的氛围中,你会很放松,思路就自然被打开,创意就会自由飞翔。我认为这才是这些公司具有无穷的生命力的原因。我所打造的机器人实验室正是基于此。

听过一些专家说打造一个机器人实验室非常简单,只要搬进桌椅板凳,并在墙上刷一些颜色,贴一些宣传画,这个氛围就营造好了。可事实上真的是这样吗?我曾经尝试过用类似的方法来营造氛围,但是时间长了学生会感到腻味。我的实验室经过多次改建的实战,证明了一成不变的实验室是不能让他们喜欢的。那么我该如何来打造这一环境呢?在最近的一次实验室改建过程中,我和学生一起做了深入的探讨,充分了解他们希望实验室被打造成什么样子,他们需要实验室具备怎样的功能及他们希望实验室能如何满足他们的要求。通过对比很多设计师的设计图纸及学生们的需求,我发现大人眼光中的实验室和孩子们眼光中的实验室完全不是一回事。本着尊重那些需要每天都将课余时间扑在实验室中的孩子,以优质体验为基本宗旨,重新设计个性化的实验室才是我应该做的。那我们是怎么共同设计的呢?

首先实验室要具备几个特定的功能:教学功能、储物功能、宣传功能、创意展示功能、创意制作功能。下面就对这五个功能做详细的阐述。

教学功能是机器人实验室非常重要的功能,因为所有孩子在新手上路的时候都会遇到这样那样的问题,无论你采取的教法是怎样的,用演示的方法来对学生进行基本概念的教学是必不可少的。但是传统的课桌椅并不适合机器人教学这个氛围,学生和我不约而同地提到,学习机器人知识就应该四周围都被机器人所包围才学得带劲。于是我们对所有的桌椅都重新进行了设计,颠覆传统的课桌椅的设计理念。教学区中的桌子是一个非常重要的元素,因为它的设计会直接影响教学的方式。我们所设计的桌子是一个带倒角的长条形,桌子的长度能满足四位同学面对面坐在桌子两侧,同时在桌上堆放三个标准零件盒的需求。由于桌面很快会被作品与零件占满,所以高效的空间利用就显得非常重要。我们向上层空间寻求解决的方案,在桌子的上方设计了两个横隔,它们能起到非常好的放置物品的作用,既可以放置笔记本,也可以放置零件盒,更可以放置他们临时搭建的作品。这对于每一组学生来说都是一个非常好的展示空间,他们可以有效地管理自己的空间,并向他人展示自己的工作进度。事实证明每位学生都很喜欢自己的展示空间,都会精心营造一个值得骄傲的氛围。教师讲台的设计是很有讲究的,我没有采用传统的铁皮桌子,也没有采用传统的课桌。经过大量的考证,我发现教师的讲台如果设计得生动活泼,那么它也将大大提升学生抬头和你进行眼神交流的动力。我们共同设计的讲台是一个以积木为原型的长条形讲台,讲台上既可以放置一些教学用品,也可以设定一些任务或放置一些其他设备,总之空间足够教师使用。许多讲台的设计只是提供了老师一个放置教具的空间,我们所设计的机器人实验室的讲台,还具备有巨大的存储空间。在台面下有约 $4 \mathrm{~m}^3$ 的巨大存储空间,可以临时摆放很多不同的教学工具,非常实用。我们在教学区还设计了一个非常大的活动桌,它是由两个大的活动桌拼接而成的,每个活动桌的台面约有 $4 \mathrm{~m}^2$。巨大的钢化玻璃桌面可以承载相当大的重量,并可以让学生看到钢化玻璃下的内容。钢化玻璃下有三层抽屉,第一层抽屉拉开以后可以作为桌面的延伸,使得整个桌面扩展一倍。将抽屉的第二层拉开和第三层拉开以后你将看到的是巨大的小零件存放空间,每个抽屉的空间设计是非常讲究的,抽屉的高度都不足 5 厘米。限高原因在于,当你在一堆零件中寻找自己想要零件时,你将会发现如果零件堆叠得比较高,那么零件的寻找效率就会比较低。所以我们的每个抽屉设计的高度都严格限制在 5 厘米以下,这样每个抽屉中零件的堆积不会超过两层,对于快速寻找零件带来的巨大的好处不言而喻。

可能最容易被忽略的就是实验室的储物功能,因为任何实验室的空间都是有限的,高效地利用每一寸空间是非常重要的。而经过大量的统计证明,学生每次进入实验室都会把书包和衣物随意堆放,这样就会造成有效工作区被大大浪费。所以为何不在设计实验室的时候就在存储空间上动足脑筋?第一个方案就是在实验室的后墙设计一排橱柜,以供学生放置书包和个人用品。训练学生每次进实验室的时候就养成习惯,在实验室内只做和实验室有关的事,而不要把无关物品带入实验室。这样的设计才能提高在实验室活动的工作效率,这一点被实践证明极其有效。我们的设计理念就是,将随意堆放书包的空间集中在一个统一的区域,这等同于增加了所有实验空间的有效使用面积。

充分利用储物空间,就需要在设计时考虑到各种储物功能。我们在设计的时候,部分存储空间采用了箱式结构。在箱盖关拢的时候,整个箱柜既可以当桌子也可以当椅子,在盖子打开时,就能看到一片连体的巨大存储空间。这就是巧妙利用各种空间的原理,我甚至在桌腿部分也做了这样的设计。我们的大型工作台就是将桌面和桌腿做了分体式设计，桌腿本身就是一个巨大的存储空间，它能和桌面连成一体也可以和桌面相对分开。这样学生就可以非常方便地组合，通过不同的拼接方式形成不同的工作造型。这种千变万化的组合造型才是实验室的活力所在。

一些硬件的功能可能比较好理解，那么宣传功能到底指的是什么呢？其实在机器人实验室中，宣传功能指的是历年来的一些优秀传统如何被传承。我和学生共同设计时，采用张贴肖像的方法来宣传历年来那些拼搏奋斗并获得过优良战绩的校友们，这些人像共同组成了市西中学机器人名人墙。虽然看似这个名人墙并没有多少技术含量，但是它对学生的心理暗示作用是非常大的。很多新来的学生，刚看到名人墙的时候并没有触动，但在他们逐渐体会到在实验室中的艰辛后，是什么支撑他们坚持下来？其实他们会不时凝望名人墙，会受到一种无形的激励。他们会感到是否获得比赛一等奖并不是很重要，重要的是他们在毕业以后照片也能被贴到名人墙上，因为这是一种荣誉，是对他们所付出的努力真正的承认。当他们返回母校看到自己的照片粘贴在名人墙上，那该有多么自豪。这就是我所谓的宣传作用，也就是优秀传统的传承效应。至今名人墙已经更新了三次，除了个人肖像以外还有集体的群像。看着团队里熟悉的队友照片被贴到名人墙上，对于所有的队员来说都是一种激励和鼓舞，也给了参观者极大的触动。上名人墙的资格限制是非常严格的，首先他们必须是实验室的优秀成员之一，其次他们必须在实验室内总活动时间超过 1 000 小时，再者，他们必须在自己参与的竞赛中勇于拼搏，并获得市级一等奖以上的名次。对所有人来说，这都是不容易做到的，但是事实上每年能做到的队员越来越多了。这就是实验室的宣传作用，名人墙也成为了我们学校的一大景点。

机器人实验室是神秘的，那么如何向大家展示我们机器人实验室团队成员的创意呢？那就要有创意展示空间。我们所设计的创意展示空间就在我们的教学区桌子的顶部横隔，因为在那里最适合摆放创意展示作品。选择这个位置是有讲究的，因为创意作品并不是所有人都可以直接触碰的，特别是队员的半成品。放在桌子的最顶部既可以防止别人随意触碰，也方便向他人展示自己的作品，起到了一举两得的作用。当然我们也有一些大型的创意作品，并不适合放在教学区桌子的顶部，所以我们还设计了 3 $m^2$ 大小的两个桌子，专门放置大型创意作品。由于每年都有创意赛，所以每年的作品各有特色，将这些作品展示给大家会让作者感到非常自豪。机器人实验室的优点就在于每年都有不同，即便你今天来看过了，明天来看也可能不一样，这就是一种氛围。

接下来我们来讲一下创意制作空间,其实这个空间与国外非常流行的创客空间很类似。我们的理念是:学生只要有创意千万不要留在脑海里,一定要把它付诸实践,留在脑海里的创意谁也看不见摸不到,我们要将这些创意都做成实体,不要让它们一直以虚幻的状态存在,一些简单的电动工具和一些常用的机床,就是我们的创意制作空间所必备的工具。你不用担心学生不会使用,其实,每一个经过挑选的学生都有极强的动手能力。他们在模仿实践后很快就能掌握使用工具的技巧。如果你看到他们在不同的板材上钻孔,在不同的板材上画线,在不同的板材上做的切割,你会很惊讶高一学生的创造力是有多么强。

实验室的环境布置其实是非常容易被模仿的,因为它们只是骨骼和肌肉,属于硬件。如何让这些硬件发挥的真正实力那就要靠大脑创造性地驾驭这些硬件。所谓大脑就是教师的教学策略、教学方法以及团队管理方法,这才是真正精髓所在,也是最能体现个性化的环节。

下面我来阐述我的教学策略和团队管理方法。

其实对于动手类的课程来说,最重要的一点就是要在课程内容设计时候遵循最近发展区的原则。学生每次需要完成的任务难度都应设定为他们在能力基础上稍作努力即可达成,让他们时刻拥有优质体验,而不是设定可望不可及的难度。对于教师来说设定适合难度的任务布置给学生,不是一件很困难的事,困难的是在设定的课程任务中,如何让他们每次都能得到优质的体验。经过长时间的摸索,我创立了一套非常有趣的半野生教学法。

半野生教学法的诞生说来非常有趣,这个方法没有现有的理论支持,而是在实践过程中偶然发现的,并逐渐丰富了它的内涵和外延,获得了极好的效果,在多批次学生中都得到了检验,说明它是切实有效的。

先来谈谈这个方法是如何诞生的。十多年前我开设的机器人课程只属于体验类的课程,我参考了国外的各种教材,选择了其中一些简单的任务布置给学生。当时的器材可靠性并不是那么高,经常会发生芯片故障、程序无法导入、设备无法启动、电源供电不稳定等问题。在课堂上遇到此类问题,唯一的解决方案就是即时进行检修。如遇到一些复杂的问题就需要回到实验准备室,进行拆解和进一步检测以找到真正的原因。由于每次故障都是发生在课内,而我又不可能预测哪一台机器人在课内会突发故障,所以解决的过程也必须在课内完成。这就给我带来了一个新的要求,我必须把检修的过程作为教学的一个必要环节加以考虑。这样做必然会打断教学的连贯性。为了在课堂上减少老师不在时对学生带来的影响,我就刻意将每次的任务分为三个阶段。第一个阶段是布置任务,用极短的时间把布置的任务阐述清晰,第二个阶段就是放手让学生小组完成任务,其间可能发生各种设备故障,我就有充裕的时间逐一进行排查,第三阶段在课程将要结束的时候,我回到教室,并对所有的学生进行点评。看似这个三段式的任务是因为设备可能会有故障而不得以为之,事实上达到的效果却令人惊喜。每次布置的任务虽有所不同,但是我每次回到教室以后,在点评前常发现所有的小组完成任务的搭建方法都有所不同,编程方式也极具个性。他们在完成任务时,完全无视我的不存在,他们自己乐在其中。这不禁让我有所反思,这是一种偶然现象还是一种必然的结果。经过一段时间的观察,我发现这其实是个很有趣的心理现象。在孩子心目中老师是非常神圣的,他们是知识的化身,是正确答案的来源。当老师在某些关键时候离开课堂,学生发现他们的标准答案不见了。对于九零后这些以自我为中心的孩子来说,与其说他们会相信同龄人,还不如说他们更相信自己。于是他们在完成任务的时候,从来不会模仿别人怎么搭建,他们都认为自己搭建的是最好的。即便他们搭建的速度非常慢,即便他们搭建的作品非常难看,即便旁边的小组早就已经搭建完毕,他们也绝不会去抄袭。这可能在传统的课堂上很难遇见,而机器人的课堂上几乎每次都是如此,这不正是他们的创造力所在吗?我离开教室的行为,不正是给他们一个宽松的环境吗?

于是之后的课程,我开始有意识地创设这样的环境。随着机器人硬件设备的可靠性逐年提升,在课堂上发生设备故障的几率越来越少,而我依旧会有意识地离开教室,让他们尽情发挥。而每次回来他们都会给我惊喜,看来我的离开才是关键点,与设备的可靠性并无多大的关系。之后一次偶然的机会又看了一次日本的电影《狐狸的故事》,影片中讲述了狐狸妈妈在小狐狸长大以后,强行将它们赶出了自己的窝,逼它们独立生活。虽然很多家长都认为现在的孩子独立性很差,但是事实上是不是真的如此?家长有没有给孩子创造这样的环境,有没有给他独立行事的机会呢?只要你给他这样的机会,他就能展现出自己的独立性,在机器人的课上不正表现出这样的独立性吗?由此我总结了自己的教学方法,将它称为"半野生教学法",这个方法沿用至今。我与许多同行都进行了交流,我相信这样的课堂教学无论是让谁来驾驭都会觉得无比快乐。老师轻松地在课堂上扮演引导者,而学生扮演真正的课堂主导者,这应该是我们现代教育所追求的一个最好的结果吧!

经过一段时间的摸索,我在课堂实践中对"半野生教学法"进行了一些改进,我感觉离开教室虽然是一个可以引发良好结果的行动,但是并不符合教师的日常教学规范,更让我错失了很多精彩的环节。我没能观察到他们是如何思考,如何完成他们的创意。于是我将第二阶段从离开教室改为旁观和记录。这个改变也很受大家的欢迎,虽然我没有离开教室,但是我不接受提问,对学生来说我只是一个透明人。我用相机记录他们的一举一动,将关键的画面定格下来。我在下一节课开始前,与他们分享这段有趣的过程,起到了更好的效果。

回到我们的主题,我是如何在"半野生教学法"中实现优质体验的。学生在没有老师束缚的情况下,充分发挥了他们的创造力;老师在没有课堂压力的情况下,充分享受了学生的创造力带来的乐趣。这难道不是我们课程教学改革所追求的目标吗?大家都在欢乐的气氛中完成了学习,孩子们的天赋和创造力都得到了充分的展现。这样的氛围中,学生的高阶思维能力得到了大大的提高,他们与同龄孩子交流中也显示出了他们思维方式的超前性。

将"半野生教学法"应用在体验式课堂教学环境中其实并不是很难,即使是新手也可以轻松驾驭,这是一种可复制的方法。不过在带竞赛团队的环节,教学策略的实施难度就提升了很多。我就一些带队的经验也做一下总结。

其实那么多年带队的经验给我的启示是,机器人竞赛团队中学生的技术水平并不是最重要的。最重要的是什么呢?是团队的凝聚力,这决定了团队的成就高低。其实我的方法还是遵循最广为人知的木桶原理,着力打造一支综合素质非常强劲的团队,而不是只培养一到两个综合素质非常高的个体。以前大家都听说过一句话:"中国人,单个是条龙,抱团就是条虫。"我希望我带的团队抱团是一条巨龙。

机器人团队的成员都是活生生的学生,如何选材是非常有技巧的。之前我已经阐述过有兴趣的并不一定适合加入竞赛团队,即便是爱好机器人的学生也不代表他就很适合机器人竞赛团队的氛围,每个人都需要被考量一番。

我的选材方式比较特别。很多教练选材都只重视他们的机器人技能,而不重视他们的心态。我选择队员时,主要把握他们的心态,既有技能还有良好心态的队员才是我要的。我的选材模式可以用"吹风机"来形象地比喻。机器人这个名词就像吸铁石一样,可以牢牢抓住很多人的眼球,包括家长和学生。但是这些学生是不是真的适合进入机器人团队呢?这要通过各种考验来衡量。所有入队的学生,都要先和我一对一面谈,因为他们可能耳濡目染过很多机器人团队所创造的成就,但是他们从来没有听到过机器人团队所经历的那些艰辛。中国的教育往往会强调那些大家熟知科学家们所获得的成就,但是他们是如何达成这些成就的艰辛过程是被一笔带过的。无论是家长还是孩子,都可能只看到了结果,而忽略了过程。对要培养高阶思维能力的团队来说,他们必须要能承受艰辛过程所带来的压力。

  我的"吹风机"原理很简单,在他们还不了解团队到底要做什么的时候,就要提前告诉他们所有的困难。比如他们可能需要花 100 小时整理器材,是否有耐心坚持下去?加入机器人团队势必会占用他们的课余时间,他们会来不及做作业,有可能会影响他们的考试成绩,父母是否会心疼他们?机器人团队中有一些训练是需要体力的,他们能否承受搬运设备带来的身体上的压力?因为在团队中一切都要靠自己,没有后勤部门。他们是否能忍受备赛过程中不断失败,不断重来,甚至在淘汰赛中第一轮就被淘汰带来的心理压力?他们是否能承受为了备战熬夜加班,3 天只睡 4 个小时的压力?他们是否想到过可能班主任会不支持,其他任课老师可能会经常投诉?他们是否能承受比赛失利后,来自周边的各种人群的冷嘲热讽?如果他们不能承受,那就在痛苦开始前就先断了念头为好。我会在谈后给他们一周的时间认真考虑,并和家长充分探讨他们将来要成为什么样的人。这些重重阻碍如果对他们来说不成问题的话,那么他们已经过了心理关,这是团队凝聚力的核心所在。所有机器人团队中的学生,对这些困难都习以为常,他们是真正自立的新一代。

  过了心理关以后,就要不断和他们接触,深入了解他们内心真正所想的是什么。有些孩子是为了提前出国深造,有些孩子是立志要报效祖国,有些孩子是为了挑战自己。对于不同的孩子有不同的定位:想要出国深造的,要尽量提供其高等级比赛的机会;想要报效祖国的,就要着重培养其专业能力;对想要挑战自己的,应给予适当压力,逼其爆发出自己的潜力,使每个人都能找到自己可以施展才能的舞台。对于已经进入团队的队员,我也不能保证他们的心态不会发生变化。在这个世界中有太多的诱惑,没有恒心没有毅力是坚持不了的。所以还要创造各种机会,以让他们持续获得优质体验。

  我把比赛看作一种交流,一种地域之间的交流。我们参加了国内的各种选拔赛,每次比赛都要备赛三到四个月,大家会很辛苦。他们要学会如何用机器人技巧来完成场地上的各种任务、他们要学会怎样去排版印刷、他们要学会怎样去展示团队。在四个月短暂的时间内,他们要学会的东西太多,而他们的收获也是很多的。在团队中,有的同学是从零基础开始的,他们之前从来没有接触过这个领域的任何技能。但是只要有恒心,他们在一个学年中就能获得非常多的成绩,快速成长起来。比如 2011

年,我们参加了世界机器人奥林匹克赛中国赛区的选拔赛,一举获得场地赛和创意赛的双料冠军,并且在 2011 年阿布扎比举行的世界机器人奥林匹克赛决赛中,获得了创意组的世界冠军。这些成就,验证了我的"半野生教学法"和"吹风机选拔法"在团队建设中的成功。之后两年,我们在全国竞赛中获得了各种奖项,特别是全国选拔赛几乎没有名落孙山过。在 2014 年,团队成绩又达到了新的高峰。我们在 FTC 机器人挑战赛亚太锦标赛上第一次获得联盟冠军,在泰安举行的世界机器人奥林匹克赛上,获得了场地赛一等奖,又包揽了创意赛冠亚军。这不能不说又是一次成功,且再度证实了教学策略的正确性。

在带队过程中我也采用了"半野生教学法"。和体验类课程的教学方法有所不同,在带教竞赛队伍过程中,"半野生教学法"的应用领域扩展了很多。团队的学生都知道,我要求他们所有的事情都靠自己。我们团队中七成以上的同学,都能熟练掌握各种电动工具,并知道那些器材在哪里可以购买,更知道如何加工他们所需要的材料。他们要在一年半的时间内,自学掌握多门技巧。我粗略地罗列了一下,可能有几十种技能,比如 3D 建模、PS 平面设计、绘声绘影后期制作、AI 矢量设计、工业手绘制图、PID 工业算法、ROBOC 软件编写、演讲技巧、队服设计、造型设计、人物化妆、金属加工、单片机控制、包装设计、摄影技巧、摄像技巧、布光技巧、录音技巧、后期配音技巧、展示技巧、搭建技巧、打包技巧、运输技巧等。团队中的每个人都各司其职,井井有条地完成各自的任务。由于平时这些工作不是老师代劳的,所以他们在赛场上会显得非常积极主动。所有的作品都来源于他们自己的设计和创意,我无需插手。在这样轻松的比赛环境中,老师获得了优质体验,当然比赛的成绩也让学生获得了更优质的体验。望着一张张国家级的奖状,所有人都无比自豪,这是对他们的付出最大的褒奖。

有这样一句话:"如果你知道你做的某一件事永远不会失败,那么你会选择做什么?"优质体验的机器人教学将欢迎选择这个领域的孩子们。

(王纪华)

# 15 如何在历史课堂中真正实践高阶思维

随着上海市新课程标准(试行)的颁布,作为一线老师最需要关心的问题就是,如何把课程标准的要求运用到历史课堂中,只有真正理解课标和教材才能保证历史课堂的实效性,满足二期课改对课堂的要求,结合在此次读研过程中的感悟,现将一些粗浅的理解写下来,望老师批评指正。

## 一、怎样叫"课堂活跃"

二期课改一直在强调"把课堂还给学生",什么叫做"以学生为主体"?很多时候这样的口号被硬性喊成了课堂中"老师说话不能超过十五分钟",一味让学生说话就是互动吗?现代大家普遍认为这只是"形式活跃"。我反思自己一年的工作过程,似乎更多地关注形式的活跃,而对学生"史学方法的训练"、"批判性思维的养成"远远不够,因此,在上完课以后,我有以下几点新的想法:

(1) 将对史学方法的训练融入日常的教学中,精选史料

於以传老师在讲座中和我们分享了一个故事,一位老师想"认识孔子身高研究背后的史学思想方法",他在通过多重考证孔子身高后,和学生说:"这件事情给我的最大启示就是,历史的研究要找到与研究对象和问题同时代或尽量接近同时代的原始资料,然后进行分析、比对、考证,从而得出最合理的解释。"这一个故事非常形象地告诉学生在使用历史材料中"孤证不立"的原则。

再比如,顾颉刚先生曾经考证过"孟姜女"是如何从战国时期一位守礼节的妇人衍生出如今大家熟知的"哭长城"的故事。顾先生只是做了考证的工作,但是这个例子在课堂中说给学生听,一方面可以让学生对"传说故事"发展演变的过程有进一步的了解,也可以帮助学生认识到"一般是指在非官方的途径产生和流传,在流传中又经过传播者不断加工的民间故事,经非正式的历史记载代代相传而保存下来。它固然不能当作信史来看,但却可以反映一个或多个历史时期普遍存在的社会心态。关

于孟姜女故事的世代流传,恰恰从一个侧面反映出人们对秦因暴政而亡观点的普遍认同"①。

(2) 历史老师一定要"会讲故事","讲好故事"

还记得上次开公开课时,於老师问我,为什么要把故事打在 PPT 上,而不是选择自己把故事讲出来。当时我还不太了解,但是经过最近一段时间的学习,我意识到历史老师的语言能力——讲好故事,选好故事是非常重要的能力,能够帮助学生记忆、理解历史,更能够让他们有历史情境和画面感。

(3) 教学方式多样性的尝试

尝试多样的教学手段可以改变学生对历史学习兴趣不浓的问题,例如鼓励学生以小见大,调查身边的"口述史"、鼓励学生自己研究历史漫画、尝试绘画历史漫画、制作历史上某一天或某一地区的报刊并发表社论等,从而让学生真正成为历史课堂的学习主体。"教材的编写不能仅叙述史实,作为教师的教本,还要引导他们自己去搜集、阅读资料走出去调查,包括写调查提纲,做调查笔记,对资料和调查结果进行独立思考、分析,提出问题,并能指导他们写出有自己见解的发言提纲或小论文,再进行集体研讨,从而使学生进入到自主的、探究性的、创造性的学习境界。"②

同时,在评价过程中,坚持多样性的评价原则。高中历史学习评价的基本理念是:第一,既注重结果,也注重过程;第二,灵活运用各种科学有效的评价手段;第三,评价不仅关注学生的知识学习情况,还要对学习过程与方法、情感态度价值观领域进行评价;第四,评价要将定性评价与定量评价相结合;第五,评价的主体包括教师、学生、家长甚至社会人士。

**二、对三维目标的理解**

首先需要明确的一点是三维目标相互交融,三维目标是不可分割、相互交融、相互渗透的有机整体。在教案中设定三维目标可以帮助我们提高课堂的容量和效率,比如,在重视知识的基础上,这堂课要培养学生的能力有哪些?过程与方法是目标还是手段?教师在备课的过程中,如果不按照三维目标进行自我反省,往往就成了简单

---

① 引自于以传老师 2015 年 8 月暑期课件。
② 王宏志.迎接新千年,重视历史教育——关于历史课程设置的想法[J].课程・教材・教法,2001(2):54-55.

的历史知识传递,违背了新课标和二期课改的初衷。学习历史,又绝不能停留在记住一些年代、人名、地名和事件上,"历史教学并不是单纯地传递知识而已,而是透过教学活动,对历史因果的分析,历史人物的介绍和评价,以培养学生分析、批判的能力,获得正确的历史观念,从而产生所谓的'历史意识'"[①]。

(1) 知识与能力:教师不能忽视课堂教学中根本的知识的传授,一切手段、方法最根本的目的是为了帮助学生获得知识以及掌握获得知识的方法。在能力方面,高中历史课程要实现的能力目标主要有两个领域:一是历史技能,二是历史思维和解决问题的能力。历史技能培养主要包括以下内容:阅读历史材料的技能、整理历史知识的技能、编制历史图表的技能、表述历史的技能。[②]

(2) 过程和方法:学生在体验学习过程和运动学习方法的同时,可以掌握"过程与方法",因此它又是学习的目标。

(3) 情感态度与价值观:注重对学生历史意识的养成。

(王 璐)

---

① 王仲孚.历史教育论集[C].台中:大同咨询图书出版社,2001(2).
② 王策三.认真对待"轻视知识"的教育思潮——再评由应试教育向素质教育转轨提法的讨论[J].北京:北京大学教育评论,2004(3).

## 16　思维培养的教学过程

一直以来，我们的学校培养出来的人大多接受的是低阶知识，这就导致大部分人具备的是低阶思维能力，但是知识时代的到来直接宣布了低阶思维能力的破产和不适应性。高阶思维能力主要包括学习者的创新、问题求解、决策、批判性思维、信息素养、团队协作、兼容、获取隐性知识、自我管理和可持续发展力。这十大能力相互关联和相互作用，成为学习者发展的指向，是大学教学模式革新追求的宗旨。联系到自己的现状，我发觉自己已经远远不能满足社会的需求，十几年的教育方式烙在身上的印记，让我自己有种积贫积弱的感觉，又像是戴着镣铐在跳舞，因为我不再是张白纸，我已经具备了固定的思维模式和学习习惯，我是标准教育模式下的低阶思维能力者，和大部分人一样错过了培养高阶思维的关键期。改变很难，而且关键是要有方向，并找寻到合适自己的路。祝智庭在论及创造性人才思维结构时，充分把握了基础性思维、批判性思维和创新性思维的关系，并且充分认识到三种思维整合的前景。

问题求解是日常生活和专业工作中最重要的认知活动和高阶思维能力之一。问题可以分为良构问题和劣构问题。问题连续统中存在着11种性质不同的问题：逻辑问题、算法问题、情节问题、规则运用问题、决策制定问题、故障排除问题、诊断问题、策略问题、个案分析问题、设计问题和两难问题。问题求解的能力取决于三个方面：(1)认识和把握问题的本质；(2)问题求解者对问题的表征；(3)问题求解者的个体差异性。决策制定的模式多种多样：经济学模式（利用所有可利用的信息，理性并准确地加以权衡）、效用模式（趋利避害）、游戏理论（多为个人化决策，具有某些游戏特点，策略因人而异，利益共存）、知足的选择模式（选择最初获得的又是可接受的）。我国的"批判性思维"与"批判性思维教学"研究几乎是一片空白。

信息素养包括八大能力：运用信息工具、获取信息、处理信息、生成信息、创造信息、发挥信息效益、信息协作和信息免疫。前面四种能力是大部分人都具备的能力，但是后面四种才是最为重要也是较难习得的。兼容能力的形成是一个不断突破自我中心、避免思维定式和消除知识功能固着的过程。隐性知识是高度的个人化的知识，是在情境中通过体验的方式来掌握的。

## 一、创设情境，是培养思维的创造性的有效途径

在课堂教学中，教师要不断善于创设思维情境，引导学生积极思维，运用已学过知识去解决新问题，这对提高学生数学思维能力很有好处。

例 1　设集合 $M=\{x \mid x^2+2x-3=0\}$，集合 $N=\{x \mid x^2+px+q=0\}$，若 $M \cup N=\{-3,1\}$，则 $p$、$q$ 满足的条件为 _____。

分析：可利用 $M$ 和 $M \cup N$，求出 $N$，再根据方程 $x^2+px+q=0$ 可能没有解或有解（两个解可以相同）去求出 $p$ 和 $q$。

因为 $M=\{-3,1\}$，要使 $M \cup N=\{-3,1\}$，则 $N=\varnothing$ 或 $N=\{-3\}$ 或 $N=\{1\}$ 或 $N=\{-3,1\}$。

所以 $p$、$q$ 应满足的条件是 $p^2<4q$ 或 $p=6$，$q=9$ 或 $p=-2$，$q=1$ 或 $p=2$，$q=-3$。

对此题略作改造，可得到如下开放性题目：

设 $A$、$B$ 为集合，若 $A \cup B=\{a,b\}$，则 $A=$ _____，$B=$ _____。

此题结论不唯一，是一个开放型的题目。在课堂讨论中，学生思维非常活跃，你一个结论，我一个答案，气氛十分热烈，老师再提出思考题：适合 $A \cup B=\{a,b\}$ 的集合对于 $(A,B)$ 有多少对？学生用列举法得到正确结论 9 对，这时老师不失时机，继续发问，可把学生创造性思维推上新的台阶。

题 1　满足 $A \cup B=\{k_1,k_2,k_3\}$ 的集合对 $(A,B)$ 有 _____ 对。（27 对）

题 2　满足 $A \cup B=\{k_1,k_2,\cdots,k_n\}$ 的集合对 $(A,B)$ 有 _____ 对。（$3^n$ 对）

著名数学教育家波利亚在《怎样解题》中教导我们："把数学解题过程看成问题的化归过程。"教师在解题教学中，循循善诱引导学生自觉探索，特别是在学生的思维受阻时，教师应适时介入点拨，揭示当一个新问题、新情景出现时，如何回归到旧知识的情景中去谋求解决问题方法和途径。

## 二、错误剖析，是培养思维的严谨性的快速通道

教师在课堂教学中，应注意对学生出现的错误进行及时剖析，这样做能够让同学从根本处知道错误原因，有助于学生正确掌握数学概念、方法和思想，更有利于培养

学生思维的严谨性。

**例2** 判断下列题目的解答是否正确。

(1) 求函数 $y = \dfrac{x^2+5}{\sqrt{x^2+4}}$ 的最小值。

$$y = \dfrac{x^2+5}{\sqrt{x^2+4}} = \sqrt{x^2+4} + \dfrac{1}{\sqrt{x^2+4}} \geqslant 2\sqrt{\sqrt{x^2+4} \cdot \dfrac{1}{\sqrt{x^2+4}}} = 2。$$

所以 $y_{min} = 2$。

(2) 已知 $x$、$y$ 为正变数，$a$、$b$ 为正常数且 $\dfrac{a}{x} + \dfrac{b}{y} = 1$，求 $x+y$ 的最小值。

**解法一** 由 $1 = \dfrac{a}{x} + \dfrac{b}{y} \geqslant 2\sqrt{\dfrac{ab}{xy}}$ 得 $\sqrt{xy} \geqslant 2\sqrt{ab}$。

则 $x + y \geqslant 2\sqrt{xy} \geqslant 4\sqrt{ab}$。

所以 $(x+y)_{min} = 4\sqrt{ab}$。

**解法二** 因为 $(x-a)(y-b) = ab$。

又 $\dfrac{a}{x} + \dfrac{b}{y} = 1$，

所以 $x > a$，$y > b$。

所以 $x + y = (x-a) + (y-b) + a + b$

$\qquad\qquad \geqslant 2\sqrt{(x-a)(y-b)} + a + b$

$\qquad\qquad = 2\sqrt{ab} + a + b$。

当 $x - a = y - b = \sqrt{ab}$ 时，等号成立。

所以 $(x+y)_{min} = a + b + 2\sqrt{ab}$。

此题考查用均值不等式求函数最值的使用条件，特别是等号成立的条件。题1解法是错误的，因为 $\sqrt{x^2+4} \neq \dfrac{1}{\sqrt{x^2+4}}$ 等号取不到；题2解法一是错误的，因为两次基本不等式等号不一定能同时成立；解法二正确，但也有学生因不会判断 $x-a>0$，$y-b>0$ 而出错，此时，要和他们强调使用基本不等式时的条件。只有把错例分析透了，这样才能有助于学生更好更快地掌握数学知识，以后出现类似的问题，犯错的可能性就降低了，这样日积月累，学生思考问题也越来越规范，越来越严密；如果我们对于学生所犯的错误，只是停留在对错上，那可能学生的进步就被耽搁了，所以，我们一定不要轻易放过每一次学生留下的错误,认真分析,帮助他们提高;同时,也可要求这些学生把错误的习题积累下来,当作今后复习的素材,从而得到进一步巩固。

### 三、变式教学,是培养思维的发散性的重要手段

高中数学的题目之多可谓中学各科之最,在教学中,教师应当精心选题,利用典型题目,一题多变,把一道题变为一类题型,使知识在学生大脑中形成网络,有利于培养学生的发散性思维,以提高学生的能力。

例 3 在椭圆 $\frac{x^2}{45}+\frac{y^2}{20}=1$ 上求一点 $P$,使它到两焦点 $F_1$、$F_2$ 的连线互相垂直。

在此题的解题教学中,我们可以进行一下变式训练:

变换 1:已知椭圆 $\frac{x^2}{m+25}+\frac{y^2}{m}=1$ 上存在一点 $P$,它与两焦点 $F_1$、$F_2$ 的连线互相垂直,求此椭圆方程。

变换 2:已知椭圆 $\frac{x^2}{45}+\frac{y^2}{20}=1$ 上一点 $P(-3,4)$,椭圆的两焦点为 $F_1$、$F_2$,求 $\angle F_1PF_2$ 及 $\triangle F_1PF_2$ 的面积。

以上变式是对习题逆向变换而得到的,若对原题进行分析,是不是任何椭圆上都存在一点 $P$ 使得它与两焦点的连线互相垂直呢?延伸可得以下变式:

变换 3:已知椭圆 $\frac{x^2}{a^2}+\frac{y^2}{b^2}=1(a>b>0)$ 上存在一点 $P$,使 $P$ 与椭圆两焦点 $F_1$、$F_2$ 的连线互相垂直,求 $\frac{c}{a}$ 的取值范围。

变换 4:证明椭圆 $\frac{x^2}{a^2}+\frac{y^2}{b^2}=1(a>b>0)$ 上存在一点 $P$,使 $P$ 与椭圆两焦点 $F_1$、$F_2$ 的连线互相垂直的充要条件是 $\frac{\sqrt{2}}{2} \leqslant \frac{c}{a} < 1$ 或 $b \leqslant c$。

如果把两焦点换成长轴两端点,结论又如何呢?

变换 5:椭圆 $\frac{x^2}{a^2}+\frac{y^2}{b^2}=1(a>b>0)$ 上是否存在一点 $P$,使点 $P$ 与椭圆的长轴两端点 $A_1$、$A_2$ 的连线互相垂直?

如果把椭圆的长轴换成过焦点的一条弦,在教学中又可以作进一步延伸:

变换 6:设 $AB$ 是过椭圆 $\frac{x^2}{45}+\frac{y^2}{20}=1$ 左焦点且倾角为 $30°$ 的一条弦,点 $P$ 在椭圆

上，$\angle APB$ 为直角，求点 $P$ 的坐标。

  本案例从一个熟悉的课本练习出发，因势利导，层层递进，学生在这一系列问题中，通过探索与研究，解决了这问题，由点及面，由浅入深，是认识事物的一般规律，通过这样的教学可使学生的认知得到进一步提高，也可充分调动学生的积极性，启发学生的思维，真正提高学生的解题能力和数学素质。

  上述介绍的三种模式，只是个人在教学中的一些体会，并不是最终结论，教师也可根据具体的教学环境、内容与对象，以及本人的特点决定在某一堂课上采取什么样教学方法。其实，在课堂教学中，数学能力的培养是需要载体的，数学基础知识就是能力培养的载体，无论采用何种教学方法、模式，给学生打下扎实的基础是首要任务。

（吴铭新）

# 17　物理教学中高阶思维能力的培养

培养和发展学生的高阶思维已经成为各国教育教学目标之一,然而对高阶思维的内涵及教学方式,各国教育者目前尚未达成统一认识。按照认知的复杂程度,将思维过程具体化为六个教学目标,即学习时需要掌握的六个类目的行为表现,由低到高包括记忆、理解、应用、分析、综合、评价。记忆、理解和应用,通常被称为低阶思维;分析、综合和评价,通常被称为高阶思维。高阶思维是建立在低阶思维基础上的,基于此,培养高阶思维的课堂教学需要进行重心转换与内容再构的变革:第一,实现从教师控制到以学生为中心的教学主体重心转换。传统课堂教学在教学主体上以教师为中心,教学内容上强调具有完整和明确界定的内部结构,教学方式上通常采用整体教学、照搬教科书和定期测验的方法。即整个课堂教学是教师通过说明的方式教给学生教材上的概念、定理和解题步骤,而后学生进行大量、反复的练习以巩固和增强他们对教师所教内容的熟练掌握程度。在这个过程中教师甚至不管学生理解与否,或者根本不要求学生必须理解,学生的学习往往是机械学习、死记硬背。这样的课堂教学充其量仅能发展学生的低阶思考,基本与培养学生高阶思维的目标挂不上钩。因此,培养高阶思维教学的课堂需要彻底改变这些传统做法,消除教师和教材对教学的控制,强调以学生为中心。第二,实现从关注知识传递到关注学习过程的教学重心转换。传统课堂教学实践的关注重点在于思维所得的产物或结果,目标是将这些产物或结果传递给学生,并确保他们能够复制这些产物。新课程改革对物理教学提出了新理念,将培养学生的科学素养放在了核心位置,而思维能力又是科学素养的重要内容,许多学生在学习物理时总感到非常难学,其中很重要的原因是没有掌握好物理思维规律。在教学过程中,教师应当引导学生积极思考、学会思考,同时要了解并设法引导学生克服思维障碍,从而提高物理教学质量。

## 一、发展兴趣、引发探究是培养思维能力的前提

由于中学生年龄和物理学科的自身特点,诱发学生的兴趣并不难,但许多学生只是停留在直接兴趣上。教师应当从引导学生对物理感兴趣转向诱导学生探究物理的内部规律,使其兴趣得以发展。

例如,在学习"力与运动关系"中的惯性知识时,在引导学生根据日常生活中惯性现象的图片得出惯性定义后,再让学生举出日常生活中的例子,进行思考,讨论并加以解释。教师随时纠正学生的错误说法,让学生学会用简练、准确的语言来解释现象。

## 二、一题多解,培养学生思维的广阔性

思维的广阔性是指思维发挥作用的广阔程度,因此,教师应引导学生开阔思路,善于全面考察问题,能用多方面知识、经验去寻求解决问题的方法,利用一题多解、一题多变、一题多用、多解归一等形式,促进学生对物理知识的灵活应用,拓宽学生的解题思路,培养学生们的创新思维,从而提高学生的综合能力。教师在进行习题教学的过程中,要善于归纳习题中的解题技巧,总结解题规律,力求让学生做到举一反三,触类旁通。

例1.一物体静止在光滑的水平面上,先对物体施一水平向右的恒力 $F_1$,经 $t$ 秒后撤去 $F_1$,立即对它施加一水平向左的恒力 $F_2$,又经 $t$ 秒后物体回到出发点,在这一过程中 $F_1$、$F_2$ 对物体所做的功分别为 $W_1$、$W_2$,则它们之间的关系为( )。

A. $W_1 = W_2$  B. $W_2 = 2W_1$
C. $W_2 = 3W_1$  D. $W_2 = 5W_1$

本题被大量的参考书和检测试卷多次使用,学生们解法单一,下面通过一题多解、一题多变、一题多用等形式,启发学生多思考多总结,找出规律性的东西,提高学生们对知识的迁移能力,进而提高他们的综合能力。

解法1.由运动学知识,设两阶段物体的加速度大小分别为 $a_1$、$a_2$,位移大小为 $s$,由题意得:

前 $t$ 秒内,$s = \frac{1}{2}a_1 t^2$,$v_1 = a_1 t$;

后 $t$ 秒内,$s = -v_1 t + \frac{1}{2}a_2 t^2$,解得 $a_2 = 3a_1$。

由牛顿定律知 $F_2=3F_1$,再根据功的公式知 $W_2=3W_1$,本题选项 C 正确。

解法 2. 由动能定理和动量知识,设物体质量为 $m$,前后过程速度分别是 $v_1$ 和 $v_2$,位移大小为 $s$。

在前 $t$ 秒内,$F_1 s=\frac{1}{2}mv_1^2$,$F_1 t=mv_1$;

在后 $t$ 秒内,$F_2 s=\frac{1}{2}mv_2^2-\frac{1}{2}mv_1^2$;

$F_2 t=mv_2-(-mv_1)=m(v_1+v_2)$。

联立以上各式得 $a_2=3a_1$,由牛顿定律知 $F_2=3F_1$,再根据功的公式知 $W_2=3W_1$,本题选项 C 正确。

调查发现大多数同学选择以上两种解法。

实际上本题利用平均速度和图象法解题更为简便。

解法 3. 由平均速度知识,设前后两过程末速度大小分别为 $v_1$ 和 $v_2$,由题意得两阶段平均速度大小相等,即 $\frac{v_1}{t}=\frac{v_2+(-v_1)}{t}$,得到 $v_2=2v_1$,由动能定理 $W_1=\frac{1}{2}mv_1^2$,$W_2=\frac{1}{2}mv_2^2-\frac{1}{2}mv_1^2$,所以 $W_2=3W_1$。

解法 4. 由图象知识,画出运动物体速度图线,物体总位移为零。

$\frac{1}{2}v_1 t_1=\frac{1}{2}v_2(2t-t_1)$,再根据第二段加速度相等得到 $\frac{v_1}{t_1-t}=\frac{v_2}{2t-t_1}$。

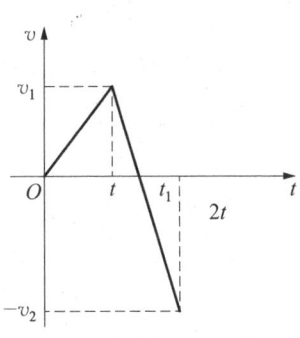

联立以上两式得 $v_2=2v_1$,由动能定理 $W_1=\frac{1}{2}mv_1^2$,$W_2=\frac{1}{2}mv_2^2-\frac{1}{2}mv_1^2$,所以 $W_2=3W_1$。

后面的两种解法简单巧妙,对学生要求较高,高三复习阶段,在习题课的教学中,应着重训练这两种方法。

我们在教学中经常会遇到一些情景与上面例题千差万别,但物理模型却完全相同,它们遵守同样的规律。遇到这样的问题可以利用上面的结论 $F_2=3F_1$,$v_2=2v_1$,$a_2=3a_1$。

避免复杂的计算提高了解题效率,培养了同学们灵活应用知识的能力,从而提高了同学们综合解决物理问题的能力。

### 三、在教学过程中，培养学生质疑的能力

1. 运用实验引发质疑

实验是物理学的基础，也是培养学生科学素养的基础，实验的关键在于引导学生在动手中见物理，做到动中有思，思中有动，动思结合，充分利用实验现象的变化过程来引导学生思考，这样既起到深化物理知识的作用，又能培养学生利用实验来研究、解决物理问题的能力。例如在托里拆利实验中，演示标准大气压是相当于 76 厘米水银柱所产生的压强这个结论后提问：将试管倾斜、将试管向上提一些、将试管改粗些或细些、将试管换成弯曲的试管，则水银柱的高度会不会有变化？学生思考分析后再演示来验证，据此还可提出若把这实验装置拿到高山上做、若实验时不小心使水银里留有气泡，则水银柱的高度还是 76 厘米高吗？再或者问若把水银换成水，则大气压相当于多高的水柱？从认识过程看，学生认识物理问题与科学家发现物理规律是颇为相似的，要认识的知识对他们来说都是未知的，都必须运用已知的知识去探索未知，而实验能留给学生思考的空间，激活他们的探索精神。

2. 逆向思维提出质疑

这是与通常思维程序相反的一种思考方式，这是通过从相反的方向展开思维，提出问题的一种质疑方法，例如，法拉第根据电产生磁的现象，逆向思考提出了质疑：磁能否产生电？他通过 10 年的艰辛努力，终于发现了电磁感应现象，为人类进入电气时代提供了一把金钥匙。我们在平时的物理教学活动中可以经常引导学生运用这种方法进行质疑。例如在讲过匀变速直线运动后，对于匀减速运动，我们可以问一问，这种运动的逆过程能否当作匀加速运动来处理？再如在几何光学中讲过已知物点和透镜求像点的方法后，可以质疑一下，已知像点和透镜如何求解物点，这些都属于逆向质疑。

教师应培养学生在处理物理问题过程中养成独立思考的习惯，使学生思维不循常规，并能创造性地进行问题研究，不断探索出解决问题的新方法、新途径。

### 四、运用规律，培养学生思维的深刻性

思维的深刻性是指思维可透过纷繁复杂的表面现象发现事物的本质，因此教师应培养学生用物理概念和规律去揭示物理问题的本质特征。

1. 利用圆求动态平衡问题

例 2. 如图所示，物体 G 用两根绳子悬挂，开始时绳 OA 水平，现将两绳同时顺时

针转过 $90°$，且保持两绳之间的夹角 $\alpha$ 不变（$\alpha > 90°$），物体保持静止状态，在旋转过程中，设绳 $OA$ 的拉力为 $F_1$，绳 $OB$ 的拉力为 $F_2$，则（　　）。

A. $F_1$ 先减小后增大　　　　　　B. $F_1$ 先增大后减小

C. $F_2$ 逐渐减小　　　　　　　　D. $F_2$ 最终变为零

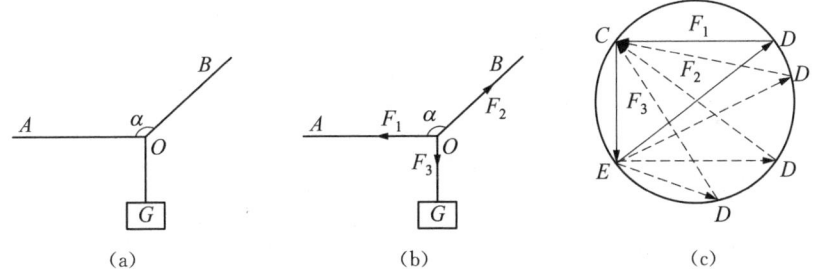

(a)　　　　　　　　(b)　　　　　　　　(c)

解析：取绳子结点 $O$ 为研究对象，其受到三根绳的拉力，如图(b)所示分别为 $F_1$、$F_2$、$F_3$，将三力构成矢量三角形[如图(c)所示的实线三角形 $CDE$]，需满足力 $F_3$ 大小、方向不变，$\angle CDE$ 不变（因为角 $\alpha$ 不变），由于 $\angle DCE$ 为直角，则三力的几何关系可以从以 $DE$ 边为直径的圆中找，则动态矢量三角形如图(c)中画出的一系列虚线表示的三角形。由此可知，$F_1$ 先增大后减小，$F_2$ 始终减小，且转过 $90°$ 时，刚好为零。

正确答案为 B、C、D 选项。

2. 利用圆求最短时间问题

例 3. 如图(a)所示，在设计三角形的屋顶时，为了使雨水能尽快地从屋顶流下，并认为雨水是从静止开始由屋顶无摩擦地流动，试分析求解：在屋顶宽度（$2L$）一定的条件下，屋顶的倾角应该多大？雨水流下的最短时间是多少？

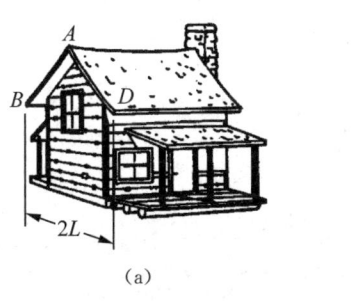　　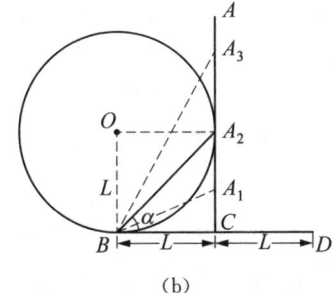

(a)　　　　　　　　　　(b)

解析：如图(b)所示，作垂线 $AC$ 与水平线 $BD$ 垂直于 $BD$ 的中点 $C$；并以 $L$ 为半径作圆与 $BC$ 相切于点 $B$，且与 $AC$ 相切于点 $A_2$。然后，画倾角不同的屋顶 $A_1B$、$A_2B$、$A_3B$……

从图(b)可以看出：在不同倾角的屋顶中，只有 $A_2B$ 是圆的弦，而其余均为圆的割线。根据"等时圆"规律，雨水沿 $A_2B$ 运动的时间最短，且最短时间为 $t_{min}=\sqrt{\dfrac{2d}{g}}=\sqrt{\dfrac{2\times 2L}{g}}=2\sqrt{\dfrac{L}{g}}$，而屋顶的倾角则为 $\tan\alpha=\dfrac{L}{L}=1\Rightarrow\alpha=45°$。

**五、在求解问题中培养学生求异思维**

求异思维是在思考、处理问题时，不受习惯性的原理和方法的束缚，不因循守旧，不满足已知的结论，而运用与众不同的思维方法，标新立异地提出自己的新见解。由此可见，求异思维是一种批判性思维，而引导学生的求异思维对培养学生的批判性思维能力和促进创新人才的成长是十分重要的。那么，物理教学如何引导学生的求异思维呢？首先，教师在指导学生分析解决物理问题时，不能画框框、定模式，要注意启发学生抓住关键，积极思维，充分运用所掌握的知识，从不同的角度，比较不同的解决问题的方法，从中选出最佳方法。其次，引导学生逆向思维，就是分析物理问题时，打破思维定势，"反其道而思之"，让思维向对立面的方向发展，从问题的相反方向深入地进行探索。

1. 转换研究对象

选择研究对象的一般方法是求什么量就以什么量为核心，选取与此量有直接关系的物体或系统为研究对象，但有些问题这样思考下去困难重重，有时会困于"山重水复"的境地。如果活用转换法，将研究对象转换，问题就会迎刃而解。

例4. 如左图所示，站在汽车上的人用手推车的力为 $F$，脚对车向后的摩擦力为 $f$，下列说法中正确的是（　　）。

A. 当车匀速运动时，$F$ 和 $f$ 对车做功的代数和为零

B. 当车加速运动时，$F$ 和 $f$ 对车做功的代数和为负功

C. 当车减速运动时，$F$ 和 $f$ 对车做功的代数和为正功

D. 不管车做何种运动，$F$ 和 $f$ 的总功和总功率都为零

解析：不少学生在做此题时，认为研究对象很显然应选汽车，因为四个选项中都涉及 $F$ 和 $f$ 对汽车做功问题，但很快走进死胡同，原因是汽车在水平方向共受四个力：牵引力、地面对它的摩擦力、人对它的摩擦力 $f$ 和人对它的推力 $F$，因前两个力比较不出大小，故也无法比较出后两者的大小，因而也就无法比较二力的功。若转换一下研究对象，则会变难为易。对人进行受力分析，人在水平方向只受两个力：车对人向后的作用力 $F'$，车对人向前的摩擦力 $f'$，这两个力恰好是 $F$、$f$ 的反作用力。根据人和汽车的运动状态，即可确定出 $F$、$f$ 的大小：当车匀速运动，人也匀速运动，$F'=f'$，$F=f$，又因二者的位移相等，故 $F$ 做的正功等于 $f$ 做的负功，选项 A 正确；当车加速时，人也加速，有 $F'<f'$，$F<f$，故 $f$ 做的负功大于 $F$ 做的正功，选项 B 正确；同理可得选项 C 正确。

2. 转换物理模型

即将一种繁难的、陌生的模型，通过转换法，变为一种熟悉的物理模型，从而降低解题难度。

例5. 如下图(a)所示，螺旋形管道内径均匀，内壁光滑，螺距均为 $d=0.1$ 米，共有 5 圈整，螺旋横截面的半径 $R=0.2$ 米，管道内径远小于螺距，可忽略不计。一小球自管道 $A$ 端从静止开始下滑，当它到达管道 $B$ 端时速度 $v=$ _____ 米/秒，从 $A$ 到 $B$ 的时间 $t$ 大约为 _____ 秒。

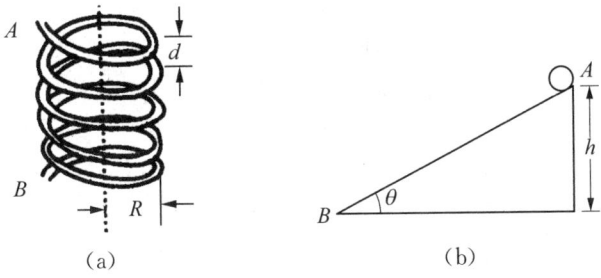

(a)　　　　　　(b)

解析：将螺旋形管道转换成我们熟悉的斜面模型，本题即可迅速求解。斜面长为 $l=5\times 2\pi R=6.28$ 米，高 $h=5d=0.5$ 米，如上图(b)所示。

$mgh=\dfrac{1}{2}mv^2$，则 $v=\sqrt{2gh}=\sqrt{10}$ 米/秒。

小球沿斜面做匀加速直线运动：

$$t=\dfrac{l}{\bar{v}}=\dfrac{2l}{v}=\dfrac{2\times 6.28}{\sqrt{10}} \text{秒}\approx 3.97 \text{秒}。$$

### 3. 转换思维角度

在学习和教学中，我们常常会受到定向思维的影响，对于有些题，适当转换思维角度，不仅可加快解题速度，而且对知识理解更深刻。

例 6. 如下图所示，在湖中有条小船，有人用绳子跨过定滑轮以恒定的速率 $v$ 拉船靠岸，绳子与水平面成 $\theta$ 角时船的速度 $v_0$ 大小为_____。

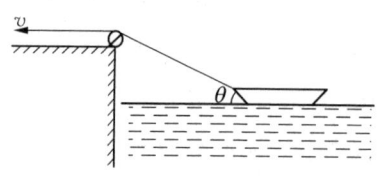

解析：对于多数同学，将船的运动看成两个方向的分运动的合成比较难理解，利用微元法不易想到。其实只要转换思维角度，深刻理解"理想变压器"这一模型，本题便迎刃而解。本题绳子两端即相当于理想变压器的输入端和输出端，绳子起到传递能量的作用。所以人对绳子的输入功率等于绳对船的输出功率，

$$\begin{cases} P_入 = Tv, \\ P_出 = Tv_0 \cos\theta, \\ P_入 = P_出, \end{cases}$$ 得出结果 $v_0 = \dfrac{v}{\cos\theta}$。

培养学生思维能力的方法是多种多样的，但要让学生思维活跃，教师要善于"诱导"，只有教师"变教为诱"点拨学生的思维，学生才能"变学为思"，这样才能达到培养学生高阶思维能力的目的。

（王家山）

# 18 化学实验教学中高阶思维的训练与培养

所谓高阶思维,是指发生在较高认知水平层次上的心智活动或认知能力。它在教学目标分类中表现为分析、综合、评价和创造。高阶思维是高阶能力的核心,主要指创新能力、问题求解能力、决策力和批判性思维能力。高阶思维能力集中体现了知识时代对人才素质提出的新要求,是适应知识时代发展的关键能力。

杜威认为高阶思维即是反省思维。杜威提出了"反省思维的五个形态",包括:"暗示"、"直接经验的困难"、"事实材料的收集"、"观念或假设的含义的推演"、"观念或假设的检验"。后来,杜威将这五个步骤在教学过程加以应用。杜威的这个观点在今天的学习科学中获得了新的发展,在专家与新手的思维对比中发现,专家更多地进行反思性的活动。

高阶思维(higher-order thinking),是上海市绿色指标中的一个维度,主要测量学生在学科上的高级认知水平。发展学习者高阶思维能力蕴涵系列新型的教学设计假设。

高阶思维的发展至少和三个相互关联的背景有关:

第一,数字时代对传统教育体系的巨大冲击。在今天这样一个数字信息时代,大量的记忆性和检索性的工作能为信息技术所承担,人类前所未有地减轻了低阶知识与能力的负荷,个体所需要做的不是记住,而是学会运用、重组这些信息并作出决策。换言之,对于明天的劳动者和公民而言,仅拥有详细的知识是不够的,学习者还需要有对复杂概念深层次的理解,以及创造新概念、新理论、新知识的能力,这些都需要高阶思维。

第二,国家战略中对创新的追求。大约从 2000 年初开始,对于创新的追求成为诸多国家的战略行动。美国的《国家创新教育法》、《回应变革世界之挑战:为 21 世纪而加强教育》等一系列的政策和报告中,都提及提升学生在数学、科学上的"高级"水平的希望。在我国的《国家中长期教育改革和发展规划纲要(2010—2020 年)》中提出要建设创新型国家。在芬兰、丹麦等欧洲国家,创建思考型的学校、学习型的国家是未来的政策方向。这些政策吁求体现在教育领域,就是对高技能工作者的需求急剧上升,这已经导致全球范围内的人才竞争日趋激烈。而高水平技能就体现了学习者在各学科领域的高阶思维水平。

第三,学习科学相关研究和信息技术的迅猛发展。传统教育心理学关注的是,人是如何在孤立的情境下学习知识的,而学习科学却是在建构新情景的尝试中涌现的。作为研究人类思维和学习的学习科学,建立在脑的研究、建构主义、人类学、发展心理学、计算机科学、神经科学等基础上。学习科学关注的是深层知识(deep knowledge)。

从知识与技能的习得转向思维的学习,从浅表的零碎信息的获取到深层次的理解与应用,从强迫式学习转向主动的有意义的建构,这种在教与学上的转型可能已经超出了教育领域的"意愿",而是整个社会、经济未来的发展对教育的"必须"。为达到这一目的,教学必须要让学生学会思考、学会怀疑、学会质询,而不是停留在教给学生现成的结论或答案上。

**对高阶思维的界定**

目前取得共识的有关高阶思维的界定包含如下一些维度:

第一,"迷思概念"(myth conception)的转化。相对于抽象的思维策略,学习科学中的高阶思维是与人如何学习这些具体学科内容相关联的。所谓"迷思概念"是学习者在学习过程中由于已有的知识基础或知识经验相冲突而产生的错误。这些错误具有重要的价值,它能暴露学生的思维缺陷。学生转化"迷思概念"的过程就是高阶思维的过程。

第二,能应用于实践的深层知识。低阶思维与高阶思维关键区别在于,低阶思维发生在一个人已经知道如何做的情况下,即所要解决的任务或题目仅需要存取、注入或列举很容易获得的信息与概念。而高阶思维强调,个人以一种对自身而言新奇的方式来利用信息和概念去解决一个难题或任务。只有在真实学习情境中获得的知识,才是具有生命力与活力的,才不会变成缺乏迁移能力的毫无活性的惰性的知识。

第三,主动的学习意愿。学习科学认为,人在知识的获取中具有绝对的主导权,不应被动吸取知识,而应让知识为其服务。高阶思维的发生源自于学习者对意义的追求。当学习者试图解决我们已经知道的与我们感知到的情境之间的不协调时,这种不协调引发了疑惑、不安、混乱、期待、好奇。

第四,外显化的表达与知识共同体中的反省。高阶思维需要在真实的情境中通过社会性的协商与互动解决问题,促进自我调节和省思。学习情境中的对话或交流在学习者内化观念和知识的过程中起着重要的作用。当学习者必须相互解释观点时,需要对自己的理解结果再组织,这种导致认知变化的共同建构活动,是高阶思维过程发展的关键。

我在氯气的化学实验教学中,注重了高阶思维的培养和训练。

首先布置学习任务单:收集资料,每个人必须完成三种制取氯气的反应原理,能完成得越多越好。数字时代对传统教育体系的巨大冲击。个体所需要做的不是记住,而是学会运用、重组这些信息并作出决策。

课堂教学的开始,让学生展示制取氯气的反应原理,引导学生观察反应前后氯元素的化合价的变化,让学生结合氧化还原反应的概念归纳小结:$Cl^-$ → 加入氧化剂(例如:HCl 加入 $MnO_2$ 或者 $KMnO_4$)制取氯气。$ClO^-$ 或者 $ClO_3^-$ 加入还原剂 HCl 制取氯气。最后教师根据学生的分析,引导学生用文字表述制取氯气的一般思维方法,就是将化合态的氯氧化或者还原为游离态的氯气。这个教学设计主要是让学生通过观察和分析,归纳出一般化的原理;通过概括找出庞杂的信息下面隐藏的规律和模式;从而培养学生的高阶思维的能力。

然后教师提问如何根据所选反应原理,选择正确的反应装置。复习实验室制取气体的三种典型装置的选择方法。(根据反应物的状态和反应的条件进行选择)进行知识的迁移、感知知识的灵活应用。

制取的气体中混有杂质气体如何净化?净化剂的选择原则:除去杂质气体但是不能影响制取的气体。净化装置的选择:根据净化剂的状态,选择洗气瓶、干燥管、U形管。复习巩固所学的氯气及其化合物的性质,提高综合这些知识来分析和解决问题的能力。

复习巩固氯气的实验室制法,进一步学习物质的制备方法。这部分的教学设计主要是培养学生分析、综合、评价和创新的能力,主要提高学生的问题求解能力、决策力和批判性思维的能力。

**提出课题完成氯化铁的制备**

实验室可用氯气与金属铁反应制备无水三氯化铁,该化合物呈棕红色,易潮解并与水反应,100℃左右时升华,下图是两个学生设计的实验装置,左边的反应装置相同,而右边的产物收集装置则不同,分别如下页图装置(Ⅰ)、装置(Ⅱ)所示:

本题给出无水三氯化铁性质的信息,这些信息如何融入和应用在制备无水三氯

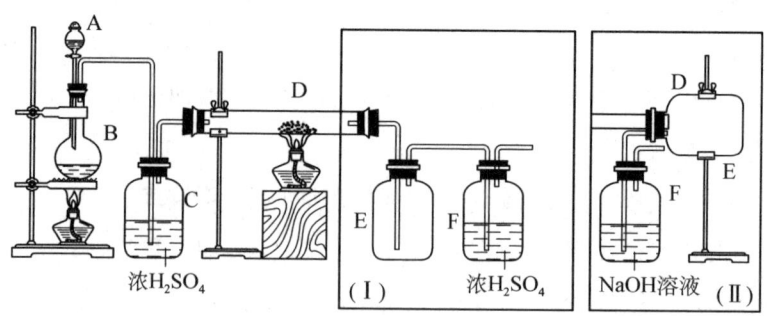

化铁中?数字时代对传统教育体系产生了巨大冲击。个体所需要做的不是记住,而是学会运用、重组这些信息并做出决策。

(1) B中反应的化学方程式为:_____。

(2) D中反应开始前,需排除装置中的空气,应采取的方法是:_____。

(3) D中反应的化学方程式为:_____。

(4) 装置(Ⅰ)的主要缺点是:_____,优点是_____。

(5) 装置(Ⅱ)的主要缺点是:_____,优点是_____。
如果选用此装置来完成实验,则必须采取的改进措施是:_____。

问题1、问题2、问题3的教学设计:应用已学的知识来解决如何制取干燥的氯气。问题4、问题5应用所引入的信息:无水三氯化铁,该化合物呈棕红色,易潮解并与水反应,100℃左右时升华。

让学生有个"迷思概念"(myth conception)的转化。所谓"迷思概念"是学习者在学习过程中由于已有的知识基础或知识经验相冲突而产生的错误。这些错误具有重要的价值,它能暴露学生的思维缺陷。学生转化"迷思概念"的过程就是高阶思维的过程,能应用于实践的深层知识。低阶思维与高阶思维关键区别在于,低阶思维发生在一个人已经知道如何做的情况下,即所要解决的任务或题目仅需要存取、注入或列举很容易获得的信息与概念。而高阶思维强调,个人以一种对自身而言新奇的方式来利用信息和概念去解决一个难题或任务。只有在真实学习情境中获得的知识,才是具有生命力与活力的,才不会变成缺乏迁移能力的毫无活性的惰性的知识。装置(Ⅰ)的主要缺点:直角导管,应用无水三氯化铁信息,100℃左右时升华。在直角导管处冷凝堵塞导管,无法收集到无水三氯化铁。无尾气处理装置。信息应用在直角导管处冷凝堵塞导管,使实验失败。装置(Ⅱ)的主要缺点:无水三氯化铁,易潮解并与水反应。氢氧化钠溶液有水无法制得三氯化铁,这又是信息的具体应用。问题6的设计在教学中要让学生在学会评判装置(Ⅰ)、装置(Ⅱ)的主要优缺点基础上进一步进行整合,获得更加完善的实验方案。从知识与技能的习得转向思维的学习,从浅表的零碎信息的获取到深层次的理解与应用,从强迫式学习转向主动的有意义的建构,这种在教与学上的转型可能已经超出了教育领域的"意愿",而是整个社会、经济未来的发展对教育的"必须"。为达到这一目的,教学必须要让学生学会思考、学会怀疑、学会质询,而不是停留在教给学生现成的结论或答案上。分析错误能找出并阐明自己和他人思维中的错误;提出观点能够确定并阐明自己对问题的看法。

学习任务的设计必须能有效地引发学习者运用如下八个方面的高阶思维:

(1) 比较、鉴别、阐明事物之间的类似之处和不同之处;

(2) 根据事物的属性和特征,将它们分类;

(3) 通过观察和分析,归纳出一般化的原理;

(4) 通过给定的原理和法则,推论出未知的结果;

(5) 分析错误:找出并阐明自己和他人思维中的错误;

(6) 找出支持的论据:对每一个观点和看法,都要给出支持的论据;

(7) 概括:找出庞杂的信息下面隐藏的规律和模式;

(8) 提出观点:能够确定并阐明自己对问题的看法。

最后引导学生归纳实验室制取气体的一般方法:

气体的制取→气体净化→完成实验目的→尾气处理。

(顾荫杰)

# 19 在思维广场个别化教育中培养学生的高阶思维能力

**一、思维广场与个别化教学结合的可行性**

思维广场教学模式经由之前的不断探索,如今已渐入佳境并步入正轨。教师与学生们都已经基本适应了这一种自主性强、生成性强的教学模式。通过思维广场教学,学生们可以充分展示自己的思维火花,锻炼自己的多种能力,成就自己的多元化发展。而个别化教育在尊重学生个性的基础上,从以教材、教师为中心到以学生为中心,真切关注每个学生潜能开发、个性发展的教育,与思维广场教学的主旨不谋而合。

此外,促使两者结合的不仅仅是理念上的契合,更有现实的需要。要使学生通过短短几场思维广场讨论得到提升,那绝不仅仅是在讨论中,更是在讨论之外,需要教师给予学生适当的个别化辅导与帮助。因此,依托思维广场,实践个别化教育是可行的,也是必然的选择。通过两者的结合,可以让思维广场教学在形式创新以外实现更有实效的突破,也可以让个别化教育有一个合适的契机融入学生的校园生活与校外生活中,从而促使学生在收获知识的同时,也能找到属于自己的个性化发展道路。

**二、思维广场与个别化教学结合的实例**

1. 在个别化辅导中自主设计选题

思维广场每一场讨论都设有一个主题。主题的设计非常重要,既不能过于狭隘,限制了学生的思考范围,又要有一定的框架,便于将一个问题讨论得更深入与透彻。在思维广场实践的前两年里,我组教师为了选题花费了大量心力,总结形成了一套思维广场讨论题库,这些讨论题往往直击要点,又便于激发学生的发散性思维。但这并不意味着一劳永逸,因为时代在发展,更新、更热、更贴合教学需求的素材也在不断产生和被挖掘,更重要的是,学生的自主性也在增强,他们对思维广场的讨论题设计也有自己的想法和建议。因此,让学生在一段时间的适应之后,作为教师,我更主张让学生自主地选择讨论题以及自由地提出新的讨论题。

在第一学期的思维广场教学中,我常常设计三至四个讨论题,让学生根据个性需求自主投票选择,选票多的可以设计成两场,方便学生合理安排不同学科的思维广场讨论。而到了第二学期,学生们都已经熟悉了这种教学模式,也更善于思考、敢于发言,我开始逐步放手,提前布置讨论题设计的任务,并从学生们提供的建议中选取几个较为合适的讨论题,再和提出建议的同学一起进一步探讨修改,让学生们说自己想说的话,讨论自己想议的题,同时这也是一个实现个性化教学的契机。例如,高一八班的朱同学就对克拉运河的新闻很感兴趣,在我们的几次讨论与修改后,最后设计了如下讨论题:

李克强在新闻发布会中提出"中国确定投资数千亿元开挖泰国克拉运河",请结合克拉运河的地理位置以及社会经济等多种因素讨论开挖克拉运河的意义。

在确定了讨论题之后,我和朱同学还多次修改了他作为该场讨论主要发言人的讲稿和课件,挑选了几个角度来预设一些问题,以便在讨论时能更好地引发同学们进行深入思考与思维碰撞。

通过这一段经历,作为发言人的同学会受益很多。在选题、定题的过程中,学生们会一点点地了解选择讨论题的要点,把握新闻素材中的相关地理知识,同时也会在提出建议前先自主搜集大量的资料,拓展自己的视野、开阔自己的思路、深化自己的思考、优化自己的表达,从而锻炼自己多方面的能力。

2. 转换身份,在个别化教育中个性化成长

思维广场讨论的形式由初期的教师主持,学生们自主讨论的形式由最初的单一发展至今,已经有了很多的突破,如辩论赛形式、小讲座形式、模拟论坛形式等等。学生们的身份也从单一的学生转变为辩手、主讲人、主持人、各机构领导人等等。这一系列身份的转变也促进了学生思维方式的转变,当然这种转变并不是一开始就如此顺利,需要教师在这个过程中渗入适合不同学生的个别化教学。

如在辩论赛前,教师需要简要介绍一下辩论赛的规则和技巧,让学生能够井然有序地顺利开展一场辩论赛。一场辩论赛中,每个辩手的职责和关注点是不同的,有的

需要全方位地提前准备，有的需要灵活地现场应变。而在辩论赛进行前，通过学生的自荐和互荐推选出来的人不一定是有过类似经历的，教师在这一过程中就需要对其进行个别化教学。除此之外，比辩论技巧更重要的是通过辩论让学生懂得尊重对方的表达和意见，让他们可以在充分展示自己思维火花的同时也展现出自身的修养，这也需要通过个别化教学的引导。

又如在开展小讲座时，教师需要与主讲人进行多次交流，确定讲座的主题、内容，让学生能尽量高效地利用讨论时间。同时，思维广场小讲座的主讲人不同于微讲座的主讲人，不能一人包揽全场，他需要组织起整场讨论，这对学生而言，是个很大的挑战。通过教师与主讲人的个别化交流，同学们会更注重观察其他同学的反馈，给予其他同学表达的机会，这些在课堂中是较难实现和达到的。

3. 多样反馈，提供个别化帮助

思维广场课的作业并不是一张简单的学习任务单，而是希望学生能够通过自主学习、搜集资料、群策群力、各抒己见对讨论题有更深入和全面的思考。基于这一目的，我们建议学生可以通过上传报告、反思、研究性小论文等多种资料来总结和深化自己的所思所悟。然而高中的学生，尤其是高一的学生对这一类的撰写规范、撰写要点和思路逻辑等并不是很清楚，需要教师在此过程中提供个别化帮助。

例如，在撰写研究性小论文时，从选题、架构、逻辑到格式、规范、语言都需要教师进行一次次的个别化指导。更为重要的是，他们在学会总结自己思考实践硕果的同时，学会站在前人的肩膀上，尊重并借鉴前人的智慧。通过个别化教学，高一二班的蔺同学就如何撰写研究性小论文积累了一定的写作经验，更养成了在开题、写作前先进行一些有关文献的学习整理的好习惯，这对于他的小论文选题的切入和写作思路的开展会有很大的帮助。通过这一个别化教学的经历，蔺同学在面对之后的暑期游学小论文、免修生研究小论文时都更得心应手。

### 三、启示

首先，个别化教学不受限于学习的空间，也不局限于学习的内容，而是着眼于学生终身的发展，需要教师在潜移默化中步步实践。本文中思维广场只是个别化教育实施的一个契机，这种教学方式还可以渗入教学日常的点滴之中，如我校积极实践的免修生导师制度、走班制等也都可以作为个别化教育的契机。

其次，鉴于个别化教学的内容不仅仅是学科专业知识，更需要其他一些教育学、心理学、社会学以及研究方法等各方面的知识支撑,因此,作为一名新时代的教师,拓展自己知识面的需求迫在眉睫。只有通过不断的学习与提高,教师才能为学生提供更多元、更全面的个别化教学,真正体现个别化教学的价值与意义。

(姜君轶)

## 20　语文教学中高阶思维训练的思考

市西中学语文教学近几年一直强调高阶思维的训练,从平时的课堂到思维广场,所有的语文老师都在努力贯彻这一训练,特别是我现在所教的年级,从高一到高三,经历了完整的市西中学的新教改之路:从高一、高二的思维广场直到普通课堂中的高阶思维训练,因此这届学生在高阶思维方面有着明显的进步。

下面是我对这一训练的一些思考:

### 一、语文高阶思维教学是时代的要求

新的语文教学大纲在导言中提到要"逐步形成问题意识,培养研究性学习的能力"。

导言提出:"语文课程要改善学生的学习方式,使学生由单一的接受性学习方式,转变为接受性、体验性、研究性相结合的学习方式。要引导学生在语文学习的过程中,依据自己的体验,感受与发现,主动地与作者对话,与同学、老师交流,逐步地形成问题意识,并在对问题的思考、认识、解决的过程中,培养合作精神,探究意识和研究性学习能力。"

在教学建议中也提到要"激发学生学习语文的兴趣,培养学生热爱祖国语言文字的情感,是课堂教学的基本任务之一";同时还提到"接受性学习、体验性学习、研究性学习是课堂教学中学生应学会的基本学习方式。"

建议中强调:"在教学过程中,教师要引发学生的好奇心和求知欲,不断满足学生的期待心理,让学生不断产生跨越障碍的愉悦感,促使学生自觉地调整学习动机;要有效地保护和发展学生的想象力,为学生提供充分的想象空间,并引导学生在大胆想象的过程中发展思维能力,健全思维品质。"

"在培养学生学习能力的过程中,要研究学生的学习心理和个体学习特点,努力改变学生的依赖性学习习惯,注重体验性学习和研究性学习方式的指导,促使学生在

读写实践中独立思考,提高质疑能力,并在此基础上形成问题意识,进行专题阅读和专题写作。"

这里无不在要求高中教师在语文教学中要贯彻高阶思维的训练。

**二、语文高阶思维的任务**

"高阶思维"的概念,对于大多数老师来讲,并不陌生,"高阶思维"并不是一个新概念。很多年以前,国外就已经开展了关于高阶思维的研究,我国在 2000 年时就有了相关的研究论文。而现在高中语文教学日益强调要培养学生的高阶思维能力。

"高阶思维"并不高深莫测。美国教育学家布卢姆按照认知的复杂程度,将思维过程具体化为六个教学目标,由低到高包括记忆、理解、应用、分析、评价、创造。其中记忆、理解、应用通常被称为低阶思维,分析、评价和创造被称为高阶思维。如果说对"低阶思维"、"高阶思维"陌生,那么对记忆、理解、分析这些概念就再熟悉不过了吧!

可见"高阶思维"对应的指向是形成"高阶能力","高阶能力"主要指反思、提问、求解、批判、决策等能力。

基于以上理解,我们可以给"高阶思维"教学下个定义。所谓的"高阶思维"教学,就是把分析、评价、创造设定为教学目标,把培养学生反思、提问、求解、批判、决策等能力作为课堂教学的目的。这也就是语文高阶思维训练的任务。

**三、高阶思维教学的初步成果**

市西中学创设思维广场,从文科入手,做了思维训练的尝试,这三年来不断完善语文课进入思维广场上课的内容和要求,进行了各种有益的尝试。当然高阶思维的教学并不仅仅在思维广场中得到体现,平时的语文教学中也闪现着高阶思维教学的火花。具体体现在以下几个方面:

1. 改变了教学模式

由过去以教师为教学主体的模式转变为以学生为中心的教学方式。传统课堂教学以教师为教学中心,在教学内容上强调完整和明确界定的内容结构,教学方式上通常采用整体教学、照搬教科书和定期测验的方法,即整个课堂教学是教师通过说明的方式教给学生教材上的概念、定理和解题步骤。而"高阶思维"教学要求彻底改变这种做法,消除教师和教材对教学的控制,强调学生主动地、经常地参与课堂思维实践,参与思维过程建模,发展思维技能。

2. 改变了教学重心

由过去只关注知识传递转变为关注学习过程的教学重心。传统课堂教学实践的关注重点在于思维所得的产物或结果。目标是将这些产物或结果传递给学生,并确保他们能够复制这些产物或结果。"高阶思维"教学更关注学生价值观的建立,关注学生掌握教学产物或结果的过程,强调学生自觉地、积极地吸收课堂"营养"。

3. 改变了教学内容

由过去封闭性的课堂教学内容转变为以开放性问题为主的课堂教学内容。传统教学内容的问题往往是孤立的、封闭的、结构良好的、预先准备的典型例题,很大程度上忽略了其与真实生活情境的联系,这样很难引发学生进行反思、批判、创新等。"高阶思维"教学强调课堂问题的生成,强调学生针对文本,提出问题,做出判断,寻找到解决问题的办法。

在这种训练下,我现在所教的年级学生,也取得了一定的成果:如高二区统考时,语文附加题的得分远远超过同层次的学校,高三一模考试中,有关高阶思维的题目,得分绝大多数都名列第一。

## 四、高阶思维教学中的问题

1. 语文教学强调"高阶思维",其实并不是否定"低阶思维"教学,抛弃"低阶思维"教学。一方面,因为一堂课是有机组成的,课堂的内容含有记忆、理解、应用、分析、评价等,既包括"低阶思维"教学过程,又包括"高阶思维"教学过程,上课之初是理解文意,教学就处在"低阶思维"阶段,之后探讨主题,教学就处于"高阶思维"阶段。另一方面,人类是需要不同层次的思维能力的。记忆、理解、应用、分析、评价、创造,缺一不可。"低阶思维"是学生向"高阶思维"发展的基础,只有学生具备了"低阶思维","高阶思维"才有发展的可能。

2. 不同的学生在不同的时段应有不同的要求。并不是对所有的学生都可以实行"高阶思维"教学,因为现实中确实有些学生对"高阶思维"问题的理解存在困难。

3. 强调高阶思维的教学,带给老师的负担是沉重的,首先备课量大大增多,预设要充分,同时面对课堂上生成的问题要能驾驭。但同时也可解放教师的思想,不做教材的奴隶(特别是恢复水平测试后要考课内现代文和文言文),让老师在解读文本时也会进一步深化。

4. 学生在思维过程中的发散性、逆向性的讨论怎么给予恰当的评价?因为不是所有的发散性的思考都是正确的,逆向性的看法一定是成立的,对讨论的结果怎么评价?是放羊式不分对错,还是跟着老师走,这确实是个大问题。

5. 课堂气氛越活跃,学生思维越活跃,课堂效果肯定是越好的,对学生将来的成长一定是有益的,但同时也可能带来另外一个问题:思维活跃了,思想也复杂了,越来越有自己的主见,当面对考试中的唯一答案,可能就会产生疑惑。所以许多学校(包括我校)都强调高一高二要贯彻高阶思维,而高三则要一切应对高考,这似乎就回到了原点,前面两年的努力似乎化为了泡影。

**五、对高考答题规范化的思考**

先看 2017 年高考考纲要求:

1. **识记与理解**

1.1 识记课文涉及的著名作家、作品,掌握与课文相关的文学和文化常识。

1.2 理解词语、句子在文中的含义。

1.3 理解语法、修辞现象在表达文章内容上的作用。

1.4 理解常见文言实词的意义,理解常见文言虚词的用法和意义。

1.5 理解常见的文言词法和句式。

1.6 用现代汉语翻译文言句子。

1.7 默写古诗文中的名篇名句。

2. **分析与综合**

2.8 筛选并整合文中信息。

2.9 分析词、句、段在文中的作用。

2.10 分析文章的思路、结构、写作特点。

2.11 分析作者情感和写作意图。

2.12 概括文章内容和主旨。

2.13 根据文章内容,进行推断、想象和探究。

3. **鉴赏与评价**

3.14 赏析作品中富有表现力的词语和句子。

3.15 鉴赏作品的艺术形象、表现手法和语言风格。

3.16 评价作品的内容和表现形式。

按照前面的理解,考纲 1 的各项考点属于低阶思维范畴,第 2 和 3 的考点则属于高阶思维范畴,这与我们平时的教学要求并没有太大的不同。考纲体现了思维训练的整体层面,并没有什么问题,那问题又出在哪里呢?

我想问题应该是出在答案上或者是答题上。

因为无论是识记与理解类的题目,还是分析与综合、鉴赏与评价类的题目,答案绝大多数是唯一的。即使是较为开放性的题目,导向性也往往很明显的(还是有很大限制的)。所以在听高三的试卷讲评课时我往往有这种强烈的感受。

几乎所有老师(包括我自己)都会详尽地帮学生逐点分析应该如何答题,答题的技巧、答题的规律、答题的要点、答题的得分点、答题的思路等等,框得死死的(美其名曰答题要规范)。有错吗?似乎是没有错的,现实就是如此,学生跟着老师走,从而不断地进步。

对于以上问题,其实我们不能机械地去看待学生听不听话和答题规范是否重要,而是要辩证地去看高阶思维训练的问题,高阶思维训练的核心是要学会多角度、多层次、多维度去看待问题和解决问题,回答不好问题,主要还是训练不到位的问题,答案的问题倒是其次的问题。所以具体而言:

1. 就出卷者而言。坚持根据考纲出题是准确的,但同时也应该明白文学作品本身也存在"仁者见仁、智者见智"的现象,多解是正常情况,角度不同往往可以有不同的见解,所以除了题干要清晰外,答案应该更全面、辩证。尽可能不再出现两位出卷的专家反复琢磨一两天,争论许久,想出来的唯一答案还是没有人能想到的尴尬状况。而改卷者更应大胆认可一些出卷者没有想到而确实言之有理的答案,这样才能充分发挥高考这一指挥棒的作用,促进高中语文教学高阶思维的进一步展开。

2. 就教师而言。坚持高阶思维的训练是正确的,但同时也应该注意放和收的辩证关系,开放性的发散性思维要与分析综合相结合,要注意引导学生选择准确的角度、确保质疑的合理性等等,高阶思维的训练应该始终走在正确的轨道上,引导学生不走偏激的道路,尤其在高三要注意引导学生如何在规范答题中展现自己在分析综合中的发散性思维。

3. 就学生而言,应坚决摆脱被动学习——不愿思考,只被动接受这一陋习,像教学大纲要求的那样,要学会主动学习(即接受性、体验性、研究性相结合的学习方式),积极参与学习,特别要注重学习思考的过程,养成反思、提问、求解、批判等学习习惯,这样就会逐步形成问题意识,并在对问题的思考、认识、解决的过程中,培养合作精神、探究意识和研究性学习能力。尤其在我校思维广场的学习中依据自己的体验、感受与发现,主动地与同学、老师交流,这样无论是在高一、高二还是在高三,学生都会有极大的收获。

(徐人浩)

# 21 在地理学科思维广场教学中培养学生的高阶思维能力

所谓高阶思维,是指发生在较高认知水平层次上的心智活动或认知能力。它在教学目标分类中表现为分析、综合、评价和创造。高阶思维是高阶能力的核心,主要指创新能力、问题求解能力、决策力和批判性思维能力。高阶思维能力集中体现了知识时代对人才素质的新要求,是适应知识时代发展的关键能力。发展学习者高阶思维能力蕴涵一系列新型的教学设计假设。地理学科可以在思维广场教学中很好地利用新型的教学模式对学生进行高阶思维能力的培养。

## 一、教学基本形式

学生在进入思维广场前,到任课教师处领取学习任务单和讨论预约单,明确具体的学习内容之后,进行自主预约(在智慧校园的思维广场板块正式运行后,在网上完成预约)。学生在进入思维广场后,展开自主的学习活动,完成自主学习部分的学习,并准备所预约的主题讨论内容。在规定时间进入规定的讨论室参加讨论活动。

目前地理学科的学科组合形式主要是地理和历史学科的联合教学以及地理和政治的联合教学。一般为两节课连上,前 20 分钟为自主学习时间,之后有三场 15 分钟的讨论时间,每场中间休息 10 分钟,结束后提交思维广场单。

## 二、教学要求

思维广场课对教师和学生提出了不同的要求,具体如下:

**对教师的要求**

课前提前准备好学习任务单→在学生自主学习期间组织管理学生并提供学习指导→参与主题讨论→课后批阅任务单并反思总结

**对学生的要求**

课前领取学习任务单并预约讨论场次→自主学习→参加主题讨论→提交学习任

务单

### 三、教学目标

2012年,地理学科作为第一批"吃螃蟹"的学科,参与了市西中学"思维广场"教学探索。期望利用"思维广场"这种新型的教学方式,满足不同学习需求、学习风格、学习习惯的学生开展各类学习活动,鼓励并引导学生利用数字化的技术获取信息,以自学、讨论、合作、交流为主的方式进行学习,从而有效促进有选择的独立学习和合作学习,促进学生表达能力和思辨能力的提升。

### 四、教学内容

| 主题讨论内容 | 高阶思维培养 |
| --- | --- |
| 野外生存需要辨别方向。通过查阅资料,找出几种在野外辨别方向的方法。请简述。 | 问题求解能力 |
| 1972年美国发射了"先驱者10号"探测器。上面携带了地球人送给外星人的镀金铝质"名片"(见教科书第13页)。如果让你来设计一张地球名片,你会如何设计呢?请在下面的方框内画上名片内容,并做简单说明。 | 创新能力 |
| 利用月相判案:<br>亚伯拉罕·林肯(Abraham Lincoln),是美国第16任总统,他在年轻的时候做过律师,曾经破过下面一个案子。案情如下:<br>10月18日(农历初八)晚上11点,证人站在一个草堆后面,亲眼看到被告在草堆西边20米~30米处的大树旁作案,因月光正照在被告脸上,所以他看清了作案人的面孔。<br>请问证人的证词可信么请说出理由。 | 问题求解能力 |
| 如果你登上月球,你最想做的事情是什么?请说出理由。 | 创新能力 |
| 查找至少2个关于人类如何利用潮汐的具体案例进行交流。 | 问题求解能力 |
| 如果有日食发生,如何正确观测日食?哪些因素会影响你的观测?观测日食有何意义? | 问题求解能力 |
| 黄赤交角的存在,具有重要的天文学和地理学意义。假设黄赤交角为0°,会对地球产生哪些影响?假设黄赤交角为90°,又会对地球产生哪些影响? | 难点知识突破 |
| 地球自转是指地球绕着地轴自西向东旋转。地球自转对我们人类的影响有多大?地球一旦停止自转,将会出现什么情况? | 创新能力 |
| 思考影响地震烈度的主要因素。<br>根据表格所给信息,分析海地地震比智利地震死亡人数多的原因。在网络上搜索资料,看看造成此情况的还有其他哪些因素? | 重点知识突破 |

续 表

| 主题讨论内容 | 高阶思维培养 |
|---|---|
| 火山喷发是一种奇特的地质现象,是地壳运动的一种表现形式,也是地球内部热能在地表的一种最强烈的显示,是岩浆等喷出物在短时间内从火山口向地表的释放。请结合具体的事例,说明火山喷发给我们带来的利与弊。 | 思维拓展 |
| 说说花岗岩、大理岩、石灰岩和玄武岩在生活和生产中的用途,并结合所学地理知识分析其原因。 | 思维拓展 |
| 举例说明哪些人类活动在改变着地貌形态。请分析一下哪些活动是合理的,哪些活动是不合理的,哪些活动利弊兼有。 | 思维拓展 |
| 讨论青藏高原、四川盆地和长江中下游平原的年太阳辐射量和热量差异及形成原因。<br>资料:1.甘蔗是一种一年生或多年生的热带和亚热带草本植物。四川盆地为我国种植甘蔗的最北界。2.青藏高原积温小于2 000℃,相当于寒温带,远低于同纬度其他地区(积温:一年内日平均气温≥10℃持续期间日平均气温的总和)。 | 问题求解能力 |
| 比较保温效应和温室效应的异同点。结合碳循环图讨论地球上碳循环状况及其发展趋势。 | 问题求解能力 |
| 根据分布特点判断气候类型图略。 | 问题求解能力 |
| 画南半球的三圈环流、气压带和风带。 | 思维拓展 |
| 分别说出上海和开罗的气候类型及其特点,并分析为什么30°N附近大陆东西两岸的气候会有如此巨大的差异。 | 思维拓展 |
| 辨别每个图所代表的气候类型,并说出原因。 | 思维拓展 |
| 请简要介绍我国实施南水北调工程的东线、中线、西线方案以及其利弊。 | 知识拓展 |
| 分析水资源危机产生的原因,并从经济、社会、环保等角度谈谈想要缓解水资源危机可以采取哪些措施? | 思维拓展 |
| (1)比较太平洋东岸和西岸以及大西洋东岸和西岸的气候特点,说说洋流在其中所起的作用。<br>(2)秘鲁、智利西海岸和澳大利亚东海岸气候有何差异?试从盛行风和洋流角度解释其原因。 | 问题求解能力 |
| (1)查询资料,了解厄尔尼诺现象和拉尼娜现象对全球气候的影响。(2)厄尔尼诺现象和拉尼娜现象纯粹是一种自然灾害吗?谈谈你的看法。 | 思维拓展 |
| 辩论赛　正方:"单独二胎"政策利大于弊<br>　　　　反方:"单独二胎"政策弊大于利 | 思维拓展 |
| 阅读教材第3页的图5.3人口年增长率的国际比较(2003),回答以下问题:<br>1. 为什么高收入国家人口增长率普遍比低收入国家低?<br>2. 中国与印度同为发展中国家,为何中国的人口增长率只有印度的一半? 美国属于发达国家,中国是最大的发展中国家,为什么美国的人口增长率比中国高? | 问题求解能力 |

续　表

| 主题讨论内容 | 高阶思维培养 |
|---|---|
| 民工潮是我国特有的劳务迁移的形式,查阅资料,谈谈农民进城务工对流入地和流出地有哪些正面和负面影响。 | 问题求解能力 |
| 查阅资料,分析长江三角洲城市群形成的区位条件(自然条件:地理位置、气候、地形等;人文条件:交通、历史等。) | 问题求解能力 |
| 上网查询并报告上海近年来在解决城市交通问题、环境问题、住房问题和社会问题上都采取了哪些措施?产生怎样的效果?你还有什么更好的设想、方案和措施? | 创新能力 |
| 选择一样你所感兴趣的农作物并查询其生长习性,根据农业区位条件画出其在我国的分布(参考作物:水稻、小麦、玉米、棉花、葡萄、甜菜、甘蔗等)。 | 思维拓展 |
| 你能否找出下图中我国各地区传统特色主食的分布规律,利用农业地域类型知识解释原因。 | 问题求解能力 |
| 上海将在东、南、西、北部分别重点建设信息、石化、汽车、钢铁四大产业基地,以形成与国际大都市相适应的产业布局。试分析上海四大产业基地的区位条件。 | 问题求解能力 |
| 宝钢搬出上海<br>2011年5月25日宝钢兼并重组韶钢集团和广钢集团,由宝钢控股成立一家新公司——宝钢湛江钢铁有限公司挂牌成立,建设地点在广东省湛江市东海岛。<br>新疆八钢南疆钢铁拜城有限公司是宝钢集团新疆八一钢铁有限公司下属子公司。公司于2010年8月18日正式开工建设,项目的开工标志着宝钢集团新疆八一钢铁有限公司南疆生产基地项目进入实施阶段。<br>讨论:宝钢为何要将部分产能转移至湛江和南疆?<br>　　　宝钢的产能迁移对湛江和南疆原先的钢铁厂产生怎样的影响? | 思维拓展 |
| 一个国家或地区城市化发展与工业化水平密切相关,国际上常用工业化率来衡量一个国家的工业化水平,工业化率是指一个国家当年的工业生产总值占国内生产总值的比重。<br>2011年我国的城市化水平达到51.27%,工业化率达到46.60%。<br>(1) 读下图,说明城市化水平与工业化率的关系,解释其原因。<br>(2) 根据下图判断我国城市化和工业化发展所处的阶段,并就我国城市化和工业化的发展提出建议思路(图略)。 | 问题求解能力 |

在思维广场开放的学习空间里,学生之间、师生之间自由互动,学生围绕问题一起讨论,其间思维的火花开始碰撞,高阶思维能力得到极大的提高。

**参考文献**

1　钟志贤. 如何发展学习者高阶思维能力[J]. 远程教育杂志, 2005.

(杨靖华)

## 22 创设情境体验，引导规则探究，培养学生高阶思维能力

### 一、背景

#### （一）高阶思维定义与特点

从目前研究文献来看，学者们对高阶思维有不同的理解和定义，但核心理解还是比较一致的。De Bono(1983)认为，高阶思维能力是超越简单回忆事实性知识的思维过程；Baker(1990)认为，高阶思维是指所有超越信息检索的智慧活动任务；Young(1997)认为，高阶学习是在解决新问题的过程中，认知策略、元认知和非策略性知识（领域特定的知识）之间的互动作用；L. Resnick(2002)认为，高阶思维是指问题解决路径没有确定，并且问题的解决有多种而不是单一的方案，它需要问题求解者付出心智方面的努力，因为它涉及到阐释、自我调节、多元标准的应用以及各种冲突现象的处理等。

由此可见，高阶思维是一种以高层次认知水平为主的综合性能力，它超越获取既定信息的能力、问题求解的能力、元认知能力和评价能力，是批判性的态度，是作为自主学习者的能力，也是对事物或现象做出合理判断的能力。高阶思维具有多种能力综合、任务真实复杂、需要付出心智努力、自我反思和调控、阐释、建构、多元标准和需要判断等特点。

高阶思维关注学习者批判性地评价信息能力、自主学习能力、发展情境迁移能力等，这也是许多新兴教学设计理论研究的焦点。如在学习目标和学习结果的研究中，表现为Merrill的"发现"层次目标、Gagne的"认知策略"层次目标和Bloom的"综合"层次目标等。研究这些能力培养的教学设计理论认为，自主学习能力或自我调节能力(Self-Regulation)是高阶思维技能培养的重心。

#### （二）英语学习活动观

《普通高中英语课程标准（2017年版）》（以下简称《2017新课标》）提出了指向学科核心素养发展的英语学习活动观，明确活动是英语学习的基本形式，是学习者学习和尝试运用语言理解与表达意义，培养文化意识，发展多元思维，形成学习能力的主

要途径。具体活动类别和内容如下：

| 类别 | 内　　容 |
|---|---|
| 学习理解类活动 | 感知与注意、获取与梳理、概括与整合等基于语篇的学习；在此基础上，以解决问题为目的，鼓励学生从语篇中获得新知，通过梳理、概括、整合信息，建立信息间的关联，形成新的知识结构； |
| 应用实践类活动 | 描述与阐释，分析与判断，内化与运用； |
| 迁移创新类活动 | 推理与论证、批评与评价、想象与创造。 |

教师要从英语学习活动观的视角重新整合课程内容，实施深度教学，为学生设计有情境、有层次、有实效的英语学习活动，帮助学生获取信息、整合信息、形成新的知识结构，通过实践内化所学知识，引导学生在新的语境中，基于新的知识结构，通过自主、合作、探究等学习方式，综合运用语言技能，进行多元思维，创造性地解决新情境中的问题，实现深度学习，促进思维品质的发展。

**二、教学思路**

《2017新课标》提倡的英语语法教学观，是以语言运用为导向的"形式—意义—使用"三维动态语法观。要求教师重视在语境中呈现新的语法知识，在语境中指导学生观察所学语法项目的使用场合、表达形式、基本意义和语用功能，并通过多种形式的活动，巩固所学语法知识，在语境中帮助学生学会运用语法知识，理解和表达意义，培养学生准确、恰当、得体地运用语言形式的意识。

基于对《2017新课标》的理解，笔者认真钻研教材，把贯穿在教材中的零散语法点整理出来，梳理成知识链呈现给学生；在教学过程中，精心设计贴近学生生活的真实语境，运用多模态语篇呈现目标语法的形式，引导学生观察、发现、比较、讨论目标语法的形式、意义和使用，自主归纳目标语法使用规则，感悟语言功能，在课堂上给予学生进行迁移创新学习的机会，提升学生的学习能力和思维品质。

**三、教案案例**

**(一) 教学内容**

非谓语动词是《英语(新世纪版)》高二上学期的教学重点和难点，学生在掌握非谓语动词被动语态方面存在较大困难。在动名词、不定式、分词专项学习时，学生还能有较好的掌握,但在较复杂的语境中,需要他们进行分析判断时,就会出现很多误用、错用等现象。为此,笔者研读教材,梳理非谓语动词的被动语态的知识点,设计了一节语法复习课,获得较好的教学效果。本节课是对目标语法的加深学习,也是对学生所学习过的现在分词用作定语、状语和宾语补足语的一次阶段性总结复习。在教材的第五单元和第六单元中学生将会对不定式和过去分词进行更深入的学习,从而体现出"螺旋式"的语法教学理念。

笔者根据学生兴趣特点和学习风格,以"上海——传统和现代交织的城市"为话题,设计了"描绘美丽的上海——探讨上海面临的问题——提出改进建议和希望"的链式情境,学生在情境中总结目标语法的形式、意义和使用,并能运用它来准确、得当地完成交际任务。

(二) 教学过程

Step 1:利用图片和游戏创设情境,复习非谓语动词被动式作定语的用法

上课伊始,我告诉学生:本课要谈论上海,一个有很多名胜古迹和独特文化的城市;然后呈现四张著名景点和建筑设施的图片,要求学生根据图片,运用所给提示词,填写四个句子。

1. Yuyuan Garden, **constructed** in Ming Dynasty, is a famous classical garden and attracts thousands of domestic and foreign tourists every year.

2. Shanghai Museum, **designed** by the ancient idea of a round heaven and a square land, is a wonderful place to enjoy ancient Chinese arts and crafts.

3. The new store **being decorated** now in Tianzifang has a feature of its own, which adds to the artistic and relaxing atmosphere of the area.

4. Shanghai Metro Line 14, **to be completed in 2020**, will be 39 km long, with 31 stations running from Jiading District to Pudong New Area.

教师引导学生观察和比较这四个句子,分析比较非谓语动词被动式作为定语时,在形式和意义方面的差异,并归纳出本节课的第一个学习小贴士:

| Form | Function | Voice | Meaning(time) |
| --- | --- | --- | --- |
| to be done | attributive | passive | Sth will happen |
| being done | attributive | passive | Sth is happening |
| done | attributive | passive | Sth has happened. |

然后,教师组织学生开展"猜猜上海好地方(好食物)"的游戏,让每个小组根据自己的知识结构,从有关上海生活的五个方面,如地名、食物、建筑、名人、服饰等,选择一个并完成相关任务。根据游戏指令,学生要填写相关语段信息,并朗读小语段,最后猜测语段所描绘的景点或建筑。

【设计说明】用熟悉的景物创设情境,拉近学生与目标学习内容之间的距离,激发了学生的学习兴趣。同时通过让学生根据自己的知识体系,自主选择任务单,尊重他们个体,也能更好地激发学生学习主动性。师生在讨论、分析、比较的基础上,共同归纳出的学习小贴士能使得学生明确语法的形式、意义和使用的统一,有利于学生学习能力的培养。猜测游戏能有效地激发学生的好奇心和参与课堂活动的积极性,同时促进学生进一步巩固和运用相关语法知识。

Step 2:借助视频创设情境,复习非谓语动词被动式作状语的用法

教师播放一段时长五分钟的视频,内容涉及上海的历史和现状。要求学生带着任务观看,并记录关键词;观看后,要求学生完成与视频相关的两个任务。

Task 1: Fill in the blanks according to the video

(1) _____ (locate) in East China, Shanghai is the largest city in China and the 8th largest city in the world. _____ (develop) at an amazing speed, Shanghai has become a city known as the Paris of the East.
(2) _____ (carry) out successfully for years, the one-child-policy has caused Shanghai to have the lowest fertility rate in China, with the population _____ ( record) 1900 million in 2009.
…

Task 2: Rewrite the following sentences by using proper forms of non-finite verb

(1) Because the sea has been polluted by the factories around the Yangtze River, the sea is no longer blue now.
_____
(2) When it was completed in 2014, Shanghai Tower became the tallest building in Shanghai.
_____
…

在完成任务的基础上,学生分组讨论上述几个非谓语动词的被动式在句中充当的成分,它们在形式和意义上的区别,并在老师的帮助下提炼并归纳第二个学习小贴士:

| 形式 | 主动语态 | 被动语态 | 意义（与谓语动作的先后关系） | 用法 |
|---|---|---|---|---|
| 现在分词 | doing | being done | 与谓语同时发生 | 状语 |
|  | having done | having been done | 先于谓语发生 | 状语 |
| 过去分词 |  | done | 可表示条件、状态或与谓语动词同时发生 | 状语 |

【设计说明】视频所创设的熟悉情境激发了学生对家乡的热爱，学生在情感的驱动下积极投入到语法学习中；视频中包含目标语法的丰富语料，学生在看、听、记的过程中感知其形式、意义和用法，再通过练习、讨论和归纳，把目标语法的形式、意义和用法联系起来，为内化提供基础保障。

Step 3：引导学生在角色扮演中复习非谓语动词被动式作宾语和主语的用法，并巩固前两个教学环节所学习的语法知识。

教师告诉学生上海现在面临着一些问题，呈现上海母亲河——苏州河遭受严重污染的图片，并扮演苏州河陈述自己的遭遇和感受，为学生示范目标语法的运用。

I hate **being polluted** by waste water every day. **Being polluted** by waste water from factories every day makes me look old and horrible. **Having been polluted** for a long time, I give off a bad smell. I really want to be protected.

接着，教师用PPT呈现上海所面临问题的更多图片，如：被破坏的公共设施、被浪费的食物、公园里被摘的鲜花、孤独的老人等。学生组成五人小组，选择最感兴趣的图片，模仿老师扮演图片中的公共设施、鲜花、老人等，描述自己的遭遇并表达感受，然后选出代表在全班交流展示。

【设计说明】角色扮演能让学生最深切地体验情境意义，置身其中的学生自然地投入到语法交际活动中，加深对语法形式、意义和功能的理解。本环节鼓励学生把本课教学重点——非谓语动词被动式用作宾语、状语运用到角色扮演的交际活动中，引导学生发展英语语法意识和能力。这个环节深受学生喜欢，课堂气氛融洽生动。

Step 4：创设记者采访情境，复习非谓语动词被动式作宾语补足语的用法

教师扮演《上海日报》记者在班上进行采访，询问学生解决这些问题的建议。有些学生给出了如下的句子：

I expect that more measures will be taken to protect the public facilities.

I recommend that the more people will be educated to know the importance of saving food.

教师针对上述句子,引导学生转换成:

I expect more measures to be taken to protect the public facilities.

I recommend more people to be educated to know the importance of saving food.

通过这样的转换,学生们给出了更多的句子,如:

I expect more trees to be planted in our city.

I urge more action to be taken to enrich the life of the old.

采访活动结束后,教师让学生观察和分析黑板上句子的宾语和宾语补足语间的关系以及 to be done 所表达的意义,总结出第三个学习小贴士:

| 形式 | 用法 | 意 义 |
|---|---|---|
| to be done | 宾语补足语 | 与宾语之间是被动关系,表达的动作在谓语之后发生,含有将来时间概念。 |

【设计说明】师生之间的课堂互动培养了学生的交际能力,营造了和谐的教学环境,把课堂转化成为师生共同探讨和运用知识的场所。教师适时引导学生改写句子,帮助学生更好地掌握目标语法的形式、意义和用法的统一,并在紧接着的交流中模仿运用。

Step 5:利用情景写作,巩固和内化知识

在之前口头交流的基础上,教师布置情境写作任务:假设你是图片中的被破坏的公共财物、被忽视的老人、被采摘的鲜花、被污染的空气、被拆除的石库门等,请你写一篇作文。内容包括:首先自我介绍,其次描述面临的困难,最后呼吁要采取的措施。

在学生写作前,教师运用PPT呈现了一篇写作范例,通过分析范例中的目标语法形式、意义和用法,要求学生在写作时要准确、得体地运用目标语法,表达自己的观点。然后要求学生在规定时间内自主完成写作任务,最后抽取两位学生进行全班交流。

Example

I am a kind of snack **called** ... Having a history of ..., I was quite popular with people in Shanghai. **Having been passed on from generation to generation**, I have been a symbol of Shanghai lifestyle. However, I am faced with a big problem. **Considered** unhealthy, I am not as popular as before. I expect some measures **to be taken** to improve the way of cooking so that I will not only keep the traditional flavor but also become more healthy.

【设计说明】本环节旨在让学生运用所学语法知识。情境写作扩展了输出途径，增强了学生的思维力度，提高了学生的语言运用能力。但由于课堂写作时间有限，学生的展示没有达到预期的效果。

Step 6：作业布置，迁移语法知识，进行自主运用

要求每位学生在课后，在课堂写作的基础上，进一步修改增加具有个性化的信息，完成写作任务。

### 四、教学反思

从三个维度进行语法教学，帮助学生从形式、意义和使用三方面掌握非谓语动词的被动式；通过语言接触——理解体验——语言聚焦——自主运用，使得语法技能发展成为正确使用语法进行交流的能力。

通过创设一系列恰当的情境，将语法教学融入真实语境中，引导学生在真实的交际活动中体验、感悟、探究、归纳、总结，进行有意义的语法实践，而不是单纯的机械操练。

把课堂的自主权和选择权还给学生，给予学生根据自身兴趣和已有知识体系，选择所感兴趣的话题和练习的机会，尊重学生个性，促进学生个性化发展。给学生足够时间和空间去探究语言现象、归纳总结语言规律，提高学生自主思考学习的能力。

教师没有按部就班地按照教材的顺序进行教学，而是根据学生已有的知识结构和实际水平，对教学内容进行了适当的整合，实现了对非谓语动词被动式进行总结归纳的教学目标，为以后深入研究探索非谓语的使用做了有利的铺垫。

### 五、结束语

一节课不能解决非谓语被动式的所有问题，还有很多方面有待于在以后的语法教学中继续深入。尽管如此，本堂课还是做到了：通过创设情境，尊重学生个体差异，立足学生原有知识体系，让学生在真实的情境中获得大量的可理解的语言输入，理解语法现象的形式、意义和使用之间的关系，解决语法的实际运用问题。学生在已有认知的基础上，多途径地学习理解和构建新的知识，进行分析和评价后，将新旧认知进

行重组和再创造,最后达成对语言知识的创作性运用。在整个过程中,笔者很高兴地发现,这是个行之有效的发展高阶思维的教学活动设计,值得在以后的语法教学中继续开展和完善。

(赵晶晶)

## 23 浅谈信息科技学科中学生高阶思维的培养

高阶思维是指发生在较高认知水平层次上的心智活动或认知能力,是高阶能力的核心,主要指创新能力、问题求解能力、决策力和批判性思维能力。高阶思维能力集中体现了知识时代对人才素质提出的新要求,是适应知识时代发展的关键能力。低阶思维指发生在较低认知水平层次的,主要是用于学习事实性知识或完成简单任务的认知能力。它在教学目标分类中表现为较低水平的能力,如记忆力、浅表层次的理解能力和近迁移的应用能力等。高阶思维反映了学习者适应知识时代生存与发展的根本要求。在这个复杂且工作日趋专门化的社会,个人的高阶思维能力越显重要。为了适应时代的需要,教育教学改革的主要目标就是要发展学习者的高阶思维能力,以使学习者在知识时代,能以"独立思考"的精神去面对他们所遇到的一切不熟悉的问题;能成为一个"问题解决者"和一个"学会了怎样学习的人";能成为一个"批判性思维工作者"和"终身学习者"。发展高阶思维,是实现人与技术和谐作用的必然。随着记忆性和检索性的能力日益为信息技术所承担,人类前所未有地减轻了低阶知识与能力的负荷,学习者发展的重心势必需要转移,让计算机做最拿手的事情,而让人类去从事计算机所不能的事情。

21世纪网络的广泛应用正在改变着我们传统的思维方式,浅思考、浅阅读、浅交流、浅操作充斥着我们的学习与生活,更多的人开始接受基于关键词的学习,他们已经习惯于简单到只要输入关键词便可找到现成问题答案的方式。人脑对电脑的过分依赖和信息利用的利弊权衡,已让人类对技术的运用愈来愈慎重,同时也让我们对信息技术教育的目标定位愈来愈清晰:未来的世界已不属于那种拥有更多知识信息、技能技巧的人,而是属于那些更多具有高阶思维能力和高质信息素养的人。适应未来的数字化生存,不仅需要一个信息化的环境,更需要拥有一种自由开放、平等自主、分工协作,以及更懂得甄别与取舍的信息化思维。信息科技是一门实践性极强的学科,实践性操作可以是验证性实践、制作性实践、任务型实践和探究性实践,这几种实践依次对应的思维层次也是由低到高的。最高层的操作就是探究性实践,这种实践将计算机当作一种环境,将信息科技的学习当作一种实验,让学生通过类似于科学家进行科学探究的方式,发现计算机的规律,获取计算机知识,并在这个过程中学会掌握信息技术的方法和技能,形成信息技术的思维方式。计算机具有实时交互、所见即所得的特点,它使技术的探究学习成为可能。

**案例1 网络连通大排查**

学生和往常一样进入机房上课,发现好多机器无法正常上网。

师:(故意很惊讶)这么多机器不能上网,老师一个人也忙不过来,就请同学们一起帮老师来解决这些问题吧。

引导学生先思考可能引起故障的原因,再同小组同学一起分析讨论应该用怎样的命令和操作进行检测,以明确故障的真正原因,找到原因后再尝试用合理的方法进行解决。

学生们经过几次尝试和实践,最终都实现了机房的机器正常上网。最后师生一起整理总结常见的网络故障原因及解决方法。

【分析】学生对于网络并不陌生,但这种不陌生仅限于对网络服务的基本的浅层的应用,高中信息科技的教学目标之一就是希望学生不仅会用计算机这种工具,还要知晓其背后的原理,并能用这些原理来解决生活中的实际问题。在这一节内容中,教师以生活中的网络故障排查与检测为情境,在机房教室中进行了真实的网络故障的设置,学生需要摸索、尝试和探寻,要根据学过的知识自己去检测机器的网络故障到底是什么,以及故障出现在哪里,并且要进行解决。在这个过程中,学生对信息科技知识的学习不是简单的技术复制,而是生活背景下的对信息科技知识的合理运用,而这种运用是在学生自主的探究过程中实现的。

**案例2 信息的压缩**

首先,通过数字信息传递游戏,思考信息压缩的实质是什么。

其次,通过对一首英文箭头诗歌的还原,分析文字信息的压缩可以怎样实现。

第三,给出一幅位图图片,尝试对其进行压缩,比较图片信息的压缩与文字信息的压缩有何不同,探索适合图片信息压缩的方法。

第四,在对文字信息的压缩和图片信息的压缩都实现之后,对这两种类型信息的压缩进行对比，发现不同点，对无损压缩和有损压缩进行深入理解，并思考哪些信息适合用无损压缩，哪些信息适合用有损压缩。

第五，进一步对常用的无损压缩工具和有损压缩工具进行列举、归类和整理。

【分析】信息压缩是利用计算机进行数据处理时常用的一种操作，但信息压缩的实质却有待学生理解。本节中学生通过针对不同的问题进行实践操作，逐渐思考和认识了信息压缩的含义，并且在实例中对文字、图片等不同信息的压缩方法进行了探究和对比，认识不同的压缩方法，探寻为什么不同的信息会用不同的压缩格式呈现，从而真正理解了信息压缩的实质和原理。

探究性实践是思维含量较高的计算机操作形式，它改变了过去由教师讲授，从概念、规律开始学习的技术学习模式，是一种通过各种自主实验等事实性操作来理解概念的课堂方式。它可以帮助学生探求原理、理解概念、链接知识，在智能化程度较高的信息技术学科中非常适用。

计算机是计算工具、操作工具，还是智力工具？计算机区别于其他工具的最大特点是什么？在信息技术教学时，我们经常会有这样的疑虑和思考。上海将信息学科的教材定名为《信息科技》也就意味着这门课程不仅包含技术，还包含科学，其意深远。计算机不是简单用来计算的，也不是纯粹用来玩的，它是可以用来促进思考的。计算机的出现更多的是为了让人类减少低效重复劳动，把人类从繁琐的事务中解放出来从事更高层次的思维劳动。所以，我们也可以这样认为，只有包含了高阶思维的计算机操作、问题设计和任务情境，才能真正体现信息科技这门学科的优势和课程的核心价值。信息技术学习从基于关键词向基于高阶思维的转型，是技术发展之必然，教育发展之必然，也是社会发展之必然。

（周健荣）

# 24  高阶思维培养的物理课堂教学案例

### 一、教材简析

本案例进行于教授完上海市二期课改物理教材高一第二学期第五章机械能中B节内容"功率"。该节的难点是在分析具体问题时,把握当机械功率不变时动力和速度的关系。课本在一台机械的功率能否无限大以及功率不变时$F$与$v$的关系内容上用了较大的篇幅,意在联系实际,突破难点,让学生体验物理知识在社会生活中的广泛应用。

我对培养学生高阶思维的理解是,它绝对不是帮助孩子进行机械记忆的填鸭式教学所能够完成的,它也绝不可能在一张高考试卷中得以体现。我认为高阶思维它首先包含在当今大数据时代背景下对知识的搜索学习能力和更重要的辨别真伪的能力。其次,它也应该包含在真实情景中主动尝试并勇于应用这些知识解决实际问题的能力。最后,它更应该包含一种包容的能力,它要求人能够与不同生活和教育背景下的其他人合作共同完成任务。为了在这些方面对学生进行培养,我设计了以下案例。

在这一节的教学中,我希望通过让学生小组合作,共同探究综合性问题,动手实践,完成项目,从中体会研究科学问题时的实事求是的态度,遇到困难时的坚持不懈的精神,从而达到情感、态度、价值观的提升。以下就是我今天想要分享的我的培养学生高阶思维的案例,它和我每天上的其他物理课有着共同的特点,它的主题词应该是"渗透",它等待着您细细品味。

### 二、情景描述

进行"功率"教学时,我按照惯例讲解了汽车启动的内容,好不容易挤出了一个课时,在教室中开展了一次汽车越野比赛!

## (一)引入

那是上午的第四节课,我搬了几盒零件,包括许多积木、大大小小的轮子、各式齿轮、驱动器等,我还带了秒表。看到这些玩具,立刻有一些见多识广的学生围上来凑热闹。

"大神"说:"老师,你怎么把积木带来教室啦?这个积木我认识的呀……"

"学霸"说:"老师,今天玩玩具啊,这个我很厉害的,我从小玩机器人,初中就参加OM比赛了。"

我说:"那好,我等待着你们组队参加赛车比赛!"

我在教室的地板上贴上一条胶带代表起始点,并在两米开外的地方架起一个斜面,我告诉学生们,斜面的底端是我们比赛的终点。

然后我宣布了比赛规则。

规则一:以四人小组为单位,男女同学合作完成,先组建好的小组可以先来我处挑选造车材料。

规则二:搭建好车子的参赛队伍可以到我这里来要求记时,以小车跑完全程所用时间最短的队为获胜队。

规则三:每组需要的零件只能来老师处申领,不能直接用别组的参赛。

我很高兴,我成功把他们带入了一个新的学习情景中。

## (二)分组

于是一轮激烈的"抱大腿"比赛飞快地展开了,那两位自称在这方面很厉害的高手很快就被同学们瓜分完了,建立的两个小组分别取名"大神队"和"学霸队",进入了这两组的同学欣喜若狂,不需要选组长,不需要分工,瞬间就在"大神"和"学霸"的带领下到老师处领取了所需的材料。

1. "学霸队"的"马车"

于是,"学霸队"的"学霸"同学以迅雷不及掩耳的速度选择了最小的驱动齿轮和最大的从动齿轮还有最大的轮子,很快就装配出了一辆不错的看起来有点像四轮"马车"样子的小车,组里其他的伙伴只有投射崇拜的小眼神的份了。小车很快被放置到了起跑线上,我按动秒表,小车迅速冲了出去,"哇"的叫声把其他小组的同学也吸引了过来,可令人失望的是,小车开到了上坡的地方却突然停了下来,就好像飞驰的马儿害怕斜坡一样,突然停止不前了,围观的人群中有惋惜之声,当然也有幸灾乐祸之声……那位有经验的"学霸"同学马上意识到了问题:"不要紧,是因为速度大了,驱动力不够,我再去调整。"于是组里的其他三位成员又屁颠屁颠跟着"学霸"去修改设计了。

个人英雄主义的队伍,会最终获得胜利吗?

2. "大神队"的三轮车

"大神队"也很快装配好了,那是一辆看起来精神抖擞的三轮车,吸取了前一组失败的教训,"大神"选择了比较适中的齿轮和轮胎,按下秒表后,车子稳稳地开出,但没想到两秒后突然停下了,正当"大神"要去拿车时,车子又突然开动起来了,这辆三轮车就这么开两秒、停两秒,开两秒、停两秒地,不紧不慢地开上了斜坡,完全没有参加赛车比赛的感觉,急得"大神"直跺脚。把围观的同学笑倒了一大片,好不容易到达终点,秒表显示 30.14 秒! 我把这个时间写在了黑板上。

我说:"这个速度很慢,但这是目前为止的第一名,第一名有奖!"

我的话让"大神"同学特别沮丧,他带着他的组员回去解决停停走走的问题了。

(三) 更多参与、更多学习、更多合作

我的话也勾起了其他同学的斗志,很快又建立起了两个小组:"花神组"和"Big Bang组"。他们也很快加入了比赛,和刚才那两个有着"牛娃"带头的组不同,新成立的两个小组在小组成立的初期就开始了分工,有的立刻上网找搭建赛车的方法,有的负责来我处领取材料,也有的直接去别的小组"探听敌情"和"偷师学艺"。

"花神组"同学通过精诚合作,现学现卖,不断调试,很快也搭建出了自己的赛车,正式开上赛道后,虽然开得不算快,但全程都没有走走停停的情况出现,居然以 23.77 秒,抢占了第一名的位置。

很快"学霸队"也修改好了之前驱动力太小、速度太大的赛车,再次前来挑战,结果很顺利地以快 2 秒的优势登上了第一的宝座。

当我在黑板上更新第一名成绩时,"大神"同学不断地叫嚷着:"不公平,我们组的电动机走走停停,一定有问题。"

我说:"这是你们组自己挑选的驱动装置,要对自己的选择负责,你们自己想办法解决。"

1. "Big Bang组"尽了最多的努力却没有换来最好的结果

再说说"Big Bang组",这个组里没有"专业级比赛选手",但他们似乎励志要做最好的车子。他们观察了其他几个已经完成的小组的车子,发现通过简单地更换齿轮和轮子的大小已经很难令这辆要开上斜坡的车子再进一步提高速度了。组里的A同学说,好像听说可以利用齿轮做到多级变速,从而进一步提高车速。B同学立刻上网查找,居然很快查到了被称为齿轮传动链的多级变速齿轮组的组装方法。C同学迅速来我处申领了需要的各种齿轮和相应的积木块,和D同学一起按照B同学的指示进行搭建。可是这远远比他们想象的更难,一直搭到下课,还是没有把手机图纸上的齿轮传动链在小车上搭建起来。

2. 被遗忘的午饭

原本打算当场宣布比赛成绩的我看到各个小组的同学都还意犹未尽地改装着自己的小车,并央求我再给点时间。我只好无奈地宣布:"比赛午饭后继续,今天下午上课前取得最快速度的小组获得第一名!"

于是,我发现,当天中午那几个参赛小组的同学,都在上网查找资料,并不断调整小车的传动装置。

连"学霸队"和"大神队"的那几位原本只想"抱大腿"的同学也都积极加入了调试工作,因为当他们真正动手做了以后,发现这些在图纸上看起来高深莫测的传动装置其实并不神秘,是可以被驾驭的。

没有参与组建小组的同学,有些跑出去为参赛同学买干粮,还有些干脆加入到各个参赛小组中一起出谋划策,我发现,当可以亲自动手的科技真正来到学生身边的时候,它的吸引力远比我们想象的要大得多。

3. 面临突发挑战

当"Big Bang组"的同学将终于搭建好的小车放上赛道时,吃惊地发现原来拿在手上可以转动的轮子,放到地上后只略微走了几厘米就停下了,然后又走了两下,就再也不动了。大家都非常沮丧,A同学说:"是不是没电了?"B问:"怎么办?"C说:"借别的小组的驱动装置试试吧。"D同学居然去借了同样走走停停的"大神队"的马达来尝试。

结果发现果然是电力不足造成的,一旦需要的扭矩太大,马达就转动不了了!

4. 完全不同的解决方案

这个时候,两个小组的同学采用了令我惊喜的不同方法解决了问题。

"Big Bang组"的C同学发现可以充电,来找我借了为驱动器充电的电线。我很高兴他们合作找到了问题的原因,并懂得如何寻求外力帮助。充了10分钟电后的小车很快刷新了纪录,跑进了20秒大关。

"大神队"想到的方法是减轻车子的自重,"大神队"成员"小老虎"(注意:这次不是"大神"同学出的主意)提出了把车上所有不需要的东西都拆掉,甚至把驱动器中质量很大的电动机部分拿在手上,把四个轮子的车子硬生生改成了独轮车!这样一来,车子的负担小了很多,没多少电的车子(虽然看起来不像车子)在跑道上居然可以跑得飞快,20秒不到就跑完了整个赛道!

5. 同学们欣喜若狂

我也是,因为他们比我预想中做得更好。

我偷笑,因为我不会告诉他们,这两个缺电的电动机是我故意为他们设置的障碍……

我宣布:"今天的比赛没有输家!今天全班同学在'大神'和'学霸'的带头下,很积极地投入四个小组开展了造车运动。同学们很好地利用互联网进行自主学习,也很好地进行了相互合作,很多同学在造车过程中非常投入,连午饭也没顾上吃,特别是'Big Bang组'的同学,短时间内上网学习全新的齿轮组装配技术,学习能力令人钦佩。最令老师高兴的是,当我们两组同学遇到了意想不到的困难时,都没有放弃比赛,而是积极主动地想办法,并都很好地解决了问题。让我们为自己鼓掌!"

其实,这个全赢的结果并不是我预先设定好的。

### 三、案例分析

在本案例中,学生在自主开展学习科学技术的过程中,自主相互进行了高阶思维的培养。

### （一）主动投入学习

本次的授课内容并没有强制学生参与，学生可以选择做组长，也可以选择"抱大腿"，甚至也可以不参加。许多同学在观望中渐渐投入了学习，这些同学可能原先并不熟悉搭建玩具车的任务，但他们上网查资料，不断尝试，并最终获得成功的体验。

### （二）创新解决问题

我在设计本次活动时，故意设置了一些困难，比如设置了两个充电不足的电动机。不同小组的同学想出了不同的解决方案，他们在探索的过程中坚持不懈，不随意放弃自己的想法。各个小组的同学都不断改进自己的方案，共同不断刷新着速度纪录。

### （三）团结协作互助

本次活动中学生自由组队，在各小组中，几乎每一位同学都发挥着自己的作用，即使在"大神队"和"学霸队"中，其他同学也都发挥了自己的作用。那些后来才组队的小组，更是分工明确，通过合作，学生们体会了完成任务时要有团结协作的精神，学会了相互帮助，共同获得了成功的快乐。

当然他们也对这一章节正学习的功率的概念有了更深刻的认识，对于齿轮组的作用也有了实际的感受……

我想，这些在物理课中点点滴滴的对高阶思维的培养，不管是我事先设计好的，还是在学生思维碰撞过程中迸发的，都将深深印入学生的心田。

## 四、反思

那位设计出最快独轮车的"小老虎"同学，将这个故事写入了他的大学申请书中。那次比赛令他印象深刻，因为本来他只是团队中那个"抱别人大腿"的角色，但渐渐地，在主动学习知识、探索科学的过程中，在与人合作的过程中，他投入其中，享受了成功的喜悦。他为自己的坚持、努力而骄傲，我相信他定会将这种精神带入他将来的学习生活中去。

（张 蕾）

## 25 英语阅读教学中高阶思维培养的尝试

国家中小学课程标准指出,社会生活的信息化和经济的全球化,使英语的重要性日益突出。英语是知识、文化和咨询的重要载体,是国际交往与文化科技交流的重要工具,已成为人类生活各个领域中使用最广泛的语言。许多国家在教育发展战略中,都把英语教育作为公民素质教育的重要组成部分,并将其摆在突出的地位。英语课程应为学生提供知识积累和语言实践的过程,内容应具有生活性、时代性和文化性;应从学生的学习兴趣、生活经验和认知水平出发,倡导体验、实践、参与、合作与交流的学习方式和任务型的教学途径,发展学生的综合语言运用能力,培养学生的观察、记忆、思维、想象能力和创新能力,促进学生审美情趣和艺术感受、协作和创新精神等综合素质的发展。

在英语阅读教学中设置问题进行教学和考查是现在几乎所有教师都在使用的一种方法,仔细观察分析后,我们可以发现现在英语阅读理解的很多问题的设计大多停留在记忆和理解层面。而对照布卢姆的认知领域目标分类理论,阅读作为必须具备的学习能力也应该包含记忆、理解、应用、分析、评价和创造这六个水平。主动理解应用,积极联系分析,科学评价并创造生成的过程,就是高阶思维训练和培养的过程,因此就要求教师设计出应用、分析、评价和创造层面的问题,多引导学生联系自身的经历和经验对文章内容进行主动阅读和批判性思维。当阅读到达应用、分析、评价和创造层面时,就会因为学生的个人体验和思维差异而更具个性化。

基于上述的背景和理念,笔者为期一年的时间里,在高一年级以上海市高中英语牛津教材和课外报刊阅读文本为教学资源,在基础型课程和拓展阅读课程中尝试设计英语阅读教学的思辨型问题,取代传统的事实细节题,并在阅读后组织学生开展讨论或辩论,以更好地达到训练和培养学生高阶思维的目的。

思辨型问题是指问题中要求学生就某一观点进行辩驳或就某一现象进行分析,分析可以结合文本内容,也可结合社会实际,甚至可以针对作者在文中的某个观点提出质疑并加以论述,以此引导学生进行批判性阅读,培养学生自主投入阅读并在阅读过程中不断思考辨析的习惯。

如:在牛津教材 S1B Unit 2 Two Geniuses 课文阅读后,教师提出:Is it a true story? Why or why not? 学生从课文的蛛丝马迹中分析该故事的真实性有多少。有的学生提到故事中爱因斯坦的司机没有任何物理学的学习经历和背景,即使记忆力再出众,也不太可能只听几次就能一字不差地将那么专业名词和那么复杂的道理解释清楚,因此故事不真实的可能性较大。有的学生提到这样的专业领域不大,那么多人与会,每次到会听演讲的人从不重复的概率几乎为零,同时在这个大学里现场没有一个人曾见过爱因斯坦的概率也几乎为零,因此故事极有可能是杜撰的。还有的学生充分调动自己的课外知识进行补充分析,甚至有学生上网搜索爱因斯坦的生平,发现爱因斯坦不会开车,那么故事结尾提到爱因斯坦为司机开车,一起离开会场,是不会发生的,这个只是传奇故事而已。

牛津教材 S1B Unit 2 More Reading 的最后一段提到部分学生被邀请参加诺贝尔颁奖礼的宴会,教师可以提出 Why are young students invited to the grand banquet? What kind of students can be invited? 让学生思考并回答这两个问题,学生思考当代世界需要什么样的人才,从而引发学生对照自身进行反思。

在教学一篇关于在公交上给老人让座而老人也应该表示感谢的文章的过程中,教师请学生试分析 What might have prevented people from performing such an honorable act as giving up a seat to a senior citizen on the public transport? 对这个问题的分析涉及道德、人性、传统、社会风气、城市生活特征等范畴。

在阅读了大陆孩童在香港街道上小便事件的相关文章后,教师请学生试分析:What do you think leads to a tension between mainlanders and Hongkongers? How to ease the tension? 学生也谈到了城市建设的要素、人与人的相处、道德修养,甚至还提到了家乡自豪感和归属感等抽象层面的概念。

在牛津教材 S1B Unit 1 Phantom of the Opera 课文阅读后,教师做出这样的设计:Suppose Phantom proved to be a very handsome man. How would you change the story? 多数学生根据要求大胆对故事进行改编,但是也有个别学生"义正言辞"地站出来指出这个大胆假设不成立,甚至有学生提出这个问题的设计本身就有问题,理由是:如果从一出生就长相好看,就不会有魅影这号人物,也不会有之后的故事了。

在讨论和辩论的过程中,我们还教会学生用图谱和表格来整理思路。图谱主要用于帮助学生整理自己的思维,把头脑中抽象的想法以有序又有形的方式在纸上呈现出来;表格主要用于帮助学生整理文章的结构和写作思路,把文章的布局和脉络一目了然地凸显出来。因此,图表的使用可以训练学生在阅读和讨论过程中不断进行信息整理、分类梳理、分析归纳、概括表达,培养学生的逻辑能力和分析综合能力。

如牛津教材 S1B Unit 6 Reading　A Variety of Viewpoints

【文本介绍】

这是一篇主题为广告对孩子是否产生影响的议论文。全文由一篇报纸专栏社论 Little Spenders Are Bigger Spenders 和三篇短短的读者来信组成,皆是发表各自的看法和见解。学生理解文章内容不难,教学的重点在于对文章结构的把握和观点与事实的区分。

【设计思路】

我们根据文章的结构设计了如下文章大纲层次图表,从内容理解到段落归纳,逐渐呈现文本脉络,并有意搭建脚手架,逐渐减少提示,学生在从提示较多到几乎没有提示的情况下完成日志后,也就基本把握了全文的框架结构,也产生了各自的判断与联系,形成了不同的个人见解。

| Little Spenders Are Big Spenders ||
|---|---|
| Para 1<br>Fact<br>(Introduction) | Children in Asia have become _____ for TV commercials because<br>1. Asian families → _____<br>(Can you find any other hidden reason? _____ )<br>2. Asian children → _____<br>Supporting details: _____ |
| Paras 2&3<br>_____ | Advertisers: TV commercials are _____ (1 word)<br>　　　　　　because _____<br>Educators: _____,<br>　　　　　which is supported by _____ |
| Para 4<br>_____<br>(Conclusion) | Government should _____<br>(What actions do you think the government should take?<br>　1. _____<br>　2. _____<br>　3. _____ )<br>Television authorities should _____<br>(List 1 advertisement that you think should be banned.<br>_____ ) |

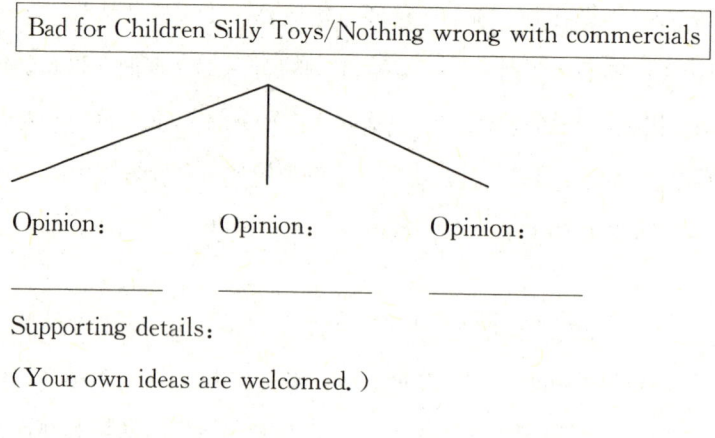

又如取自报刊的改编阅读文章 Sciences Trump Humanities in College。

【文本介绍】

文章主要介绍了当前社会上理科专业相对于人文类专业,具有高薪、毕业容易找到工作等就业优势,以至于大学增设理科专业而减少人文类专业,同时大学更重视理科专业的质量以保障自己的学校声誉。但是本文是以比较和举例交替呈现的方式构成,还穿插引用了部分毕业生和教师的话,整篇文章的结构较为分散,不易于学生发现并收集重要阅读信息。

【设计思路】

我们认为本文阅读要重点解决的难点在于信息搜索和归整,因此设计了如下的餐垫式(placemat)图表日志,请学生边阅读边将相关信息填入表中,同时调动自己的认知或参考其他资料,尽可能全面地填写图表。此图表就很有序地将分散在文章中的重要信息归纳整理到了一起,同时学生在自主思考和完善此表的过程中,有筛选、有分辨、有选择,涉及了许多思考过程。

| strength of science majors: | | strength of humanities majors: |
|---|---|---|
| | science / humanity | |
| Character sketches of those who major in sciences | | Character sketches of those who major in humanities |

在为期一年的过程中，我们做了一些研究和尝试，组织了一些讨论和辩论活动，也取得了一些心得。今后，我们将继续尝试，努力设计出在英语阅读教学过程中培养学生批判性思辨能力的校本阅读教材，为高阶思维在英语学科教学中的训练和发展提供一些方向和经验。

（陈婧怡）

## 26　浅谈语文课如何培养学生的高阶思维

在语文课本中,选了一篇明朝散文家归有光的《项脊轩志》。

### 项脊轩志

项脊轩,旧南阁子也。室仅方丈,可容一人居。百年老屋,尘泥渗漉,雨泽下注;每移案,顾视,无可置者。又北向,不能得日,日过午已昏。余稍为修葺,使不上漏。前辟四窗,垣墙周庭,以当南日,日影反照,室始洞然。又杂植兰桂竹木于庭,旧时栏楯,亦遂增胜。借书满架,偃仰啸歌,冥然兀坐,万籁有声;而庭阶寂寂(阶寂寂一作:阶寂寂),小鸟时来啄食,人至不去。三五之夜,明月半墙,桂影斑驳,风移影动,珊珊可爱。

然余居于此,多可喜,亦多可悲。先是庭中通南北为一。迨诸父异爨,内外多置小门,墙往往而是。东犬西吠,客逾庖而宴,鸡栖于厅。庭中始为篱,已为墙,凡再变矣。家有老妪,尝居于此。妪,先大母婢也,乳二世,先妣抚之甚厚。室西连于中闺,先妣尝一至。妪每谓余曰:"某所,而母立于兹。"妪又曰:"汝姊在吾怀,呱呱而泣;娘以指叩门扉曰:'儿寒乎?欲食乎?'吾从板外相为应答。"语未毕,余泣,妪亦泣。余自束发,读书轩中,一日,大母过余曰:"吾儿,久不见若影,何竟日默默在此,大类女郎也?"比去,以手阖门,自语曰:"吾家读书久不效,儿之成,则可待乎!"顷之,持一象笏至,曰:"此吾祖太常公宣德间执此以朝,他日汝当用之!"瞻顾遗迹,如在昨日,令人长号不自禁。

轩东,故尝为厨,人往,从轩前过。余扃牖而居,久之,能以足音辨人。轩凡四遭火,得不焚,殆有神护者。

项脊生曰:"蜀清守丹穴,利甲天下,其后秦皇帝筑女怀清台;刘玄德与曹操争天下,诸葛孔明起陇中。方二人之昧昧于一隅也,世何足以知之,余区区处败屋中,方扬眉、瞬目,谓有奇景。人知之者,其谓与坎井之蛙何异?"

余既为此志,后五年,吾妻来归,时至轩中,从余问古事,或凭几学书。吾妻归宁,述诸小妹语曰:"闻姊家有阁子,且何谓阁子也?"其后六年,吾妻死,室坏不修。其后二年,余久卧病无聊,乃使人复葺南阁子,其制稍异于前。然自后余多在外,不常居。

庭有枇杷树,吾妻死之年所手植也,今已亭亭如盖矣。

阅读完这段文字后,学生才发现,课文里面有一段文字没有出现。

项脊生曰:"蜀清守丹穴,利甲天下,其后秦皇帝筑女怀清台;刘玄德与曹操争天下,诸葛孔明起陇中。方二人之昧昧于一隅也,世何足以知之,余区区处败屋中,方扬眉、瞬目,谓有奇景。人知之者,其谓与坎井之蛙何异?"

少了这段文字后,《项脊轩志》传达了怎样的写作意图呢?教材编者指出,作者通过对项脊轩前后变化的描写和记叙,写出了对于它的亲切感情,也写出了对于亲人的深沉怀念。正如编者在提示中所写"小小一间书斋,关联着家庭盛衰,凝聚着三代人的亲情"!

不过,这个主旨是作者的原意吗?

要理解作者的写作意图应整体把握文章,除了通过品味语言之外,很重要的还应抓住文章的谋篇结构和过程来探究。更何况在散文中,议论是作者在记叙和描写的基础上,对人物、事件加以评论、说理和发表看法。这种议论,虽文字简练,但对突现文章主旨起到画龙点睛的作用。记叙是议论的基础,而议论是记叙的升华,二者相得益彰。可见,要理解作者真正的创作意图,应忠于原著,把作品还原,在培养学生的质疑精神的同时,让学生具有高阶思维的素养。

当我引导学生阅读原文后,学生就像炸了锅一样。

生1:"若按照编者的意图,项脊轩与亲人之间有什么联系呢?"

生2:"难道和亲人之间的日常琐事是因为发生在项脊轩才写项脊轩的吗?如若这样,家道中落、大家庭的分崩离散又没发生在项脊轩,这一部分又该怎么理解呢?"

生3:"若是为了写出第一自然段项脊轩修葺前后的'可喜'之事和下文怀念亲人的'可悲'之情,那么写喜写悲又为了什么呢?"

学生们在理解原文内容的基础上,纷纷发出了不同的见解。

生4:"现在我根据这段议论,文章前后逻辑可以贯通了。归有光要动足脑筋修建"南阁子",就是要把它变为"轩"——一个自己可以在其间不受任何干扰的读书天地。后面回忆诸叔父、母亲、祖母,都是从正面、侧面写自己学习的动力来源。尤其是祖母

'持象笏至',更是期望归有光能发奋苦读,重振家业,光宗耀祖。而作者将自己当时的处境与寡妇清、诸葛孔明未出名前的处境相类比,虽自嘲'坎井之蛙',但却寄希望于未来,充满了不甘沉沦、将以有为、重振家业的抱负。"

生5:"难怪归有光给自己的书房取名'项脊轩',一方面是言地方之小,另一方面是如编者所言,纪念先祖,但最根本的原因是为了告慰亲人,激励自己,发奋苦读,重振家业。"

生6:"根据这一主旨,再来解读后续补文部分,妻子当年种下了琵琶树,充满了对未来的希望,而现在,光阴荏苒,昔日小树,已"亭亭如盖",睹物思人,仿佛就是妻子满含着期望在看着自己。但自己早已过而立之年,却仍功业未成,壮志未酬,这怎能不让人黯然神伤,悲从中来呢?真可谓欲说还休,却道天凉好个秋啊!这种情绪与文章首尾相合,文气贯通。"

有的学生还提出,那编者为什么要对原文进行节选呢?节选总有节选的道理。那他所节选的是否有道理呢?

问题又向深入发展了,由质疑向研究性学习的方向发展、深化了。的确,语文课本是课堂教学中师生间、同学间交流的重要媒介,是增加学生文化积累、陶冶学生思想情操、培养学生具有正确的价值观的基本材料。

学生们自发进行讨论,认为这一部分内容在课文中没有出现,可能是被贴上了"追求功名、重振家业、光宗耀祖"这样的封建功利性主题的标签,对学生思想情操的培养、健康价值观的树立缺乏积极指导意义。

学生完整阅读原文后认为:"沉浸在如此情真意切的散文所营造的氛围中,我们深深理解归有光有这样的思想情感,跟他的人生遭遇和社会环境是息息相关的。"有学生接着说:"是啊,正如我们读书不仅是为了'小家',更是为了生我、养我的'大家'而读书,为了'中华之崛起而读书'一样,一个人的思想情感总是跟他的社会环境紧密相连的。"有学生指出:"编者节选课文的出发点是好的,但担心是多余的。"

由此可见,学生以自己的语言积累、生活积累和思想认识水平,来提出问题、分析问题、解决问题,体现了较高的高阶思维的素养。在提高语文阅读分析能力、鉴赏评价能力的同时,审美情趣、文化底蕴自然会得到充实,从而形成并完善自己的人格。

其实,那些历代被人们赞咏的作品之所以得以传承,正是因为都有其特异的艺术魅力所在,体现着作者本人的创作意图,真实地再现了作家本人的思想内涵、艺术素养。我想,文学之所以可贵,正是因为它表现了亘古永恒的人性之美。

语文学科的本质是弘扬语文的人文精神,在此基础上,对文学本身进行思想上的争鸣,艺术上的探讨,人性上的挖掘。我想,引导学生解放思想,形成独立判断,这也是高中语文课高阶思维培养的一个方向吧。

(张　屹)

## 27  文言文课堂教学"教什么"

——谈《江水·三峡》教学内容的确定对学生高阶思维的培养

于漪老师说:"文言文中有这么多的民族精华,我们不是照单全收,我们只取优秀精粹作为琼浆。"的确,优秀的古典作品是我们中华民族精神之魂,是我们中华民族文化生命的根。

可现在的学生学文言文就像学外文一样,只重视虚词、实词、句式,不重视欣赏和吟诵,久而久之对文言文产生了厌烦情绪。这是跟我们不少教师在文言文教学中教学内容的确定有关。我们有些教师在文言文课堂教学中重视的只是课文字句的落实,这是文言文中"言"的部分,至于文言文作品中的整体意蕴、谋篇技巧、语言特色等"文"的价值,往往会被忽略。长此以往,学生的文学底蕴自然将无法得到提升,中华民族的传统文化也将无法得以传承。所以,在二期课改理念指导下的文言文课堂教学内容的确定不仅仅是教师逐字逐句的串讲,更是要培养学生学会研究性阅读,进行高阶思维,从而达到全面提升学生文化、思想、精神素养的目的,这样才能真正提高语文课堂教学的有效性。

例如在教学郦道元《水经注》中的《江水·三峡》一文时,我先让学生通过查词典或讨论交流或向教师质疑,落实字、词、句的理解。对于文言文中"言"的部分教师该讲的还是要讲,而这该讲的是学生容易忽略但对于文意的理解又尤为重要的部分。

但更重要的是,我让学生关注作品的谋篇思路没有按春夏秋冬的季节顺序来依次描写,而是先写夏,再写春冬,最后写秋,这是为什么呢?原来《水经注》是一部研究水的地理著作,因水证地,重点自然在水上。三峡的江水以夏季为最盛,"夏水襄陵,沿溯阻绝",迅疾凶险尤为突出,故对夏水的了解与治理最为重要,所以把夏水置于首位。而"春"、"冬"两季三峡之水皆有"清荣峻茂"的特征,且为"素湍绿潭",甚为平稳,水势次于夏季,故将其合为一段。秋季的三峡"晴初霜旦,林寒涧肃"为枯水期,自有它独特的地方。由此可见,郦道元的行文思路是按照三峡江水从水盛水旺到水少水枯的顺序,紧扣《水经注》这部地理著作对水的特点研究,因水证地而作。

我再让学生思考,既然《水经注》是一部研究水的地理著作,就应该处处扣着水来写,但又为何要去勾勒三峡的山势呢?让他们体会"自三峡七百里中,两岸连山,略无阙处;重岩叠嶂,隐天蔽日,自非亭午夜分,不见曦月"这段话的妙处。这一问题又一次引起了学生的探究兴趣,这样的兴趣才是高阶思维的原动力。原来正因为山势的高峻,才使得夏季的水势险恶,"沿溯阻绝";正因为"重岩叠嶂",才会出现"绝巘多生怪柏,悬泉瀑布,飞漱其间"的奇景;正因为"两岸连山,略无阙处",难见日月,才会使人在秋日倍感"林寒涧肃",十分凄清。可见写山势,突出"连"、"高"的特点,是为下文写三峡的水势和江水给两岸带来的四季景色作了有力的铺垫。通过这堂课的教学,学生悟到《水经注》虽然是科学性很强的地理学著作,同样可以通过合理构思和各种表现技巧,使它充满文学的气息。

由此可见,文言文课堂教学有效性的关键在于教师对文章"思考点"的设计,怎么激发学生的探究欲,真正体现高阶思维素养的培养,也就是课堂教学"教什么"的确定。这既要出乎学生意料,引起探究的兴趣,但又须在情理之中。高中生已经积累了一定的知识经验,如历史知识、语言知识、修辞知识以及鉴赏知识等等,这些知识经验是学生阅读的"拐杖"。所以教师只有让学生对文本反复品读、揣摩、体味,充分利用所积累的知识经验来解读文本,才能开拓作品内涵,从而解决"为什么写"和"怎样写"的问题。也就是通过品味关键的词句,分析文章的行文思路和写作技巧,来体会作品的情感内涵和写作意图。因为语文课,尤其是高中语文课"读"课文,主要目的不是读懂、掌握一篇篇课文的内容,而是通过一篇篇课文来学习语言,来发现不同文体的语言表现形式及其个性特点。《水经注》是一部研究水的地理学著作,郦道元写作的行文思路自然就是为说明水势变化特点来服务。通过这样的探究,就能让学生体会什么样的文体形式,就会用什么样的语言表现形式,并在这一动态的语言环境中培养学生的逻辑思维能力。这就要求我们教师在研读文本的时候,必须敏锐地感受到不同文体的个性特点,才能准确地确定教学内容,在真正提高课堂教学有效性的同时,落实对学生高阶思维的培养。

语言是思维的外壳,语文教学,尤其是文言文教学作为对中华民族传统文化的学习,不仅仅是为了了解"写了什么",更应该根据文体特点和作者的写作意图来理解"为什么这样写",从而确定教学内容。让学生通过品味作品的语言,感悟语言的形式,去解读古人,解读文明,解读整个历史。在这过程中,心灵是自由的,思维是自由的,文学女神的万种风情,全寓于自由之中。我们在把自由的权利还给学生的同时,更要让学生来体验思考问题的快乐,体验挖掘中华民族历史文化宝藏的自豪与骄傲。

(张 屹)

# 三 培养高阶思维能力的课堂实例

# 28　高中数学课堂教学中高阶思维的培养
## ——"函数的概念"案例分析

**背景**

所谓高阶思维,是指发生在较高认知水平层次上的心智活动或认知能力。它在教学目标分类中表现为分析、综合、评价和创造。高阶思维是高阶能力的核心,主要指创新能力、问题求解能力、决策力和批判性思维能力。高阶思维能力集中体现了知识时代对人才素质提出的新要求,是适应知识时代发展的关键能力。发展学习者高阶思维能力蕴涵系列新型的教学设计。

高阶思维需要培养和训练。日常思维就像我们普通的行走能力一样,是每个人与生俱来的,而高阶思维能力则像百米赛跑一样,是一种技术、方法上的训练结果。因此我们教师在课堂教学中要注重对学生高阶思维能力的培养。

那么,如何在日常的数学课堂教学中培养学生的高阶思维能力呢?不少教育界专家从理论的层面提出了一些建议,下面以高中数学学科教学中"函数的概念"这节授课作为案例加以探讨。

**案例描述**

### 函数的概念(第一课时)

**(一) 教材分析**

本节课所用的教材是上海教育出版社的上海市高中一年级数学课本,授课内容为第三章第一节第一课时。函数是高中数学课本中重要章节之一,本节课《函数的概念》是函数这一章的起始课,上承集合与不等式,下引函数性质,是高中后续数学课程的基础。函数的概念将会贯穿整个高中数学的始终,渗透到高中数学学习的每个章节中。

### （二）学生分析

授课学生为市重点中学高一年级学生，有较好的数学基础。学生具有一定的抽象概括能力和探究能力，具有较好的表达和交流能力。

学生已经学过了初中的函数概念和函数的三种表示方法，包括函数的记号，基本了解了一次函数，二次函数，正、反比例函数，对函数已有了直观的认识，但不能清晰地分辨出两个变量是否为函数关系，也不能应用函数的概念去解释、解决生活中的实际问题。

### （三）教学过程

一、引入：上海出租车价格规定：起步费 14 元，可行 3 公里，3 公里以后按每公里 2.4 元计算，超过 10 公里按每公里 3.6 元计算，假设不考虑堵车和红灯所引起的费用，不考虑费用取整的实际情况。试分析车费 $y$ 元与行车里程 $x$（公里）之间的关系是否为函数关系。

作为课题的引入这里创设了一个问题情境——出租车车费是否是关于行车里程数的函数，由于是贴近学生生活，大家都熟悉的问题，立刻引起了学生的兴趣，激发了他们的探索欲望。创设促进学习者高阶思维能力的学习环境是培养高阶思维的重要保证。高阶思维的训练目标不是某种孤立的认知策略，而是一系列认知和元认知方法的整体性行为；教学设计是情境特定的、与课程内容相联系的，要求学习者利用和调节领域特定的知识；在现有的课程内容学习中，给学习者提供练习运用高阶思维能力的机会；学习者应知道不同策略的应用条件；问题求解的任务应当有足够的难度才有"激发"的作用；强而适度的动机是高阶思维训练的一个关键性条件。

回顾初中的函数概念：（源自初中课本）

某个变化过程中有两个变量 $x$、$y$，如果在变量 $x$ 允许的取值范围内，变量 $y$ 随着 $x$ 的变化而变化，它们之间存在着确定的依赖关系，那么变量 $y$ 叫做变量 $x$ 的函数。$x$ 叫做自变量，$y$ 叫做因变量。函数的自变量允许取值的范围，叫做这个函数的定义域。用记号 $y=f(x)$ 表示。

复习函数的三种表示方法：1.解析式；2.表格；3.图象。

回忆初中学过哪些类型的函数。

对一次函数 $y=2x+1$ 和二次函数 $y=x^2$ 进行分析（配上多媒体动画），通过动画演示过程揭示函数的本质特征。

函数概念是抽象、难理解的,而多媒体动画展示了在实数集合 $D$ 内出现的每一个确定的 $x$ 值,按照某个对应法则 $f$,运动到集合 $A$ 内都有唯一确定的实数值与它对应,使函数的概念直观化、形象化。在此基础上,让学生从动画中抽象出函数概念的本质,并结合初中的知识进行归纳整理,叙述出高中函数的概念。

在某个变化过程中有两个变量 $x$、$y$,如果对于 $x$ 在某个实数集合 $D$ 内的每一个确定的值,按照某个对应法则 $f$,$y$ 都有唯一确定的实数值与它对应,那么 $y$ 就是 $x$ 的函数,记作 $y=f(x)$,$x\in D$,$x$ 叫做自变量,$y$ 叫做因变量,$x$ 的取值范围 $D$ 叫做函数的定义域,和 $x$ 的值相对应的 $y$ 的值叫做函数值,函数值的集合叫做函数的值域。

在这里作为认知工具,信息技术有效地促进学习者高阶思维能力发展。因为,其一,学习者只有充分投入高阶思维,才能正确有效地使用认知工具;其次,学习者要运用认知工具生成/产生新知识,必须充分展现创造性思维能力,完成相关的活动;其三,学习者使用认知工具时,必须通过复杂的思维解决问题和表征知识。

问题一:

1. 判断下列表格中变量 $y$ 是否为变量 $x$ 的函数。

1) 下表中英文字母表中字母的位置关系如表:

| 英文字母表中第 $x$ 位置 | 1 | 2 | 3 | 4 | 5 | 6 | 7 | 8 | 9 | … |
|---|---|---|---|---|---|---|---|---|---|---|
| 英文字母表中相应的字母 $y$ | A | B | C | D | E | F | G | H | I | … |

2) 2013 年上半年上海私人私企汽车牌照投标拍卖最低成交价:

| 拍卖时间/$x$(月) | 1 | 2 | 3 | 4 | 5 | 6 |
|---|---|---|---|---|---|---|
| 最低成交价/$y$(元) | 75 000 | 83 300 | 90 800 | 83 900 | 80 700 | 77 600 |

问题二:

判断下页各图中变量 $y$ 是否是关于变量 $x$ 的函数。

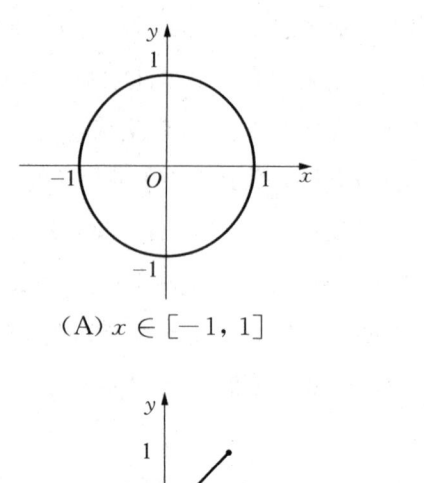

(A) $x \in [-1, 1]$

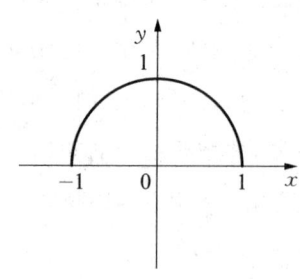

(B) $x \in [-1, 1]$

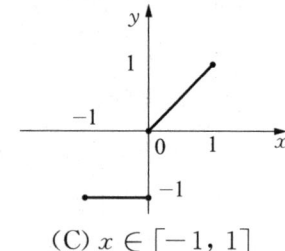

(C) $x \in [-1, 1]$

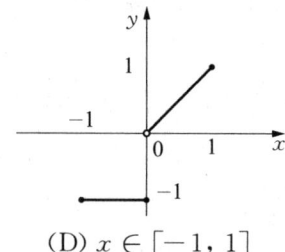

(D) $x \in [-1, 1]$

问题三：

1. 判断下列哪些关系式中，变量 $y$ 是否是关于变量 $x$ 的函数，并说明理由：

(A) $x^2 + y^2 = 1$, $x \in (0, 1)$

(B) $x^2 - xy + 1 = 0$, $x \in (-\infty, 0) \cup (0, +\infty)$

2. 判断下列关系式中，变量 $y$ 是否是变量 $x$ 的函数，若是，请求出该函数的定义域。

(A) $y = \dfrac{x^2}{x}$ 　　　　　　(B) $y = \sqrt{x-2}$

3. 判断下列函数是否为同一函数。

(A) $y = \dfrac{x^2}{x}$ 与 $y = x$

(B) $y = \sqrt{x-2}$ 与 $y = \dfrac{x-2}{\sqrt{x-2}}$

(C) $y = x^2 + 1$ 与 $s = t^2 + 1$

问题四：

判断下列问题中两变量关系是否是函数关系。

1. 一直角三角形斜边长为 1，请问该直角三角形一直角边长 $y$ 是否是另一直角边长 $x$ 的函数？

2. 矩形的面积 $S$ 是否是其周长 $C$ 的函数?

这些问题的设计围绕学生"直观感知、抽象概括"的认知过程展开,使学生通过对具体实例的辨析,不断地与抽象概念的比对,逐步深化学生对定义的理解,帮助他们抓住函数概念的本质。这些实例从对列表(问题一)、图象(问题二)、解析式(问题三)表示的变量关系的辨析到对几何图形(问题四)再到实际问题中变量关系的辨析,逐步递进,让学生不断内化函数的概念。

问题设计,是指围绕学科基本概念而进行的学习任务设计,它通常是以"问题"的形式来重新组织课程内容,给学习者创设一种真实的、复杂的、具有挑战性和吸引力的学习任务。本案例中的四个问题有效地引发学习者运用如下六个方面的高阶思维:

(1) 比较、鉴别、阐明初高中函数概念的类似之处和不同之处;

(2) 通过观察和分析,归纳出一般化的原理(本例中通过问题的辨析归纳出函数的概念)。

(3) 分析错误:找出并阐明自己和他人思维中的错误;

(4) 找出支持的论据:对每一个观点和看法,都要给出支持的论据;

(5) 概括:找出庞杂的信息下面隐藏的规律和模式;

(6) 提出观点:能够确定并阐明自己对问题的看法。

在问题解决过程中,不同的学生发表了不同的观点,一些学生运用批判性思维举出了反例,驳倒对方的观点。

在问题四第 2 问的教学中采取了小组合作、师生讨论的学习方式,使较易混淆的问题通过合作学习,互相讨论,辨析明朗。我们知道高阶思维发展需要高阶学习的支持。高阶学习是一种需要学习者运用高阶思维的学习活动。在教学模式的属性上属于建构主义学习模式。实践说明,小组协作学习、讨论、案例学习、角色扮演、问题求解学习活动等,有利于发展学习者的高阶思维能力。

当问题四第 2 问讨论清楚了,我又作了如下追问:试举出一个平面几何图形,它的面积 $S$ 是其周长 $C$ 的函数。这是个开放性问题,是学习者需要调动发散性思维、创造性思维、丰富的联想才能回答的深层次问题,这就充分培养了他们的高阶思维。

最后,我又回归到生活中的实例——出租车问题,在解决问题的过程中让学生认识到数学来源于生活,服务于生活。我还引导学生阅读"函数概念的发展史",使他们了解函数概念的发展历程,对函数的概念有更深入的认识。

本节课的教学方法和问题设计通过要求学生运用元认知和问题求解的技能，使学生的思维从低层次的接受、模仿提升到了高层次的分析、评价、批判和创造。通过案例的分析，不难发现，有效发展学习者高阶思维能力，有赖于恰当的教学设计支持。只有通过有意识的培养和训练、开展高阶学习活动、根据教学目标分类设计/反思教学、将高阶思维的发展融合于具体教学活动之中、把信息技术作为认知工具、创设学习环境、促进知识建构和精心设计问题/任务，才能有助于促进学习者的高阶思维发展。因此根据学生的最近发展区设计出适合学生的新型的课堂教学是我们每一个数学教师培养学生高阶思维能力的重要途径。

（王　琰）

# 29 注重高三英语阶段复习中学生思维能力的培养

随着区一模考试的结束,我们到了认真总结的时候了。尤其通过对试题和学生答题情况的分析,我们更能直观地了解在教与学方面所获得的成绩,同时也客观地认识到教师和学生双方面的问题和困惑。如果说高三教学只注重学生应试能力和技巧的训练,那就违背了教育和教学的实质,实际上,在系统有序的语言输入和语言运用中,学生通过不断分析、比较、概括、综合,对感性材料进行加工处理并转化为理性认识并最终解决实际问题的过程就是思维培养和能力提高的过程。

那么,任课教师如何在较短的时间内,关注学生能力的发展,如本阶段的自我调节能力、问题解决能力、创造性思维能力、批判性思维能力?结合任教班级的具体情况,我觉得可以从以下几个方面总结得失,并为切实抓好第二学期的复习提出一些设想。

**一、指导学生《高考英语词汇手册》学习策略,把握好高考词汇在不同题目中的考核要求**

高三学生英语学习的成就很大程度上取决于词汇量是否丰富,而有效的词汇学习策略可以提高英语学习效果和质量。在迎考阶段,词汇的学习应从简单的记忆、理解和运用,向分析、综合和评价的思维阶段发展。具体到高考词汇手册几千单词的学习和掌握,有必要梳理出综合阅读考查的核心词汇或高频词汇。

虹口区英语教研员王老师在静安区英语教研活动的报告中提出的从各区县一模、二模卷完形填空题的选项中确定高频词这一建议很有指导意义。我们让学生做完形填空时往往缺乏对文章和选项词汇的审核,有时候文章选自大学或研究生考试题目,篇幅过长,生词过多,内容偏难,且题目的设置不一定符合高考要求,学生们解题时一头雾水,而老师们在解答题目时也是费力耗时。其根本原因是教师没有研究这一题目的考查要求以及词汇要求。那么,第二学期词汇教学要进入对较难词汇和一词多义的复习。通过新一轮的词汇复习,除了夯实学生基础词汇和高频词汇的辨析、理解和运用,教师还要指导学生如何通过文章语境和上下文获得对高频词汇的掌握。

譬如,在《词汇手册》中,acknowledge 有以下意思:承认;告知(或确认)(信件等的)收到;对……表示感谢。但是,大部分学生背单词时只看第一层意思而忽略其他含义,更别说一个词的多种词性,如 mean,除了知道其动词意思外,还要掌握其形容词意义:平庸的;卑鄙的;中间的;中庸的;普通的;平均的。如果 mean 出现在完形填空或词汇选择题目中,估计知道形容词意义的同学并不多。因此,新学期有必要将词汇进行系统梳理,关注单词意思和词性的多重性。以 acknowledge 为例:

1) I had to acknowledge the force of his argument.

我不得不承认他的论据有力。

句型:It is (commonly) acknowledged that…

It is acknowledged that trees and forests play a significant role in urban environment.

人们认识到,树木和森林对城市环境(的好坏)起着重大的作用。

2) Please *acknowledge* this cheque as soon as you receive it.

收到该支票后,请立即告知。

3) We are sending you some money to acknowledge your valuable help.

我们送些酬劳,对您的大力协助深表谢意。

词汇意义离不开具体的语境,而语境策略的体现是学生主动参与掌握知识,获得学习体验的过程。学生根据句子、段落和语篇所提供信息对出现的生词进行猜测,通过思维加工过程,明确该词的意义,从而将已知信息和知识与通过分析判断获得的新知识结合起来。

## 二、重视语法新题型语篇训练,指导学生变机械记忆为思维活动

说到语法教学,我们往往重视如何教会学生语法规则并在各类练习中考查语法的运用。实际上,语法规则是人们总结出的使用语言时所遵循的一般思维规律和法则。但是,我们不能把语法规则当作一成不变的公式和结构模式。语言是根据不同的语境而不断变化的,所以,学习语法要理解规则背后合乎情理的思维规律。

今年是英语语法题型考查改革的第二年,经过一年的磨合,教师和学生对语篇中

考查语法运用已经不陌生了。王老师在报告中提出：教师命制或选择语法题时应考虑规范性、精确性和全面性。教师要依据《上海市中小学英语课程标准（征求意见稿）》所确定的语法部分考试内容和要求来确定命题范围和筛选已有的语法类题目，并根据市教育考试院所给出的"试题说明"进行考题设计。从一学期的语法复习看，不得不承认我们遇到一些困惑，也走入了几个误区：以一模考试为例，我校的语法平均分为8.79(54.94%)。从一道大题得分来看，应属于难度很高的题目，而高考语法考查应该是基础题。那么，问题出在哪里？是学生对新题型依然不熟悉，基础知识掌握不好，训练不到位，还是文章的选材和题目的设置偏离考试说明？我个人认为后者的因素大一些，而在批改试卷中答案的多样性是否考虑进去也取决于阅卷者对教师和学生是否负责的态度。题目做得多了会表现出机械做题的弊端：往往不看文章，不分析上下文而直接看结构找搭配，从而犯一些低级错误。如一篇文章中有这样一句：

There are many social skills to learn, _____ advance with age and experience, trial and error,...,

许多学生不加分析，在空格中填in，构成in advance这个词组。advance是动词，意为"发展，促进"，空格处应该填which，引导一个定语从句，整个句子才完整，句意明确。

鉴于以上情况，我们在语法指导和选编题目时要更加理性，不可一味强调熟记规律和结构而忽略培养学生的理解力和分析能力。在教学中，教师要发挥学生学习的主动性，培养学生的观察能力和思考能力。学生只有深入语篇材料，经过思维活动正确理解语义，才能明确语法的正确结构和意义。

### 三、激发学生主动阅读，指导简答题的答题技巧

阅读是培养学生思维能力的最好途径。高考中的阅读简答题，考查学生对文章基本内容的理解，分析语篇、寻找信息、归纳主旨意义，要求学生根据题目的设置要求补充完成句子和回答提出的问题。首先，在教学中，教师要引导学生对篇章结构、文章脉络、逻辑思维推理进行梳理，从培养学生的思维能力着手，精心设计符合简答题要求的问题，引导他们分析、思考、自行归纳总结得出。在题目讲解和分析中，让学生进行讨论、争论、辩论，激发学生的学习积极性，调动学生运用语言材料组织新的语言内容，培养学生探求不同答案的求异思维能力。

同样，王老师在报告中特别强调了简答题的答题技巧，"确定答案的内容与措辞，可用句型转换、词性转换、同义词替换、释义（paraphrase）等方法回答问题"。此次一

模考试中,我校回答问题平均分只有 4.69(58.63%),应该是失误较多的题目。

从 78 题看:

The movie *The woman in Black* is about _____.

学生们看懂了文章,理解了补全内容需要一些名词结构,但是段落中的信息是分散的,学生缺乏对分散内容的分析和概括,所以大多数的回答是不完整的,这就反映出学生的思维处于低阶思维阶段,只想着在文中找到不用加工的句子。

松江一模试题的第 81 题是要求通过词性转换来完成句子的。

原句:

To truly grasp the benefits of flexible working conditions, the researchers say, additional study analyzing health outcomes among a wide range of workers — from high-ranking executives to hourly employees — is critical, <u>which helps to gain a deeper understanding of the issue, and to shape future workplace policy.</u>

只要学生分析清楚划线的句子,就可以将其转换成:

... help to do sth. Additional study analyzing health outcomes among a wide range of workers helps to _____.

(better understand the issue and shape future workplace policy)

当然,此题也考验了学生要进行文字缩减的能力,到底删去哪些词是很关键的。有时,题目的编写会有不足,像我们区的第 80 题,让学生把 in the UK 缩减为 in Britain 似乎是没意义的。我们平时的训练要做到精益求精。教师在选编题目时多方位考虑,把训练学生的阅读理解能力及分析问题和解决问题的能力放在首位。

英语课程标准(2001)指出:"英语课程的学习,是通过英语学习和实践活动,逐步掌握英语知识和技能,提高语言实际运用能力的过程。"那么,学生在高三阶段的学习更是培养自己搜集和处理信息、获取新知识、分析和解决问题的能力以及交流与合作的能力的过程,即培养和促进高阶思维能力的过程。当今社会的发展对外语人才的需求越来越高,要求他们既有良好的语言技能,又有敏锐的思维,同时又要有较强的分析问题、解决问题的能力。学生高三阶段的学习不仅仅是要完成高考的任务,还会对他们连续性的、高一层次的学习起着决定性的作用。毫无疑问,教师应着力在教学中培养学生的高阶思维能力,提高学生的综合能力和素质。

(李海燕)

# 30 从温度计的制作看高阶思维的培养

高一下学期的气体章节学习有时间紧的特点,在面上的教学中只要求学生掌握玻意尔定律、查理定律,对盖-吕萨克定律没有要求也没有时间教授,这样气体的三大定律的学习似乎有缺憾,对后续的理想气体状态方程教学也不利。我设想在高一的暑假中给有兴趣的学生布置一项研究型作业,复习查理定律、自学盖-吕萨克定律,然后结合温度计的制作设计来巩固所学知识,并体验物理和生活的联系。这样既可以提高学生物理实验能力,又能有效地培养学生的分析、综合、评价、创新等高阶思维能力。

物理研究型作业学习任务单示例如下。

| 学习任务单 | | 思维训练要求 |
| --- | --- | --- |
| 1. 知识回顾:<br>查理定律(等容变化)<br>文字表述:_____<br>公式表示(有几种表示方法):_____<br>图象描述:<br>(p-T 图) | 盖-吕萨克定律(等压变化)<br>文字表述:_____<br>公式表示(有几种表示方法):_____<br>图象描述:<br>(V-T 图) | 巩固和理解已学的物理概念、规律、公式的基本含义,能用图象、文字、数学表达式等表达(或转换)相应的物理规律 |
| 2. 查阅温度计发展的历史 | | 收集、阅读有关资料,从历史的角度认识和体验温度计的制作和改进的过程及方法 |

续 表

| 学习任务单 | 思维训练要求 |
|---|---|
| 3. 思考与讨论：<br>(1) 请你利用以下实验器材设计几个制作温度计的方案：<br>大玻璃泡　细管<br>小玻璃泡　细管<br>水　水银 | 能根据实验的目的和原理，合理选择器材，制成装置 |
| (2) 方案设计原理图（尽可能多的方案）：<br>① ② ③水银 ④水 ⑤水银 ⑥水 | 能用装置图形象说明设计的基本结构和方法 |
| (3) 各方案温度计刻度的特点（包括刻度值大小顺序、刻度是否均匀，并作出理论推导）： | 能应用物理原理对物理现象进行分析、判断和推理 |
| (4) 如果把温度计的灵敏度定义为 $(\Delta h/\Delta T)$，那么各温度计的灵敏度与哪些因素有关？ | 能从实际问题中提炼出合理的物理模型，运用已有的数学技能进行演绎和推理，经综合得出相应的结论 |
| (5) 分析各种温度计的不足之处 | 通过比较和辨析，发现问题，并作出相应评价，形成质疑和批判的能力 |

| 学习任务单 | 思维训练要求 |
|---|---|
| (6) 如果再允许你增加一些实验条件,你准备如何改进设计方案?<br><br>说明:左上图为改进后的等容变化温度计方案;<br>　　　右上图为等压且不受大气压变化的影响的温度计方案 | 理论联系实际,对存在问题能作出相应的改进,形成自觉创新的意识 |

　　本案例选择的课题是生活中的物理问题,也是从习题中提炼出来的实验设计题,要做到动脑与动手相结合。课题的难度适合学生的实际认知水平和能力水平,与现有资源条件相匹配,这样才能使学生有能力、有兴趣去做,有利于调动学生学习的主动性。为了提高研究的效率和思维的深广度,教师在任务单中可以设置系列问题引导学生去研究和思考,适当设计一些发散性问题,有利于培养学生创新思维能力。

(黄嘉婴)

# 31 高三英语教学中培养学生的高阶思维案例

所谓高阶思维(Higher-Order Thinking Skill，HOTS)至今还没有公认一致的定义。我国学者钟志贤认为:"高阶思维，是发生在较高认知水平层次上的心智活动或较高层次的认知能力，主要由问题求解、决策、批判性思维、创造性思维这些能力构成。"

高阶思维在教学目标上要让学生学会思考、学会怀疑、学会解决真实的问题，而不是交给学生现成的结论或答案。有专家归纳说:学习任务的设计必须能有效地引发学习者运用如下八个方面的高阶思维:

(1) 比较、鉴别、阐明事物之间的类似之处和不同之处；

(2) 根据事物的属性和特征，将它们分类；

(3) 通过观察和分析，归纳出一般化的原理；

(4) 通过给定的原理和法则，推论出未知的结果；

(5) 分析错误:找出并阐明自己和他人思维中的错误；

(6) 找出支持的论据:对每一个观点和看法，都要给出支持的论据；

(7) 概括:找出庞杂的信息下面隐藏的规律和模式；

(8) 提出观点:能够确定并阐明自己对问题的看法。

因此,在教学中我一向注意:授人鱼，不如授人以渔，我重视的是质而非量，尽管学习中一定量的训练，有助于解题提速，也是必不可少的技能。在提高学生高阶思维的八个方面，我从理论到实践，再从实践到总结归纳逐步实施。以 2014 年高考英语的完型填空为例:

III. Reading Comprehension

Section A

Directions: For each blank in the following passage there are four words or phrases marked A, B, C and D. Fill in each blank with the word or phrase that best fits the context.

Research has shown that two-thirds of human conversation is taken up not with discussion of the cultural or political problems of the day, not heated debates about films we've just watched or books we've just finished reading, but plain and simple __51__.

Language is our greatest treasure as a species, and what do we __52__ do with it? We gossip. About others' behaviour and private lives, such as who's doing what with whom, who's in and who's out — and why; how to deal with difficult __53__ situations involving children, lovers, and colleagues.

So why are we keen on gossiping? Are we just natural __54__, of both time and words? Or do we talk a lot about nothing in particular simply to avoid facing up to the really important issues of life? It's not the case according to Professor Robin Dunbar. In fact, in his latest book, *Grooming, Gossip and the Evolution of Language*, the psychologist says gossip is one of these really __55__ issues.

Dunbar __56__ the traditional view that language was developed by the men at the early stage of social development in order to organize their manly hunting activities more effectively, or even to promote the exchange of poetic stories about their origins and the supernatural. Instead he suggests that language evolved among women. We don't spend two-thirds of our time gossiping just because we can talk, argues Dunbar — __57__, he goes on to say, language evolved specifically to allow us to gossip.

Dunbar arrived at his cheery theory by studying the __58__ of the higher primates (灵长类动物) like monkeys. By means of grooming — cleaning the fur by brushing it, monkeys form groups with other individuals on whom they can rely for support in the event of some kind of conflict within the group or __59__ from outside it.

As we human beings evolve from a particular branch of the primate family, Dunbar __60__ that at one time in our history we did much the same. Grouping together made sense because the bigger the group, the greater the __61__ it provided; on the other hand, the bigger the group, the greater the stresses of living close to others. Grooming helped to __62__ the pressure and calm everybody down.

But as the groups got bigger and bigger, the amount of time spent in grooming activities also had to be __63__ to maintain its effectiveness. Clearly, a more __64__ kind of grooming was needed, and thus language evolved as a kind of vocal(有声的) grooming which allowed humans to develop relationship with ever-larger groups by exchanging information over a wider network of individuals than would be possible by one-to-one __65__ contact.

51. A. claim         B. description      C. gossip           D. language
52. A. occasionally  B. habitually       C. independently    D. originally
53. A. social        B. political        C. historical       D. cultural
54. A. admirers      B. masters          C. users            D. wasters
55. A. vital         B. sensitive        C. ideal            D. difficult
56. A. confirms      B. rejects          C. outlines         D. broadens
57. A. for instance  B. in addition      C. on the contrary  D. as a result
58. A. motivation    B. appearance       C. emotion          D. behaviour
59. A. attack        B. contact          C. inspection       D. assistance
60. A. recalls       B. denies           C. concludes        D. confesses
61. A. prospect      B. responsibility   C. leadership       D. protection
62. A. measure       B. show             C. maintain         D. ease
63. A. saved         B. extended         C. consumed         D. gained
64. A. common        B. efficient        C. scientific       D. thoughtful
65. A. indirect      B. daily            C. physical         D. secret

根据事物的属性和特征,学生进行了如下分类:51,52,53,54,55,56,58,61,63,64 为语境题;57,59 为逻辑题;65 为熟词生义;等等。这是学生通过观察和分析,用归纳出一般化的原理和法则,推论出的结果;并且,对于每道题的归类他们都要找出支持的论据并能够阐明自己对问题的看法。对于自己或他人所做错的题,他们需找出并阐明自己和他人思维中的错误,从而进一步强化思维方法,发展批判性思维及创造性思维。除此之外,所有的题都"道亦有道",学生都能从庞杂的信息下面找出隐藏的规律和模式,变得更愿意动脑筋了,英语课特别是高三英语课,不再只是死记硬背,枯燥地做题、对答案了,学生们告诉我:他们每天都期待着英语课。尽管我们有时也会倦怠,但师生间,一旦缘分变成了默契,对双方都是成长,都能促进创新思维的发展。

从不断的思考和质疑中,我也进一步夯实了自己的教学创新能力,对所有的题型都有了新的教学体会,上课更加游刃有余。发展学生的思维,让学生走"捷径"也是我永远的教学追求。

(白雁滨)

## 32 思维广场中学生高阶思维能力的发展

### ——以讨论题"出国潮与全球化"为例

高阶思维是指发生在较高认知水平层次上的心智活动或认知能力。它在教学目标分类中表现为分析、综合、评价和创造。高阶思维的培养可以提高学生的创新能力、问题解决能力、决策能力和批判性思维能力。

我校的思维广场打破了传统的教学模式,为师生营造了自主、选择、合作、讨论的学习氛围,既能激发学生的学习积极性,也提高了他们的自主学习以及思辨能力。这种教与学的变革,以讨论题的形式来展现学生的高阶思维内容将变为学习的主体部分,而低阶思维的内容则以自主学习及完成任务单的形式呈现,极大地给予了学生提高高阶思维的机会。

在一次思维广场的教学中,政治、历史、地理以"全球化"为主题,举行了三科联动的主题讨论,以期让学生能综合运用政、史、地三门学科的知识和思维方式探讨同一问题。以下是原高一(4)班周文杰同学对这场讨论的总结和思考:

**市西中学思维广场(2013.5.15)**

主题:全球化

第三场　15:10-15:30　第二题　整理与小结

【原题】

"出国潮与全球化"——你将来有出国留学的打算吗?你怎么看待越来越热的出国潮?这对全球化有何影响?

【过程】

[问题一]你将来有出国的打算吗?

这个问题一被提出,同学们根据自己的想法和人生规划非常自然地分成了两个意见不同的讨论群。

赞成出国留学的同学认为在国外的教育资源较为丰富、教育系统较为完善、学习氛围较国内更优的情况下，国外的资源利用率、读书效率、发展空间要远比国内的效率高、空间大；不仅如此，出国留学对于一个人的语言发展起到了很大的推进作用，社交能力、国际交流能力会有大幅提升；再者，出国留学为一个人带来了大量的人生阅历，这种经历是你一直待在国内没法体验的。留学不仅仅是学知识学技术，也是了解、融入西方社会的一条重要通道。留学生活会极大地开阔你的视野、真实体验多元的文化、锻炼独立思考的能力、培养坦然面对胜利和失败的心态，并且有助于你以更全面的眼光理解人性和社会；最后，留学还能让自己感受更加多样的文化。

反对出国留学的同学们也坚持自己的观点，立即进行反驳。他们认为国外的教育环境在某些方面比中国优质是无可否认的，但是对于每个不同的个体而言，那些优势都是相对的，出国留学还将面临很多问题和挑战。包括文化传统的不同造成的尴尬，学习观念的不同造成的分歧，社会观、价值观、人生观的不同造成的困惑等等，这些都可能对一个留学生的精神施加了不可估量的压力，其学习效果有待评估。反对的同学们还指出现在大部分人出国留学的目的只是为了在国外镀一层金，归国后能找到一份体面的工作罢了，不太注重文化的交流与相互影响等。

讨论至此到了白热化阶段，由于反对出国的同学还强调了当下越来越热的出国热潮，讨论顺利地进入了第二个环节。

[问题二]你怎么看待越来越热的出国潮？

顺接自己的出国打算，讨论的重点逐渐从个体转向了群体，思维的角度也从单元过渡到了多元，思考的内容也更加耐人寻味。

由于已经在思维广场磨砺了一年，同学们的思维已经从思考"怎么样"进阶到了"为什么"，对于这个问题，同学们的思维显得严谨却不失开阔。许多同学都努力想找出"出国潮"这个大众化现象的根源。

有同学提出，出国热潮并不是什么问题，但是当下许多出国留学毫无意义，单纯只是为了镀金、为自己的简历添一抹亮色，以便在今后找工作时少碰一些壁，让许多中国人对出国抱有过多的憧憬。随着这种想法的普及，越来越多的人出国留学的目的已不再是"求学"，跟风出国的人越来越多，所谓的国外文凭越来越泛滥，含金量也越来越低，真正的人才越来越少，才是我们应该关注的问题。

这个想法得到了大家的一致认同。

同学们开始讨论出国热的根源。

有同学认为是当今社会(指在中国)的主流价值观的偏差,导致国人过分关注留学的结果而忽视了留学的意义和过程。

有同学认为是当下企业人才意识的缺失,或者说是对于人才的定义存在一定的问题,导致企业录用人才时给人以假象——那些好公司、优厚的职位只认准那些国外的文凭。

也有同学认为是现今中国文凭的泛滥,唤醒国人的求异心理,大大增加了对于国外文凭的需求性(他们认为国外文凭是最好的学历的象征)。

至此,讨论已接近尾声。

[问题三]这对全球化有何影响?

由于时间关系,该问题没能很全面地展开。不过同学们已经开始从文化(文化的交流、影响、融合、传承[历史与文科的综合])、经济(大批出国留学生带来的经济效益[高一经济学常识及分析])、政治(人才的流动[初中政治知识]、智力的迁移[人文地理知识])等角度多元、全面地看待问题了。

讨论至此结束。

【小编感慨】

出国潮带来的问题是出国本身的原因,还是我们自己的原因?

我们出国的目的是修身、增加学识、提高学历,还是单纯镀金,取得文凭?

我们是选择待在国内,还是远走高飞?

每个个体都是不同的,小编在整理录入时很早就写了"对于每个不同的个体而言,这些优势都是相对的",我们要正确地衡量自己,用一颗平常心和正确的价值观面对所谓的"出国潮"。

我们在当前需要静下心好好想想,我们现在应该怎么学习,怎么思考,怎么规划自己的人生。

小编:高一四班　周文杰

2013.5

这次思维广场从政、史、地三个学科出发,以"全球化"为主题,希望学生通过讨论学会综合运用政治、历史、地理学科三门学科的知识思考问题,提高知识的融会贯通和思维的整合能力。"出国潮"是全球化的一种表现,从高一(4)班周文杰同学的记录中我们可以看到:首先,对出国留学持有两种不同观点的学生们在交流中敢于表达自己的想法,在观点的碰撞中也有利于他们辩证思维的形成。其次,学生讨论从出国潮与个人的发展提升到出国潮对社会、国家乃至全球的影响,我们可以看到学生学会从不同角度去思考问题。再次,从学生努力想找出"出国潮"这个大众化现象的根源可以发现,学生分析问题不再停留在表层现象,而能透过现象去探寻本质。最后,我们也可以看到学生展开讨论的立足点相当宽广,他们学会融会贯通各学科的内容去探讨问题。在这场思维广场讨论中,学生的思辨、探寻本质、多层次思考这几个方面的能力都得到了锻炼。相信参与思维广场能有效地培养学生的高阶思维。

(金志琳)

# 33　帮学生寻找自己的彩虹
## ——《环境化学实验探究》课程教学

### 一、教材简析

#### （一）教研分析教学内容

知识与技能：了解化学分析的基本方法；知道常见化学实验仪器；了解基本的化学实验操作；学会分析误差来源。过程与方法：通过查阅资料，学会筛选有用材料；通过设计自己的实验及方案并动手实践，学会相关的实验方法；通过分析实验误差，提高实验操作能力。

#### （二）教材中蕴涵的德育元素

情感态度与价值观：培养学生严谨的科学态度，关注生存环境问题，关注生活中的食品和日用品等化学成分安全问题。该学科育人价值可以分为科学素养、思维品质、科学与人文精神和哲学素养四个层次。科学素养：了解自然环境问题、人类活动对自然的影响，从化学的视角出发，了解和思考人类生存环境问题。思维品质：是思维强弱的标志，帮助学生克服常有的以偏概全、浅尝辄止、孤立片面、生搬硬套、思维广而不深，虚而不实等问题。科学与人文精神：培养学生科学的理性和求实创新的精神，同时有崇尚和谐的人文情怀，不断地超越自我的追求。哲学素养：化学中总会遇到对立统一的矛盾面，实验探究中也存在。

### 二、情景描述

《环境化学实验探究》这门课程的设计初衷是针对对化学实验感兴趣、有一定的钻研精神和动手能力的学生而设计的。因此选修本门课程学生的共同特征是喜欢实验、喜欢探究，包括动脑和动手。在此基础上，本门课程提供给学生广阔的个性化选择空间，并按照学生的选择来指导其逐步实现自己的方案。

本学期第一节课我们除了安全教育外，并没有进行授课，而是给学生足够的时间，来了解实验室的全部仪器名称及型号；在学生对实验室的仪器有了基本了解之后，我将本学期的课程模块展示给学生，学生可以根据自己的兴趣，任意选择任何模块下的任意实验课题，虽然我已经有既定的实验方案，但是我并不提供实验方案，只提供实验方向，如空气中颗粒物含量的测定，食盐中碘含量的测定等等。学生根据自己感兴趣的方向选择仪器和实验方向，如小朱同学根据实验室现有仪器紫外可见分光光度计，结合不同模块方向（如生活环境模块），经过初步查找资料（课上学生可以使用手机作为学习工具，随时查阅相关资料），认为分光光度计可以测定食盐中碘含量。

放学回家后，小朱同学根据目前的已有知识体系进行知识梳理，他并不清楚食盐中为什么会有碘。于是，他通过即时通讯工具QQ联系到我，询问了该问题，我引导他思考，碘有什么作用呢？他知道碘元素的一些基本用途和作用，如对甲状腺的影响，但是还不能理解为什么食盐中要加碘。其实这一点上海的学生确实不熟悉，因为上海靠近海边，日常食物中如海鱼、海虾、海带、海苔等等，已经补充了足够的碘元素，不需要额外补充碘，而中国的内陆地区，不能常常食用海鲜，身体容易缺乏碘元素而造成甲状腺肿大，因此国家规定，这些地区可以通过食用加碘盐来补充碘元素。经过一番解释，小朱同学明白了，他继续查阅资料，又发现食盐中的碘含量检测有很多种方法，分光光度法并不是特别理解，反而他最熟悉的方法是碘量法滴定，因此他改选用碘量法（允许每个同学做一次更换或调整）。碘量法测定过后，小朱同学对"高大上"的分光光度计仍有浓厚的兴趣，于是他克服困难查找了分光光度计的原理及使用方法。

在接下来的一次上课时，小朱同学选择了分光光度计，做好PPT，向大家展示自己查阅资料并理解的分光光度计的工作原理、注意事项、适用范围等等操作细节时，虽然他并不理解很多操作步骤是什么意思，但是原理他讲清楚了，其他同学通过倾听和提问的方式，与台上交流的同学互动，通过这样的方式和同学们思想的碰撞，提出了许多一时难以回答的问题，小朱同学发现自己没有想过（其实对我们教师也是一个挑战），他决定下课后继续查找资料，争取解决同学们提出的问题。

下课后，小朱同学通过查阅资料，并通过和我交流讨论，我和他一起分析资料，最后我们得出相应问题的解释。

接下来的拓展课中，小朱同学和两名其他同学合作，经过反复的对比、校正，减少了实验误差，自己做出了一条近乎完美的实验曲线（误差极小），为了得到这条曲线，小朱等3人反复实验，找出实验的误差所在，尽量地减小误差。小朱同学提出实验方法后，在我的指导下，与两名同学合作，循序渐进，逐步实施自己的实验方案。虽然他们为此花费了很多个下午放学的时间，小朱同学查阅资料也花费了很多时间，但是看到自己做出的实验曲线，他们都很兴奋，通过自己的实验，探究和解决实际生活中的问题，小朱同学尤其高兴并且收获最多。

小朱同学现在很喜欢这样细致的实验，有时候太晚了，我让他早点回家，他坚持要再做一次，看看误差在哪里。我也会一直陪着他到做好为止。他妈妈在家长会后告诉我，他回去很兴奋地和妈妈说起自己的实验，虽然家长听不懂，但是还是很高兴孩子能为自己喜欢的事情坚持而有所收获，并且找到以后的兴趣方向。

### 三、育人反思

小朱同学作为该课程的同学代表，根据自己的兴趣选择自己感兴趣的实验方法和实验。小朱同学通过查阅资料及与老师的讨论，扩充了自己的知识；通过另外两名同学的帮助和合作，小朱同学更深刻地理解了实验过程中操作的规范性，并能自己分析误差来源，做实验也越来越精细，而且找到了自己的兴趣所在。在后续的跟进了解中，我很欣慰地获悉，小朱同学在平时作业等方面，细心程度也加强了。在一次考试的误差分析题解题过程中，小朱同学很兴奋地告诉老师，这个实验我们做过，哪一种操作会导致误差偏大还是偏小，我都有深刻的理解！这就是小朱同学的收获吧！小朱同学通过自己的坚持和努力，经历辛苦之后收获自己的彩虹！而我们教师的任务，也就是帮助像小朱这样的学生寻找到属于他自己的彩虹吧！

（依秀春）

## 34　从高阶思维能力培养的角度刍议"思维广场"教学

听了几堂在思维广场的教学公开课,在惊叹学生自主学习讨论热烈的同时,对这样的上课形式有一些感触:学生的讨论与发言就是高阶思维的体现吗?

在当前的课堂教学中,组织学生合作学习讨论已成为一种时尚。在以前的上课过程中,教师让前后两桌学生合作讨论某一问题,一般5分钟左右,而教师走下讲台到各组巡视,往往受时间所限,学生真正的思维活动不能充分地展开。思维广场的教学活动,则是让学生自主认领"学习任务单"之后,通过查阅资料,掌握基本知识,进行小组合作讨论,自主自发地解决问题。学生真的"动"了起来,热热闹闹,气氛活跃,人人参与教学活动。但如果仔细观察,问题就出来了:一些学生不会合作,只是围坐在那里听其他学生"主讲";一些小组的学生还在"闲聊",讨论尚未进入状态,教师就已要求派代表汇报;教师完全放手任凭学生进行沙龙闲谈式的讨论,没有引导,没有启发。那么教师应该怎样培养学生的高阶思维呢?

所以思维广场的教学,我个人认为应该给学生充分的个别思考时间。只有给学生留足"读"这一环节的时间,切实让学生以"读"为前提,才能让学生自主探究问题,切实去"议",才能让学生带着自己的观点和其他同学讨论交流,才能使学生真正体验到讨论给他们带来的挑战性以及与他人分享思想果实的快乐。因此,在思维广场的课堂教学中,不能一味地追求热闹,须动静结合。

同时,在思维广场的教学活动中,教师对学生的讨论也应做到"多元有界"。"多元有界"原是一种阅读原则,它是美国教育家多尔在他的论著《后现代课程观》中提出的,在我国新课标启动之初被介绍到中国。他认为对于同一篇作品,由于读者文化层次和生活体验的不同,会产生不同的、多元的解读,但无论哪种解读都应紧扣作品本身,不能牵强附会、妄加臆测。而在当今的课堂教学中,要么教师一言堂,学生只能服从一种答案;要么学生自主讨论和回答,答案多元,即使有明显的错误,教师也不予以纠正，反而赞赏有加。这就违反了阅读"多元有界"的原则。思维广场也是课堂，更是传统课堂教学的一种延伸与发展。教师对学生的讨论发言不能不分青红皂白地一概说"你说得不错"、"他讲的也对"，甚至任由学生讨论，而不做必要的评价、判断、纠偏、引导，对讨论的走向缺少必要的调控，这样会使课堂讨论有很大的盲目性和随意性，从而忘却了教师是学习活动的组织者和引领者，是平等中的首席。教师在思维广场的教学中应该启发引导学生对问题进行多元化的解读，但是这种解读是"有界"的；既能凸现学生个性，又能被大家认可；既充分肯定个体体验的差异性、文本阅读的多元性，又防止了相对主义的主观唯我论。因此，我们既要坚决地、积极地鼓励、支持学生的个性阅读和多元阐释，又要认真地对那些"越界"解读加以纠偏，这样，学生的思维才会有更深层次的发展。在"对话理论"的框架下，既注重学生的个体阅读体验和感受，又要凸显教师指导启发的引领作用。对于核心、原则性问题的理解以及至关重要的部分，教师该讲的还是要讲。

那么，讲什么呢？教师对课堂讨论上生成的问题，要及时果断地做出现场判断。思维广场是课堂，既然是课堂，教师首先是教者，其次才是读者。作为读者，教师可以与学生一起感悟，一起探讨，发表己见；作为教者，教师必须根据教学目标和教学内容，时时给学生以指导和点拨。教师要在"导"上花大力气，要让学生在讨论的过程中发展智力、提高能力、挖掘潜力，真正提高高阶思维的素养，教师的引导作用是不容忽略的。

（张　屹）

图书在版编目(CIP)数据

高中生高阶思维能力培养的实践研究/林勤主编. —上海：华东师范大学出版社，2019
 ISBN 978-7-5675-8806-6

Ⅰ.①高… Ⅱ.①林… Ⅲ.①中学物理课－教学研究－高中 Ⅳ.①G633.72

中国版本图书馆 CIP 数据核字(2019)第 024545 号

## 高中生高阶思维能力培养的实践研究

主　　编　林　勤
责任编辑　刘　佳
审读编辑　陈　震　陈俊学
责任校对　时东明
装帧设计　高　山

出版发行　华东师范大学出版社
社　　址　上海市中山北路 3663 号　邮编 200062
网　　址　www.ecnupress.com.cn
电　　话　021-60821666　行政传真 021-62572105
客服电话　021-62865537　门市(邮购)电话 021-62869887
地　　址　上海市中山北路 3663 号华东师范大学校内先锋路口
网　　店　http://hdsdcbs.tmall.com

印 刷 者　上海盛隆印务有限公司
开　　本　787×1092　16 开
印　　张　15.25
字　　数　247 千字
版　　次　2019 年 6 月第 1 版
印　　次　2019 年 6 月第 1 次
书　　号　ISBN 978-7-5675-8806-6/G·11837
定　　价　58.00 元

出版人　王　焰

(如发现本版图书有印订质量问题，请寄回本社客服中心调换或电话 021-62865537 联系)